KB275159

아가서

아름다운 사랑의 노래

아가서

초판 | 1쇄 발행 2013년 8월 15일
지은이 | 앤드류 황 · 사무엘 고
옮긴이 | 이상훈
펴낸이 | 황성연
펴낸곳 | 하늘기획
마케팅 | 강호문 · 함승훈
관리부 | 이은성 · 이숙희 · 한승복
북디자인 | 권기용
교정교열 | 송경주

주소 | 서울특별시 중랑구 상봉동 136-1 성신빌딩 3층
등록번호 | 제8-0856호

총판 | 하늘물류센타 **전화** | 031-947-7777 **팩스** | 031-947-9753

ISBN | 978-89-923-2049-8

아름다운 사랑의 노래 *

아가서

THE SONG OF SONGS

아시아 성서 주석 시리즈 | 앤드류 황·사무엘 고 지음 이상훈 옮김

추천사

이번에 싱가폴신학대학의 앤드류 황 교수와 갈멜산성경장로교회의 사무엘 고 목사님 두 분이 신학자와 목회자로서 한 팀이 되어, 해석과 이해에 많은 어려움을 주고 있는 아가서를 무리함이 없이 산뜻하게 한 권의 주석으로 저술하셨습니다. 이 책은 아시아신학연맹 (ATA) 이 출판하고 있는 이사야 성경 주석 시리즈 중 한 권입니다.

대부분 주석들은 서구 신학자들이 썼는데, 이제는 아시아 학자와 목회자들이 함께 목회자와 평신도들을 위해 주석을 출판하기로 했습니다. 이것은 그 이후 두 분이 공저한 의미 있는 주석입니다. 아가서는 잘못하면 완전히 은유로 해석할 수도 있고, 또 본문의 한계를 넘어서서 지나치게 성을 부각시켜서 거부감을 일으킬 수 있습니다. 그렇지만 이번의 아가서는 본문에 충실하게 해석해 주어서 아시아 목회자와 평신도들에게 큰 유익이 될 것입니다.

이 책이 한국교회에도 소개할 기회가 온 것을 환영합니다. 부부와 남녀의 참된 사랑뿐만 아니라 하나님과 이스라엘, 그리스도와 교회, 주님과 성도 간의 진실한 사랑을 한 번 더 새롭게 할 수 있는 기회가 되길 바랍니다.

김상복 목사 (횃불트리니티신대원대학교 총장; Ph.D.)

몇 년 전 북경의 인민대학교에서 가정생활을 강의할 기회가 있었습니다. 그때 저와 함께 강의 차 같은 학교를 방문 중이던, 이 책의 저자 앤드류 황 교수를 만나 교제하면서 이 책을 소개받았습니다. 황 교수는 중국을 비롯해 동양인들은 성에 대해 금기시하고 있기 때문에 이 주제에 대해 가르침을 받을 기회가 없다고 했습니다. 그는 교회에서 가르칠 때 이 책을 교재로 썼더니 결혼한 부부는 물론, 특히 젊은이들이 고마워한다고 했습니다. 그래서 이 책이 한국에도 소개되었으면 좋겠다고 하였습니다. 이 책은 이러한 과정을 통해 우리말로 출판되었습니다. 이 책을 기쁘게 출판해주신 황성연 장로님에게 감사드립니다.

아가서를 포함한 모든 성경은 성령의 감동으로 기록된 것으로, 교훈과 의로 교육하기에 유익한 것입니다 (딤후 3:16). 우리나라 사람들은 다른 나라 사람들에 비해 성에 대한 관심은 많지만, 성생활만족도는 아주 낮은 것으로 알려져 있습니다.

그런데 하나님은 왜 우리를 성적인 존재로 만드셨을까요? 결혼생활에서 성은 어떠한 역할을 할까요? 또한 그리스도인은 성에 대해 어떻게 대해야 할까요? 이 책은 이러한 의문에 명쾌하게 답하고 있습니다. 술람미 여인과 솔로몬의 관계에서 남녀 간의 구애과정과 혼인을 통해, 성적인 결합을 이루는 과정을 구체적으로 안내하고 있습니다. 특별히 앤드류 황 교수의 주석 다음에 나오는 사무엘 고 목사님의 고찰 (적용) 은 아가서의 메시지를 현실에 적용할 수 있는 내용으로 구성되어 있습니다. 따라서 교회에서 중고등부, 청년, 부부를 대상으로 하는 성생활교육 교재로 활용하면 좋을 것입니다. 목회자와 신학생은 물론 결혼과 가정을 세우는데 관심 있는 모든 분들에게 이 책의 일독을 권합니다.

정동섭 교수 (가족관계연구소장; 한동대 외래교수; Ph.D.)

아가서를 1차적으로 남녀의 성관계로 해석해야 한다는 것은 매우 오래된 주장입니다. 하나님은 성을 "나쁘다" 거나 "부끄럽게" 여기지 않으셨으며, 성경은 "성적인 쾌락을 더럽거나 나쁜 것" 으로 간주하지 않습니다. 오히려 "성경은 우리가 그것을 즐기라" 고 말합니다. 이 책은 인간의 타락 때문에 생겨난 성의 온갖 남용과 오용을 넘어, 하나님께서 창조 때 계획하신 대로 성이란 "결혼이라는 한계 안에서 즐기도록 의도하셨다" 다는 점을 강조합니다. 이 책은 성경은 삶의 모든 영역의 가이드가 되며, 성에 대해서도 그렇다는 것을 제시하고 있습니다. 그러므로 성에 대한 성경적 가르침에 관심이 있는 모든 독자들의 일독을 권합니다.

양승훈 교수 (캐나다 VIEW대학원 원장; Ph.D.)

아가서는 교회 설교나 사역에서 가장 푸대접을 받고 있는 책 중의 하나입니다. 이 책은 중국계 복음주의신학자가 Westminster 신학교에 제출한 박사학위 논문을 기초로 목회현장에 적용할 수 있도록 재편집해 출간한 책입니다. 이 책은 역사적으로 아가서가 어떻게 해석되었는가를 조명한 후에, 문자 그대로의 해석이 가장 자연스런 해석이라는 것을 주장하면서 아가서를 사랑과 결혼에 대한 노래로 풀어가고 있습니다. 특히 혼전순결의 중요성을 강조하는 해석이 이채롭게 다가옵니다. 그러므로 신학생들과 목회자들은 물론, 결혼예비교육과 결혼교육에 관심 있는 모든 사역자들에게 일독을 권하고 싶습니다.

오태균 교수 (총신대학교 목회신학전문대학원 교수; Ph.D.)

아가서는 목회자가 선뜻 강해하기 힘든 책입니다. 아가서의 각 부분이 누가 누구에게 하는 말인지, 외설적으로 보이는 표현은 읽기도 낯이 뜨거운데 어떻게 해석해야 하겠는지, 아가서를 그리스도와 그리스도인의 사랑의 관계로 해석해도 괜찮은 것인지 등 풀어야 할 숙제가 많기 때문입니다. 앤드류 황의 〈아가서〉는 아가서를 강해할까 말까 망설이는 목회자들에게 아가서 강해의 분명한 지침과 방향을 제시해 줍니다. 이 책이 올바른 주석원리에 따라 주석한 후에 오늘의 삶에 구체적으로 적용하는 메시지를 집어 주기 때문입니다. 해석과 적용이 난감해 보여서 강단과 생활에서 홀대를 당했던 아가서가 앤드류 황의 〈아가서〉를 통해서 하나님의 말씀으로 살아 움직이는 역사가 새롭게 일어나기를 기대합니다.

권성수 목사 (대구 동신교회 담임목사; Ph.D.)

머리말 1

신·구약의 모든 책에 대한 이 주석시리즈는 독자들이 자신의 배경 속에서 성경 말씀을 스스로 이해할 뿐만 아니라, 서로 다른 많은 문화속에 그것들을 해석해서 적용할 수 있도록 기획되었다.

이 시리즈는 강해설교와 가르침과 상담사역을 하는 목사님과 신학연구를 하는 교수님들과 학생들, 교회와 가정에서 소그룹을 이끄는 남녀 성도들을 위해서 제작되었다.

이 시리즈의 기고자들은 하나님의 백성인 교회의 구원과 생명과 증거를 주기에 충분하고, 절대적 신뢰와 권위의 대상인, 기록된 하나님의 말씀인 성경을 확신하고 있다. 이 논문에서는 아시아 교회의 삶과 관련되어 있다고 판단되는 경우에만 해당하는 민감한 주제들도 다루었다. 우리는 이 주석이 세상에 있는 사람들을 세상의 구세주이신 예수그리스도 안에 있는 생명으로 이끌 뿐 아니라, 주의 신실한 증인으로서 사랑의 섬김과 공의를 행하기 위해서, 사람과의 안에서 교회의 부흥으로 이끌기를 기도한다.

저자들에게 영감을 주셨던 성령님께서 이 주석을 하나님의 영광과 교회의 부흥을 위해 사용하는 모든 사람들의 생각과 마음에도 빛을 비춰주시기를 바란다.

Bruce J. NICHOLLS, Ken R. GNANAKAN

SANG-BOK DAVID KIM 시리즈 편집인들

랍비 아키바의 견해는 아가서의 해석사에서 최초의 의견 중 하나였다 (약 주전100년). 그의 유명한 인용에는 아가서에 대한 참고서인 "지성소 (Holy of Holies)"가 포함되어 있다. 그의 주석을 읽어보면 아가서는 하나님께서 당신의 백성에 대한 사랑을 말하고 있다는 개념을 지지한다. 그렇기 때문에 아가서를 인간의 사랑을 칭찬하는 것으로 취급하는 사람들에 대해 아카비가 반대하고 있다는 사실이 분명해진다. 나는 아가서를 풍유화하는데 아키바에 동의할 수 없지만, 그럼에도 나는 분명히 그의 고견에 감사한다. 내 생각으로는 그 고견은 성경의 아가서가 남녀간의 친밀한 관계에 대한 하나님의 말씀이라고 이해할 때에만 깊어진다. 성경 전체에서 이 관계, 특히 결혼이 우리 하나님과 구세주와의 관계를 조명하기 위해 은유로써 (엡 5:21-33에서 가장 분명하게) 사용된다는 사실을 깨달을 때 특별히 그렇다.

아가서를 개인적으로 연구하면서 아가서의 불가사의하면서도 의도적으로 모호하게한 이미지를 사랑하게 되었다. 그 연구는 아내와 내가 하나님을 더욱 사랑하게 해주었다. 이러한 이유로 나는 나의 과거 제자였던 앤드류 황과 사뮤엘 고가 쓴 이 새로운 아가서 주석에 박수를 보내고 감사를 표한다.

황 박사의 주석은 중국어판도 있지만 이 책의 출판으로 이제 영어권의 독자들도 접할 수 있게 되었다. 우리는 이 사실에 감사한다. 황 박사는 성경의 성숙하고 세심하고 심오한 주석가이며, 불가사의한 아가서 연구에서 자신의 실력을 잘 활용하고 있다. 그는 자신의 연구에서 문학적 접근을 지혜롭게 잘 이용한 결과 감탄할 정도로 본문중심적이다. 그는 아가서가 우리의 삶을 사랑의 삶으로 지도하는 하나님의 말씀이라는 사실을 진정으로 단언하면서 이 책의 깊은 신학적 중요성도 이해하고 있다.

　나는 하나님의 말씀의 주석가로서 앤드류 황의 신실한 사역에 감사하며, 구약의 어렵지만 결정적으로 중요한 책을 이해하는데 관심이 있는 모든 사람에게 이 주석을 추천한다. 특별히 목사님들이 이 주석을 읽고 아가서를 이해하게 되기를 기도한다. 그리고 나서 이 책을 회중에게 설교할 수 있기를 바란다. 우리가 세상에서 보고 있는 성의 우상화와 싸우기 위해서 남자와 여자 사이의 건강한 관계에 대한 하나님의 비전으로 대항하는 것보다 더 좋은 방법이 있겠는가?

Tremper Longman III

Robert H. Gundry , 성경연구학 교수

Westmont College, Santa Barbara, CA

감사의 말

　1999년의 상반기는 Andrew Hwang과 Samuel Goh 우리 둘에게는 잊을 수 없는 시간이었다. 그 당시에 우리 둘 다 필라델피아에 있는 웨스터민스터 신학교에 재학 중이었다. 사무엘은 신학 석사학위를 하고 있었고, 앤드류는 연구 중이었다. 우리는 구약 해석학에 아주 흥미를 느끼고 있기 때문에 우리의 일상적인 대화조차도 신학적인 주제에 대한 심도 있는 토론으로 바뀌고는 했다.

　이 주석은 그러한 일상적인 대화의 산물이기도 하다. 그 시기에 앤드류의 중국어판 아가서 주석은 이미 중국 그리스도인 모임에서 잘 알려져 있었다. 그 결과 아시아신학학회가 그에게 영어판을 부탁했다. 그는 그의 과거 제자인 사무엘을 그 프로젝트의 한 파트에 초대했다. 즉시 사뮤엘은 그 주석작업에 참여하는데 동의했다.

주석들은 평신도의 관심보다는 필연적으로 학자들의 관심을 더 많이 다룬다. 그러나 이것 때문에 종종 평신도들 심지어는 목사님들도 좌절한다. 평신도의 관점에서 보면 학자들은 하나님의 말씀을 너무 전문적으로 만들어서 메시지가 학문적인 토론에 갇혀 있기 쉽다. 그래서 우리는 우리의 주석이 실용적이면서도 상당히 학구적이 되도록 만들어야겠다고 결심하게 되었다. 그래서 구조분석과 주해와 같은 일반적인 학문 토론 외에도 우리는 신학적 관점과 묵상을 독자들에게 제공할 것입니다. 그래서 앤드류는 아가서의 구조와 모든 구절의 주해 ("주석" 부분) 를 담당했고, 사뮤엘은 각 구절의 도입과 묵상을 썼다.

우리는 이 프로젝트를 완성하는데 직·간접으로 도움을 주신 여러 사람들에게 감사하고 있다. 한 팀이 되어 정신적인 지지와 더불어 격려를 해준 아내들에게 감사한다. 서문을 써주시고 친절히 도움을 주신 Tremper Longman III 교수님과 Michael Shen 목사님께도 감사를 표하고 싶다. 예리한 눈으로 오자와 문법적 오류에서 벗어나게 해준 Kathleen Nicholls의 헌신적 노력에도 감사한다. 우리에게 조언을 해주시고 인내해주시고 격려해주실 뿐 아니라 확인도 해주신 편집장이신 Bruce Nicholls에게 특별히 감사를 드린다. 마지막으로 제일 중요한 분인데 바로 우리 주 하나님께 모든 감사를 드린다. 우리 주 하나님의 은혜가 없었더라면 우리는 가장 위대한 사랑을 알지도 못했을 것이다. 주님의 섭리 안에서 우리는 이 주석을 주님께 바칠 수 있었습니다.

앤드류 황, 사무엘 고

들어가는 말

이 주석은 성경이 영감으로 기록되었고 정경이라는 사실에 기초하고 있다. 하나님께서는 아마 솔로몬 왕에게서 유래한 이 시 작품을 통해 연애와 결혼에 대한 그분의 뜻을 드러내셨고, 하나님의 말씀이 오류없이 기록되었다는 확신을 주셨다. 정경 승인의 과정에서 하나님의 성령께서는 대대로 하나님의 사람들이 하나님의 말씀, 특별히 아가서를 공인하도록 인도하셨다.

성경의 유추의 원리와 더불어서 성경에 대한 이 고견은 아가서의 메시지는 전체 정경의 배경 안팎에서 신학적이고 윤리적인 교훈과 일치한다는 확신을 주석가들에게 심어 주었다. 과거 유대인과 그리스도인 아가서 주석가들이 아가서를 풍유화했다하더라도, 그럼에도 불구하고 그들은 그의 백성들, 이스라엘 혹은 교회를 향한 하나님의 섭리라는 건전한 신학에 의해 인도를 받았다.

이 주석이 택한 문학적이고 문자적인 해석법은 말씀의 자연적이고 비유적인 의미를 인식한다. 이것은 남녀를 하나로 만드는 결혼이라는 매우 아름다운 연합에서 최고조에 이르는, 모든 인간 관계 중에서 가장 일차적이고 친밀한 남자와 여자 사이의 사랑에 대한 하나님의 초점을 회복시켰다. 결혼의 축복으로 막이 내리는 인간 사랑과 성이라는 주제는 성경 창세기부터 계시록까지 표현되고 확증되고 있기 때문에 풍유화의 필요성은 제거된다. 그리스도와 교회 사이의 관계에 빛을 비추시는 것은 하나님께서 계시해 주시는 "신비" 이다.

아가서의 일치와 윤리적 메시지를 약화시키는 학문과 싸울 때는 하나님의 거룩한 목적과 성적 연합을 위한 계획에 대해서 계속 말하는데 헌신해야

한다. 주축구절 (4:12-5:1) 을 가진 교차 구조와 혼외정사를 억제하는 가르침
은 주의깊은 주해로 가능해진다.

그리스도에 대해 강조하는 "고찰" 이라는 통찰력있는 절은 가장 적절하
고 신선한 방식으로, 아가서의 진정한 사랑이라는 변치않는 메시지로 21세
기 독자들에게 다리를 놓아주었다.

아시아 신학학회의 모토는 "아시아에서 아시아인을 훈련하기" 이다. 우
리는 예수의 가르침 (남자와 여자, 한 남편과 아내, 단 마음의 사랑, 한번의 인생) 은 모든 종
류의 사람과 모든 세대의 사람들에게 관련되고 필수적인 사랑과 결혼의 메
시지이지만 이 주석이 아시아의 아시아인들에 의해 씌여졌다는 것을 말하
고 싶다. 이 책이 그리스도를 통한 하나님의 완전한 사랑으로 많은 사람을
이끄는 하나님의 종을 포함하여 미혼자와 기혼자에게 삶과 말씀선포를 위
한 통찰력으로 축복이 되게 하소서!

Michael Shen 목사

싱가폴 성경대학 학장

약어표

AB	Anchor Bible
AUSS	Andrew University Seminary Studies
BKAT	Biblische Komentar: Altes Testament
BST	The Bible Speaks Today
JSOT	Journal For the Study of the Old Testament
NCB	New Century Bible
NT	신약
OT	구약
TOTC	Tyndale Old Testament Commentaries
VT	Vetus Testamentum
WBC	Word Biblical Commentary
ZAW	Zeitschrift fur die altestamentliche Wissenschaft

PART

1

도입

저작 연대와 저자

아가서 1장 1절의 제목은 솔로몬 왕이 저자인 것을 암시한다. 그렇지만, 제목 자체가 애매모호하다. 그러므로 저자 문제는 학자들 사이에서 논쟁거리였다. 제목의 논의에 대해서는 아가서 1장 1절에 대한 우리들의 주석을 참조하기 바란다. 만일 솔로몬의 저작이 받아들여진다면, 저술 연대는 약 10세기 중반이 될 것이다. 아가서 내용 중에도 이러한 견해를 지지하는 것처럼 보이는 증거들이 있다. 솔로몬은 수많은 아내들 (harem) 을 거느렸던 것으로 알려져 있으며 (700 명의 부인들과 300 명의 첩들), 그의 여성들과의 정사 (liaisons) 도 기록되어 있다 (왕상 11:1-13). 또한 그는 많은 잠언들과 시편들도 쓴 것으로 알려져 있다 (왕상 4: 32). 또한 표지와는 별도로 솔로몬의 이름이 아가서에서 몇 차례 나타난다 (1:5; 3:7,9,11; 8:11-12). 이러한 이유 때문에 전통적으로 유대교와 기독교는 아가서의 저자를 솔로몬으로 여긴다.

그렇지만 현대의 학문연구에서는 아가서의 연대와 원저자 문제는 논쟁거리가 되어왔다. 지금까지 학자들은 일치된 견해에 도달하지 못했다. 다양한 노선 (lines) 의 증거가 어떻게 평가되고 그 혹은 그녀가 어떤 연구 방법 (approach) 을 사용하고 있는지에 따라 결론이 달라진다. M.H. 포프 (Pope) 가 잘 요약했듯이, " 여러 시편 뿐 아니라 욥과 아가서와 같은 성경의 책들에서 연대맞추기 게임 (dating game) 은 여전히 부정확하고 그 연대를 산출하기는 어렵다” [1] 연대와 저자에 대한 논의는 다음 세 가지 주제로 분류될 수 있다. 즉, 아가서와 솔로몬 혹은 그의 시대 사이의 관계, 아가서에 나오는 지정학적 명칭들, 아가서의 언어.

1. 아가서와 솔로몬 시대

게르만 (G. Gerleman) 은 아가서의 저자가 솔로몬이라고 생각하지 않는다. 그러나 그는 아가서가 솔로몬 시대 (즉, 기원전 10 세기) 의 작품이라고 주장한다. 그의 논리의 근거는 솔로몬의 집정시에 이스라엘과 이집트 사이의 문화적인 접촉이다. 솔로몬이 이집트의 공주와 결혼한 것은 그러한 문화적 교류를 암시한다 (왕상 3:1; 7:8, 9:16; 11:1). 그 시기에 이스라엘은 인본주의, 특히 이집트의 예술과 문학에 관심을 두었고 이것은 아가서에 반영되어 있다. [2]

그렇지만, 게르만의 논증은 결정적인 증거가 부족하기 때문에 설득력이 없다. 이스라엘은 한 시대 이상 외국 문화와의 문화적 접촉을 가졌다. 예를 들어, 키일 (O. Keel) 은 이스라엘과 이집트 사이의 집중적인 접촉이 히스기야 시대 (기원전 8세기 후반) 에 또한 알려져 있는 것을 주목한다. 키일 (O. Keel) 은 기원전 8세기의 이집트의 사랑 시의 예를 들어서 아가서가 6세기 와 8세기 사이에 모은 수집 작품 (collection) 이라고 믿고 있다. [3] 반면에 머피 (Murphy)

---

1   M.H. Pope, *Song of Songs: A New Translation with Introduction and Commentary*, AB () Garden City: Doubleday, 1977) 27

2   G. Gerleman, *Ruth. Das Hohelied* (BKAT 18; Neukirchen-Vluyn: Neukircher, 1965) 63-77; cited in R.E. Murphy, *The Song of Songs* (Hermeneia; Minneapolis: Fortress Press, 1990) 44.

3   O. Keel, Song of Songs (Continental Commentary; tran. F.J. Gaiser; Minneapolis: Fortress, 1994) 4-5

는 페르시아의 문화 또한 고대 근동 지방에 널리 퍼져 있었기 때문에, 아가서가 페르시아 시대의 연대에 쓰여졌을지도 모른다고 주장한다.[4] 이스라엘과 외국 사이의 문화적 접촉이 여러 시기에 걸쳐 이루어졌다는 것을 고려해 볼 때, 아가서의 저작 연대와 저자를 정확히 밝히기는 어렵다.

2. 지정학적 명칭들

아가서의 여러 지명 역시 저자가 누구인지 암시하는 것으로 주장되어 왔다. 그 가운데, "예루살렘"은 가장 자주 나타난다 (8회, 1:5; 2:7; 3:5, 10; 5:8,16, 6:4, 8:4). "레바논"은 5회 나타난다 (3:9, 4:8,11; 5:15; 7:4). "길르앗 산"은 두 번 나타난다 (4:1; 6:5). 다음 지명들은 각각 한 번씩 나타난다: 게달 (1:5), 엔게디 (1:14), 샤론 (2:1), 헤르몬 산 (4:8), 스닐 (4:8), 아마나 (4:8), 디르사 (6:4), 다메섹 (7:4), 헤스본 (7:4), 바드랍빔 (7:4), 그리고 갈멜산 (7:5).

아가서에 언급된 대부분의 지명들은 북 왕국에 있었다는 것은 분명하다. 6:4의 디르사에 대한 언급이 특별한 관심을 가지게 한다. " 내 사랑아 너의 어여쁨이 디르사 같고" 디르사는 그가 사마리아로 이주하기 전에는 오므리의 수도였다. 이러한 이유 때문에 고르디스 (R. Gordis) 는 아가서는 디르사가 중요하던 시기에 북 왕국에서 쓰여졌다고 주장했다.[5] 이러한 견해도 다음 두 가지 이유 때문에 받아들여지지 못하고 있다. 첫째, 지명 언급을 통해서 아가서의 연대를 확정할 수 없다. 디르사는 북 왕국의 수도가 되기 이전에도

---

4   Murphy, *Song of Songs*, 4

5   R. Gordis, The Song of Songs and Lamentations: A Study, Modern Translation and Commentary (New York: Ktav, 1974) 23-25.

있었고, 북 왕국의 수도가 사마리아로 이전한 후에도 여전히 존재했다.[6]

또한 디르사 외에 예루살렘을 언급한 것도 관심사이다. 아가서의 사건들은 예루살렘에서 일어난다. 그 소녀는 예루살렘 소녀들과 함께 이야기를 나누고 있다. 이러한 사실을 근거로 예루살렘이 그 소녀의 고향이며 그 시의 배경으로 예루살렘을 선택하는 것이 북 왕국 출신에게가 아니라 유대인에게 오히려 더 자연스러운 것이라고 폭스(Fox)는 생각한다.[7]

지정학적 언급들을 저작 연대와 연결시키는 것의 근본적인 문제는 아마도 아가서와 같은 시의 기능에 대한 오해라는 데 있다. 지정학적 언급들은 역사적인 배경을 보여주려는 것이 아니라, 문학적인 장치로서 작용하고 있다. 자신의 감정들을 미학적으로 표현하기 위해서 저자는 식물들(flora), 동물들(fauna), 사람들과 장소들의 이름들을 사용한다. 그러한 기능이 4장 8절, "나의 신부야 … 레바논에서부터 나와 함께 가자"에 명백히 드러나 있다. 레바논 소녀의 갑작스러운 등장은 주석가들을 당혹스럽게 만든다. 그 본문은 우리에게 그 소녀가 거기에 올라왔다거나 거기에 살고 있는지 아닌지에 대해서 말하고 있는 것이 아니다. 본문은 그 소녀가 어디로 부름을 받았는지에 대해서 말하지도 않는다. 이해가 잘 되지 않자 어떠한 학자들은 그 구절이 편집자에 의한 어설픈 삽입이라고 여겨왔다. 그러나 게르만과 함께 폭스는 이것이 저자가 실제 지정학적 위치에는 관심이 없었다는 사실을 나타내는 한 가지 예라고 지적하고 있다. 게르만은 산들이 위험하지만 영웅과 관련된 장소(heroic place)를 의미하는 문학적 동인(motif)이라는 것을 주시하고 있다. 반면에, 폭스는 암석의 갈라진 틈과 마찬가지로 산들은 "거

---

6   참조. M. V. Fox, *The Song of Songs and the Ancient Egyptian Love Songs* (Madison: University of Wisconsin Press, 1985) 187. 또한 Murphy, *Song of Songs*, 4를 참조하라.

7   Ibid., 189

리감과 접근불가성 (inaccessibility) 을 상징하고 고결함과 이국적 정서를 불러 일으킨다”고 말한다.[8] 디르사가 시인의 문학적 장치 (직유) 라는 사실은 그 소리와 함축된 의미를 보면 알수 있다. “디르사 (Tirzah)”는 rsh처럼 소리 나는데, 그것은 “기쁘게 하는 (be pleasing)”을 의미한다.[9] 문학적인 장치이기 때문에, 지리적 근거 위에서 아가서의 연대와 저자를 결정하는 것은 받아들여질 수 없다.

3. 언어학적 논의들

아가서의 언어는 또한 저작 연대를 나타내는 것으로 간주되어 왔다. 예를 들어, 폭스는 “언어적인 기준이 아가서 저작의 일반적인 시기를 결정하는데 있어서 우리가 근거로 삼을 수 있는 최대의 것이다”라고 주장한다.[10] 문제는 아가서가 서로 다른 시기의 언어들을 포함한다는 점이다. 우가릿 언어와 비슷한 단어들이 초기 (포로 이전) 시기를 암시하는 반면에, 아람어들은 후기 (포로 이후) 시기를 나타낼 수도 있다. 또한 페르시아어의 pardes (“과수원”, 4:13) 과 헬라어 phoreion을 반영하는 것처럼 보이는 appiryon (“연” 즉 탈것, 3:9) 과 같이 다른 외국어에서 빌려온 단어들이 있다.[11] 이러한 단어들은 훨씬 후대 시기를 나타낸다. 다른 한편으로, 폭스는 아가서의 히브리어에 더욱 관심이 있다. 그는 아가서는 어떠한 고전적인 용법들을 유지하지만, 아가서의 히브리어가 미쉬나 히브리어를 닮은 점을 주목한다. 그의 결론은 그 언

---

8   Ibid, 134

9   Murphy, *Song of Songs*, 4

10   Fox, *The Song of Songs*, 187

11   Ibid., 125

어는 제 2 성전 시기 이전이 아니며, 저작 연대가 주전 1세기와 4세기 사이라고 받아들인다.[12]

　학문적으로 이러한 여러가지 논증을 볼 때, 아가서의 시기와 저자를 확정하는 것은 매우 어렵다. 그럼에도 불구하고, 우리는 다음의 결론들을 도출할 수 있다. 첫째, 아가서는 저자 (편집자) 가 모을 수 있는 사랑 시들을 편집한 것인지도 모른다. 하나님이 주시는 영감으로 저자는 기존의 사랑 시들을 폭넓게 활용하여 한 권의 책으로 묶었다. 우리는 이 저자가 누구인지 확실히 말할 수 없다. 1장 1절의 제목을 진지하게 받아들인다면, 저자는 아마도 솔로몬일 것이다. 둘째로, 아가서의 현재의 형태는 최초의 편집물이라기보다는 오히려 장기간 발전 과정을 거친 최종 결과물이다. 그래서, 그 언어는 저작의 연대를 반영하기보다는, 최초부터 아가서의 전파 과정을 잘 반영하고 있다. 시간이 지나, 책과 언어가 갱신되면서, 결국 현재의 형태로 정착되었다.

12　Ibid., 187-189

성경에 있어서 아가서의 위치

구약 성경에 아가서가 포함된 이유는 불분명하다. 일반적으로는 몇 가지 이유 때문에 그것이 정경화되었다고 여겨져 왔다. 첫째, 솔로몬과의 전통적인 연관성 때문이다. 둘째, 역사상 어떠한 시기에 아가서가 대중의 인기를 모으고, 유대인들 사이에서 널리 배포되었기 때문이다. 끝으로 여하튼, 아가서는 랍비들과 종교 지도자들의 인정도 받았다.[13] 그 정경화 과정이 분명하지 않지만, 하나님의 섭리로 아가서가 성경 안에 자리를 잡게 되었다고 우리는 믿는다.

그럼에도 불구하고, 아가서의 연대나 저자의 문제와 마찬가지로 성경의 위상에 대해서는 수수께끼로 남아있다. 그 이유는 분명하다. 아가서는 "입술", "입맞춤", "젖가슴", "사랑" 에 대해서 말하지만, 하나님에 대해서는 단 한번도 언급하지 않는다. 아가서의 에로틱한 주제 문제는 특히 성경적인 윤리관을 따르는 사람을 당혹하게 한다. 그들은 아가서에 있는 많은 노골적인 에로틱한 묘사들에 얼굴을 붉힌다. 그렇게 성적으로 노골적인 책이 어떻게 성경 안에 포함되어 있는가? 이러한 이유로, 성경에 아가서를 포함시키

---

13 A. Brenner, *Song of Songs*, Old Testament Guides (Sheffield: JSOT, 1989) 13-14.

는 것이 정당한지 때때로 의문이 제기되어 왔다. 예를 들어, 고대 유대인들은 18 세기 전에 이러한 문제를 제기했던 것처럼 보인다. AD 90 년에 얌니아 공의회 (Council of Jamnia) 에서, 랍비 아쿼바 (Rabbi Aqiba) 는 이렇게 외치면서, 정경 안에 아가서의 포함의 정당성을 변호했다. "온 세상이라도 아가서가 이스라엘에게 주어진 그날만큼 가치 있지 않다. 하지만 모든 케투빔 (성문서) 이 거룩하지만, 아가서는 거룩한 책 중에서도 거룩한 책이다." [14]

그 문제는 또한 기독교인들 사이에서도 논의되었다. AD 4 세기에, 데오도르 (Theodore, 몹수스치아의 감독, bishop of Mopsuestia) 는 아가서의 정경성에 대해서 의문을 제기했다. 그 이유로, 그는 553년 콘스탄티노플의 제 2차 공의회 (the Second Council of Constantinople) 에서 정죄당했다. 종교 개혁 시기에, 세바스챤 카스텔리오 (Sebastian Castellio) 는 칼빈 (Calvin) 에 반대하면서, 아가서가 성경에 포함되어서는 안된다고 했다가, 그 결과로 제네바에서 추방되었다.[15] 성경에서 아가서의 위상뿐만 아니라, 도덕적인 문제 역시 아가서 해석상의 논의의 쟁점이 된다.

---

14 Herbert Dandy, tr., *The Mishnah* [Yadayim 3:5] (London: Oxford University, 1933), 782.

15 G.L. Carr, *The Song of Solomon*, TOTC (Leicester: Inter-Varsity, 1984) 52.

아가서의 해석

셉튜아진트 (Septuagint, 히브리어 구약 성경의 헬라어 번역) 는 아가서의 유대적 해석을 반영한다. 셉튜아진트는 아가서를 문자적으로 접근하면서, 아가서의 에로틱한 묘사들을 표현하는데 아무런 꺼리낌이 없다. 사실, 에로틱한 느낌이 히브리어 구약 성경에서보다 셉튜아진트에서 여러 차례 더 무디어 진다.[16]

1.풍유적(Allegorical) 해석

그렇지만, 후기 유대 문학 작품들은 풍유적 접근으로의 전환을 보여준다. 아가서의 성적인 성격을 약화시키기 위해서, 유대인 랍비들은 아가서의 성적인 성격을 약화시키고 영적인 의미를 강조하기 위해서 문자적인 의미를 경시했다. 그들은 아가서를 하나님의 임재와 이스라엘 백성 사이의 역사적 관계를 세부적으로 풍유 (allegory) 하는 것으로 이해했다. 탈무드 (Talmud) 와 타르굼 (Targum) 과 같은 유대교의 문학 작품들은 이러한 종류의 접근 방

---

16 Keel, *Song of Songs*, 5-6.

법을 반영한다. AD 1 세기 후반에 기록된 에스라의 묵시록 (The Apocalypse of Ezra) 도 마찬가지다. 그 책에서 우리는 아가서의 언어와 유사한 어떤 언어를 발견할 수 있다. 예를 들어, 이스라엘의 공동체를 상징하기 위해서, 그 책은 "비둘기" 와 "백합" 과 같은 표현들을 사용한다.[17]

아키바 시대까지, 풍유적 해석이 문자적 해석을 대체하였다. 아가서의 정경성에 대한 그의 변호는 그러한 해석의 기반 위에서 이루어질 수 있었을 것이다.[18] 이러한 접근 방법은 중세에 사디아 (Saadia), 라쉬 (Rashi) 그리고 이븐 에즈라 (Ibn Exra) 와 같은 유대인 주석가들에 의해서 계속되었다.[19]

기독교 세계에서, 풍유적 해석은 AD 3세기 경에 채택되었다. 헬라 철학자들의 영향으로, 기독교 교부들은 아가서의 문자적 의미를 거절했다. 헬라 철학자들이 감각적인 신들 (sensuous gods) 을 영적인 이상들 (spiritual ideals) 로 변형시키는데 성공했을 때, 기독교 신학자들은 에로틱한 비유 (erotic imagery) 를 하나님과 연합하고픈 영혼의 갈망이나 그리스도의 교회에 대한 사랑을 표현한 것으로 풍유하였다.[20] 예를 들어, 힙포리투스 (Hippolytus) 는 아가서를 풍유적으로 해석한 최초의 기독교인으로 알려져 있는데, 나중에 오리겐 (Origen) 이 그 뒤를 이었다.[21] 다른 한편, 어떤 로마 카톨릭 주석가들은 성모 마리아의 해석을 채택하였다. 그들은 아가서의 처녀 (girl) 를 성모 마리아 (Virgin Mary) 와 동일시하였다.[22]

---

17   Murphy, *Song of Songs*, 13-14.

18   R.M. Davison, "Theology of Sexuality in the Song of Songs: Return to Eden" (AUSS 1989, Vol 27/1) 1.

19   Pope, *Song of Songs*, 101-05.

20   Davison, "Theology of Sexuality," 2.

21   Pope, Song of Songs, 114; Carr, *Song of Solomon*, 21-22.

22   Pope, *Song of Songs*, 89-90.

이 모든 것은 랍비들과 기독교 신학자들이 아가서의 도덕적 문제와 씨름하는 방식을 보여준다. 풍유적 해석으로 당황스러운 에로틱한 주제를 극복하려고 애쓰지만, 거기에는 답변해야 하는 큰 질문이 있다. 칼 (carr) 은 주요한 질문이란, 그 주어진 구절이 과거 사건에 대한 사실적이거나 역사적 언급을 하고 있지 않다는 사실이라고 말하고 있다. 이것은 그 구절에서 언급된 사건들이 역사적이 아니라는 것을 의미한다. 다시 말해서, 그것들은 실제로 일어나지 않았고, 그것들은 단지 어떠한 깊은 영적 의미를 전달할 뿐이라는 것이다.[23] 그러므로 본문의 의미는 원 저자에게 존재하는 것이 아니라, 해석자에게 존재한다. 해석자가 말하는 것이 저자가 의미한 것보다 앞선다. 그러므로, 이러한 접근 방법은 많은 융통성 (flexibility), 적응성 (adaptability), 그리고 상상력 (imagination) 을 허용하므로, 객관성이 있는 것은 불가능하다. 따라서 본문의 의미는 해석자의 종교적이거나 신학적 성향에 매우 의존한다. 어떤 유대의 랍비는 아가서를 여호와의 이스라엘에 대한 사랑의 관계를 묘사한 것으로 이해하는 반면에, 어떤 기독교 주석가는 아가서를 그리스도와 교회 사이의 사랑의 이야기로 해석하고, 어떤 로마 카톨릭 신학자는 아가서를 마리아를 통해서 설명한다. 포프 (Pope) 는 이렇게 눈에 띄는 결함 때문에, 결국은 풍유적 접근 방법은 신뢰할 수가 없어서 포기되고, 현대에 이르러 문자적 접근 방법이 널리 받아들여지게 되었다고 지적한다.[24]

---

23 풍유적 접근 방법의 변형이 유형론적 접근 방법이다. 참조 Carr, *Song of Solomon*, 21-31. Carr는 둘 사이를 구분한다. 즉 풍유(allegory)는 구약 이야기들의 사실성과 역사성을 부인한다. 반면에, 유형론(typology)은 이야기들의 역사성을 인정하지만, 그 이야기 속의 사건들에 대한 신약의 가르침과의 병행 연관성 (parallel link)을 찾는다. 우리는 아가서의 목적에 대해서 논의할 때, 이 주제를 다시 다룰 것이다.

24 Pope, *Song of Songs*, 90.

2.극적인(Dramatic) 해석

어떠한 사람은 풍유적 접근 방법을 받아들였지만, 어떠한 사람들은 또한 아가서를 연극으로 만들거나 노래로 부르기 위한 드라마 대본 (dramatic script) 로 이해해 왔다. 그렇게 해서, 아가서의 장르를 드라마 형식이라고 정의했다. 그렇지만 어떤 사람은 여전히 그 "드라마" 를 문자적이거나 풍유적으로 읽을지도 모른다. 예를 들어, 오리겐은 아가서를 극적인 풍유로 이해했던 최초의 주석가였다. 약 AD 250년 초에, 그는 아가서가 솔로몬이 영적 드라마의 형식으로 쓴 결혼의 노래라고 언급하였다.[25] 그 접근법은 수 세기 동안 받아들여지지 않다가, 19세기에 이르러 에발드 (Ewald) 와 델리취(Delitzsch) 가 받아들이고, 고울더 (M.D. Goulder) 와 같은 학자들에 의해서 채택되었다. 고울더 (M.D. Goulder) 는 아가서를 줄거리를 가진 통일된 노래로 보지만, 그는 문자적 접근 방법을 사용한다.[26]

극적 해석가들은 일반적으로 아가서에서 두 세 명의 화자들 (speakers) 을 발견한다. 주요 등장 인물은 솔로몬 왕이다. 다른 사람은 소녀인데, (어떤 사람은 그녀가 술람미여인이라고 생각하고, 다른 사람들은 이집트의 공주라고 생각한다.) 아가서에서 세 명의 화자들을 보는 사람들은 제 3의 화자가 목자 (그 소녀의 연인) 라고 지적한다.

이 시점에서 아가서의 장르 (genre) 와 형식 (form) 을 구별하는 것이 필요하다. 극작가들은 아가서의 장르 (즉 드라마) 에는 동의하는 반면에, 아가서의 형식 (원래의 사회적 배경) 에는 서로 일치하는 않는다. 따라서, 극적 주석가들은

---

25 Carr, *Song of Solomon*, 32; Pope, *Song of Songs*, 115.

26 M. D. Goulder, *The Song of Fourteen Songs*, JSOTS 36 (Sheffield: JSOT, 1986) 2-9, 86.

아가서에 대한 다른 접근 방법들을 개발해 왔다. 전통적으로, 아가서는 솔로몬이 바로의 딸과 결혼한 것을 경축하기 위해서 쓰여진 것으로 여겨져 왔다. 그렇지만, 어떤 사람들은 아가서가 예배자들과 예배 인도자가 특별한 역할들을 맡았던 예배 때에 예전 (liturgy) 으로 사용되었다고 생각했다.[27]

위의 접근 방법 외에도, 또한 아가서와 고대 근동의 다른 사랑의 노래들 간의 비교 연구를 이용하는 다른 현대적 접근 방법들이 있다. 이것들 중에서 주요한 것은 이방적 해석법들 (cultic interpretations) 이다. 그 모든 해석법들은 기본적 전제를 공유한다. 즉 아가서는 이집트, 바벨로니아, 수메리아 그리고 가나안의 사랑의 시들 가운데 공유된 이야기에 뿌리를 두고 있다. 그 구상 (plot) 은 남녀 풍요 신의 거룩한 결혼을 예전적으로 표현한 것이다. 이러한 접근 방법의 가장 잘 알려진 예가 T.J. 미크 (Meek, 1920년 대) 의 접근 방법이다. 그는 아가서가 탐무즈—아도니스 (Tammuz–Adonis) 와 이쉬타르 (Ishtar) 제사의 바베로니아 예전에 기원을 두고 있다고 주장했다. 그에 의하면, 솔로몬과 어린 소녀는 남성과 여성의 풍요신들을 나타낸다. 브레너 (Brenner) 는 적절하게 아가서에 대한 그러한 접근 방법을 풍유적 극적 해석으로 이해한다.[28]

이러한 극적인 해석들은 몇 가지 전제들의 기반 위에 놓여 있다. 첫째, 아가서의 사회적 배경을 추적할 수 있다. 둘째, 아가서는 일직선적 구상 (linear plot) 이 있는 통일된 구성물이다. 셋째, 화자들은 단지 시적 참가자들이 아니라, 드라마의 배경을 맡은 등장 인물들 (characters) 이다. 그렇지만, 이러한 전제들은 많은 현대 학자들에 의해서 의문시됐다. 첫째, 그 중의 가장 문

---

27 참조 Keel, *Song of Songs*, 11; 그리고 Carr, *Song of Solomon*, 33.

28 Brenner, *Song of Songs*, 72.

제가 되는 것은, 원래의 사회적 배경을 추적할 수 있다는 전제이다. 살펴본 대로, 학자들은 아가서의 사회적 배경에 대해서 일치된 견해가 없다. 그리고 양식 비평 (Form Criticism) 에 대한 많은 비평가들이 지적하는 것처럼, 역사적 증거가 부족하기 때문에, 원래의 배경들을 추적하는 것은 어렵고, 어떤 제안된 배경은 기껏해야 단지 추측에 불과하다.[29]

둘째, 감각 "구성 (plot)" 이다. 학자들은 여러 가지 구성들을 제시하지만, 그 결론에 이르지 못한다. 게다가 아가서의 일부분을 "장면들 (scenes)" 로 만드는 데에도 일치를 보지 못하고 있다. 브레너 (Brenner) 는 제시된 무대연출들은 비유라고 말한다.[30] 칼 (Carr) 은 영화 제작과 연출에 상당한 경험이 있는데, 그는 아가서가 공연에 알맞지 않다고 생각한다.[31] 더욱이, 드라마 공연이 구약 시대의 히브리인들에게 알려져 있는지도 의문시되고 있다. 이러한 점에 미루어볼 때, 드라마 이론들은 도덕적 이슈에 대한 답을 제시하지만, 그것들은 설득력이 없다.

---

29 양식 비평에 대한 간단한 평가를 위해서, 참조할 책. J. Barton, *Reading the Old Testament, Method in Biblical Study* (Louisville: Westminster John Knox, 1996), 38-43.
30 Brenner, *Song of Songs*, 71.
31 Carr, *Song of Solomon*, 33-34.

크리스천과 아가서

그러면 우리 크리스천들은 아가서를 어떻게 읽어야 하는가? 우리는 그 책의 도덕적 이슈를 어떻게 다루어야 하는가? 그 책은 왜 성경 안에 포함되어 있는가? 그 목적은 무엇인가? 우리는 다음을 제안한다.

1. 문학적 접근

여러가지 접근 방법들을 평가한 후에, 최선의 접근 방법은 아가서를 있는 그대로 해석하는 것이라고 우리는 결론을 짓는다. 칼 (Carr) 은 이것을 "자연적 접근 방법 (natural approach) " 혹은 "문자적 접근 방법 (literal approach)" 이라고 부르지만, 그는 "자연적 (natural) " 이라는 용어를 더 선호한다. 그렇지만, 우리는 세 가지 이유들 때문에, "자연적 (natural)" 이나 "문자적 (literal)" 보다는 "문학적 (literary) 이라는 용어를 더 선호한다. 첫째, 칼 (Carr) 이 바로 지적하였듯이, "문자적 (literal)" 이라는 용어로는 아가서에 나오는 대구법 (parallelism), 비유적 묘사 (imagery) 등과 같은 문학적 장치들을 설명할 수 없다.[32] 둘째, 우리의 견해로는, "자연적 (natural)" 이라는 용어는 문학

---

32 Carr, *Song of Solomon*, 34, n. 2.

적 장치들을 다루는데 더 좋은 표현이라고 할 수 없다. 왜냐하면, 고대 저자들에게 (혹은 우리 시대의 문학적으로 유능한 성경 학자들에게) 문학적 장치들이 자연스럽게 들릴지 모르지만, 그러한 배경이 없는 사람들에게는 자연스럽지 않다. 셋째, 아가서를 제대로 평가했다면, 아가서가 비범한 책이라고 해서 문학적 작품이라는 것조차 부인해서는 안 된다. 아가서가 성경 안에 포함되어 왔기 때문에 비범한 (extraordinary) 것이다. 이것은 아가서가 평범한 문학이라는 것이 아니라, 하나님의 영감으로 씌여진 작품이라는 점을 보여준다. 왜냐하면 바울이 기록한대로, "모든 성경은 하나님의 감동으로 된 것…"(딤후 3:16) 이기 때문이다.

이러한 이유 때문에 우리는 아가서를 있는 그대로, 즉 사랑하는 두 남녀가 열정, 헌신, 그리고 갈등 (struggle)에 대해서 말하는 연속적인 시들로 이해한다. 이러한 접근 방법은 본문 안에 있는 에로틱한 요소들을 인정하고, 풍유적 접근으로 성적 요소들을 피해 가기 보다는 정면으로 그 도덕적 이슈를 다루고 있다. 그렇지만 이것은 현대의 어떤 주석가들이 주장하는 것처럼, 아가서를 단순히 관능적 (sensual) 으로 이해하는 것을 의미하지 않는다. [33] 이러한 이해를 근거로, 다음은 이 논문이 아가서를 어떻게 해석하는지를 다루고 있다.

2. 사랑의 시로서의 아가서

아가서를 하나의 노래, 노래들의 모음집 혹은 시집으로 보든지 간에 분명한 것은 아가서가 시의 형태로 쓰여져 있다는 점이다. 시편이나 잠언과 마

---

33 이러한 견해의 예로서 참조할 책, P. Trible, *God and the Rhetoric of Sexuality* (Philadelphia: Fortress, 1978) 162.

찬가지로, 아가서는 간결한 구절들, 대구법 (parallelism), 비유적 표현 (figures of speech) 등과 같은 모든 시적인 특징들이 있다. 이러한 이유 때문에, 아가서는 시의 장르 (genre) 에 속한다. 정확하게 표현하자면, 아가서는 사랑의 시다.

a. 아가서의 공통적인 특징들

사랑의 시인 아가서는 히브리 그리고 고대 근동의 사랑 시들에서 일반적으로 보여지는 요소들을 공유한다. 여기에 그러한 요소들의 몇몇 예들이 있다. 첫째로, "형제 (brother)", "자매 (sister)", "왕자 (prince)" 그리고 "공주 (princess)" 와 같이 일반적으로 사용된 비유적 묘사가 아가서 안에 나타난다 (8:1;5:1;7:1).[34] 둘째로, 이집트 사랑 시들에서도 알려진 (일반적으로 wasf로 부르는) 신체적 아름다움의 묘사들도 사용된다(4:1-7; 5:10-16).[35] 셋째로, 사랑 (1:9-16; 4:9-15) 을 표현하는 찬사 시들 혹은 찬사 대화의 사용과 같은 다른 대구적 (parallel) 요소들과 "정원 (garden)" (예를 들면, P. Harris 500, Group C, no. 18) 과 같은 은유들도 아가서에서 사용된다.

b. 아가서의 독특성

여러 가지로 아가서는 다른 고대 근동 사랑 시와 비슷하지만, 평범한 사랑 시는 아니다. 아가서는 여러 가지로 사랑 시의 고대 병행법 중에서 뛰어나다. 우리는 아가서에 독특한 몇 가지 특징들을 지적할 것이다. 무엇보다도, 아가서는 상당히 자연의 비유를 사용하지만, 다른 고대 근동의 문학 작품들과 달리 자연을 의인화하지 않는다. 이스라엘 사람들에게, 자연은 단지

---

34 Fox, *Song of Songs*, 16-17에서 인용된 이집트 사랑의 시와 비교해 보라.

35 Ibid.,52

하나님의 창조 능력을 보여주는 하나님의 창조물에 불과하다. 또 다른 차이점은 술 (wine) 의 사용이다. 고대 사랑 시의 일반적은 주제들 중의 하나는 술 취함과 유혹이다. 아가서에서 그렇게 사용된 곳은 단지 5장 1절이다. 그렇지만 그것은 순박한 소녀의 유혹이 아니라, 결혼한 날 밤에 부부간의 사랑이다.[36] 셋째로, 칼 (Carr) 이 지적하듯이 다른 고대의 사랑 시와는 달리, 아가서에는 불성실함과 질투가 없다.[37] 마지막으로 특히, 우리가 이 주석에서 곧 밝히겠지만 아가서는 강하게 도덕을 강조한다. 이것은 많은 고대 근동의 사랑 시가 성적 탐닉에 빠지는 것과 뚜렷하게 대조된다.[38]

지금은 아가서가 다른 고대의 사랑 시들과는 다른 신학적이며 도덕적인 가치들을 나타내고 있다고 말하는 것으로 충분하다. 이러한 가치들은 성경 전체의 가치들과 일맥상통한다. 포르노 문학과는 전혀 다르게, 아가서는 다른 성경들과 동일한 가치관을 포함한다. 아마도 이러한 특징은 아가서가 단순히 세속적인 사랑의 노래가 아니라, "하나님의 감동으로 기록된 (God-breathed) " 노래라는 것을 보여줄 것이다. 다른 성경 책들과 마찬가지로, 아가서는 "하나님의 감동" 으로 기록된 것이기 때문에, 그것이 정경 안에 포함된 것은 정당하다. 이제 질문은 이것이다. 우리는 어떻게 아가서의 에로틱한 요소들을 아가서의 도덕적인 가치들과 조화시킬 수 있는가? 아가서는 자기 모순이 있는 작품인가, 아니면 역설 (paradox)적 작품인가?

---

36 고대 세속적인 사랑 시에 있어서 술은 보통 성교(sexual intercourse)를 의미한다. 따라서, 많은 주석가들은 아가서에서 술을 언급한 것을 같은 의미로 해석한다. 이 주석은 술이 항상 그러한 의미가 아니라는 것을 보여줄 것이다.

37 참조 Carr, *Song of Solomon*, 40

38 Pope, *Song of Songs*에 인용된 이집트의 사랑 시들과 인도의 사랑 시들에서 신체적 매력에 대한 탐닉과 성에 대한 회화적 묘사들을 주목해서 보고, 그것을 아가서 4:9-5:1에 있는 훨씬 절제된 성적 연합의 묘사들과 비교해 보라.

3. 로맨스와 성경

성경에 익숙한 저자들에게, 아가서의 성적 관심 (sexuality) 은 놀라운 것이 아니다. 성경은 도덕적 가치들을 강조하지만, 또한 성경은 인간의 성에 대해서도 말하고 있다. 바로 첫 번째 책에서, 성경은 하나님께서 성적인 존재들인 남자와 여자 (창 1:28) 을 창즈하셨다고 말한다. 성적인 존재들의 창조 목적은 분명하다. 그들은 성적인 연합이 있도록 의도되었다. 성적인 연합은 단지 출산 (procreation) 만이 아니라, 그것은 또한 육체적이며 영적인 연합을 경험하는 것이다 (창 2:22-24).

더욱이, 성경은 또한 성 (sex) 은 "쉬 쉬 해야 하는 것 (a hush hush) " 이 아니라고 말하고 있다. 아담이 이브를 처음 만났을 때, 그는 억제하거나 부끄러워하지 않고 흥분하여 이렇게 표현하였다. "이는 내 뼈 중의 뼈요 살 중의 살이라" (창 2:23). 창세기는 둘이 벌거벗었으나 부끄러워하지 않았다고 말한다 (창 2:24). 하나님 자신이 성을 "나쁘다 (bad) " 거나 "부끄럽게 (shameful) " 여기지 않으신다. 사실 남자와 여자를 창조하신 후에, 하나님께서는 모든 창조물들을 "매우 좋게" (very good) [39] 여기셨다. 마지막으로, 성경은 성적인 쾌락을 더럽거나 나쁜 것으로 간주하지 않는다. 오히려 반대로 성경은 우리에게 그것을 즐기라고 말한다. 잠 5: 18, 19에서 "네 샘으로 복되게 하라 네가 젊어서 취한 아내를 즐거워하라… 너는 그 품을 항상 족하게 여기며 그 사랑을 항상 연모하라."

그러면 성경에서 자주 성은 왜 "나쁜" 것이라는 인상을 주는가? 그것은 창세기 3장까지 거슬러 올라가야 한다. 에덴 동산에서 성적 연합의 아름다

---

39 참조 Davison, "Theology of Sexuality," 16.

움은 아담과 이브의 불순종으로 손상되었다.[40] 그 부부는 에덴 동산 (무엇보다도 "만족 pleasure" 혹은 "기쁨 delight"[41] 을 의미하는) 에서 추방되었다. 에덴 밖에서 성은 모든 형태로 남용 (abuse) 되었다. 성경에는 아브라함 (하갈을 통해 자신의 가문을 이어가는 것), 유다 (다말과의 정사), 레아와 라헬 (야곱을 조종하기 위해서 성을 사용함), 다윗 (밧세바와의 정사), 솔로몬 (그의 첩들과 1000 명의 부인들) 에서, 성이 어떻게 남용되었는가를 기록하고 있다. 출산 혹는 단순한 만족의 명목이든 간에, 성은 오용되고, 착취당하며, 상품화되고, 왜곡되어 왔다.

여러 가지 남용들의 예를 볼 때, 성경이 비난하는 것은 성 그 자체가 아니라, 성의 남용 혹은 부정한 성이다. 하나님께서는 창세 이래로 성은 결혼이라는 한계 안에서 즐기도록 의도하셨다. 우리는 이러한 한계가 구약 성경 안에 분명히 언급되어 있는 것을 본다. 모세의 율법에서, 성은 결혼을 위해서 유지되어야 한다고 말한다. 예를 들어, 신 22: 13이하에서는 신부들은 결혼에서 처녀성 (virginity) 을 입증해야 한다. 하나님께서는 이러한 한계를 신약 성경에서 반복하신다. "모든 사람은 혼인을 귀히 여기고 침소를 더럽히지 않게 하라 음행하는 자들과 간음하는 자들을 하나님이 심판하시리라" (히 13:4). 이러한 한계를 통해서 우리는 타락한 세상에서 하나님의 선물인 성을 합법적으로 즐기는 것이 아직 가능하다는 것을 알게 되며 확신하게 된다. 기독교인에게 그것은 합법적인 것 이상이다. 그것은 또한 그리스도의 구속을 체험하는 것의 일부이기도 하다. 그리스도의 구속이 우리의 전체적인 측면들—영적이고, 감정적이며 신체적인 면—을 포함하므로, 성적인 연합 역시 구속된다고 말하는 편이 안전하다.

---

40 죄의 저주 때문에, 기쁨이 되어야 했던 것이 고통으로 변했다는 점으로 눈여겨 볼 필요가 있다. 여자는 그녀의 남편을 사모하지만, 그녀는 해산의 고통을 갖게 된다 (창 3:16).

41 G.J. Wenham, *Genesis* 1-15, WBC (Waco: Word Books, 1987), 61. 참조 또한 그것의 동음이의어 (homonym)가 삼하 1:24; 렘 51:34; 시 36:9에 있다.

아가서는 구속된 성적 관심의 그림을 제공한다. 성에 대한 아가서의 묘사는 에덴으로 성의 회복을 나타낸다. 그 용어를 보면 이것은 사실이다. 면밀히 검토해 보면, 우리는 아가서에서 창세기의 용어를 발견할 수 있다. 창세기에서 익숙한 정원, 기쁨, 샘이나 솟아나는 시내들과 같은 단어들과 개념들, 동물들, 나무들과 과일들에 대한 언급이 아가서에서 나타난다 (2:8: 4:12-16).[42] 따라서 창 2:22-25에 나타난 성적 사랑에 대한 간략한 묘사는 아가서에 더 확장되고 연장되어서 성인의 애정적 시로 나타난다. 트리블 (P. Trible) 은 "남자와 여자는 처음 에덴 동산에서 한 몸이 되었다. …이제 또 다른 동산에서 [아가서에서 언급된] 에덴의 관능성은 확장되고 깊어지고 있다.… "[43]라고 쓰고 있다.

4.성경에 아가서를 포함시킴

우리는 아가서가 창 2: 22-25의 연장선상에 있는 책이라는 것에 동의할지라도, 왜 아가서는 성인 대상의 책으로 확장되었을까? 구속된 성 (redeemed sexuality) 도 정당한 주제이며, 인간의 사랑은 피조물인 인간에게 현실적 주제라는 것은 사실이다. 그러나 이러한 사실이 아가서가 하나님 말씀의 한 부분으로서 성경 안에 포함되기에 충분히 현실적인 이유가 되는가? 칼 (Carr) 은 "적어도 성경 중의 한 권이 피조물인 우리 인간의 중심적 실체 중 하나를 축하하는데 (celebration) 할애되었다는 것을 외설로 간주해서는 안 된다."[44] 라고 말했다.

---

42 Trible, *God and the Rhetoric of Secuality*, 152-55
43 Ibid., 153-154.
44 Carr, *Song of Solomon*, 35.

칼 (Carr) 의 관점을 받아들인다 하더라도 여전히 이러한 질문이 제기될 수 있다: 인간의 사랑 (성)이 정말로 하나님의 계획 안에서 그와 같은 높은 우선 순위가 있어서, 하나님은 인간 저자 (들) 에게 그와 같은 목적으로 그 책을 저술하도록 한 것인가? 결국 이 모든 것은 이러한 질문으로 요약된다: 아가서는 단순히 인간적인 사랑의 존엄성과 순결성에 대한 것인가? 아니면 그 외에 다른 어떠한 것이 있는가? 확실히 우리는 이러한 질문들에 대한 명백한 답변들이 없다. 아가서가 하나님의 말씀 안에 포함된 충분한 이유는 해결되지 않은 질문으로 남아 있다.

5. 아가서의 목적

그렇지만 현재 있는 모습 그대로, 하나님의 영감을 받은 책으로써 아가서는 세 가지 목적이 있다고 분명히 말할 수 있다.

a. 교훈적 (Didactic)

무엇보다도, 칼 (Carr) 이 옳게 지적하듯이, "그러므로 아가서는 그 목적에 있어서 교훈적이고 도덕적이다." [45] 앞서 언급했듯이, 아가서가 다른 고대 근동의 사랑 노래들과 비슷한 사랑의 노래이지만, 그것은 신학적이고 도덕적인 독특함이 있다. 더욱이 이 주석에서 우리는 아가서 안에 있는 연인들이 고상한 도덕관이 있는 사람들이라는 것을 곧 알게 될 것이다. 서로에 대한 그들의 열정과 갈망에도 불구하고, 그들은 순결성을 지키고 자기를 절제한다. 그들은 결혼할 때까지 성관계를 자제한다. 따라서, 그들은 사랑과 욕

---

45 Carr, *Song of Solomon*, 35.

정이 자주 섞여있는 이 죄악된 세상에서 거룩함이 어떻게 유지될 수 있는지를 보여준다. 그들의 예는 "교훈과 책망과 바르게 함과 의로 교육하기에 유익한" (디모데 후서 3:16) 성경의 가르침에 일치한다.

b. 인간적 친밀성의 경축

또한 앞에서 보았듯이, 성은 하나님의 백성에 대한 하나님의 선물이다. 그 외에도, 구약 성경에서 성관계 (sexual intercourse) 를 위해서 특별히 사용된 단어는 "아는 것" (to know, 예를 들어, 창 4:1, 17, 25; 삼상 1:19) 이다. 성경적으로, 다른 사람에 대한 가장 친밀한 지식은 남자와 여자의 성적 관계 안에 있다. 성적 연합의 경험은 우리의 신체적인 필요를 채우는 것 이상이다. 그것은 서로를 감정적이며 영적으로 아는 방법이다. 아가서는 주로 그러한 친밀한 앎을 경축한다. 결혼한 부부들은 아가서를 통해 자신들의 인간적 친밀함을 축하할 수 있다.

c. 우리가 그리스도 사랑의 빛을 보도록 인도함

아가서 자체가 주로 순수하고 진실한 인간적 사랑을 경축한다. 그렇지만 신약 성경의 관점에서 본다면 그것은 아마도 그 이상의 기능을 한다. 성경에서 인간의 사랑은 흔히 하나님 사랑의 은유로서 사용된다. 성경은 자주 하나님과 이스라엘의 관계나 그리스도와 교회와의 관계를 남편과 아내와의 관계로 묘사한다. 바울 사도는 남편과 아내의 연합을 "심오한 신비" 라고 부르고, 그것을 그리스도와 교회 관계에 연결짓는다 (엡 5: 31-32).

더욱 흥미롭게는, 그리스도 자신이 성경 (구약) 은 자신에 대해서 말하고 있다고 말씀하셨다. 누가는 "모든 성경에 쓴 바 자기에 관한 것을 자세히 설명하시니라" (눅 24:27; 눅 24:44 도 보라) 라고 기록하고 있다. 예수님 당시에 아가서는 이미 정경에 포함되었다. 우리는 구약의 모든 자세한 부분이 그리스도를 지칭하는지 알 수 없지만, 그 주요한 주제들이 그분을 지적하고 있다는 것을 분명히 말할 수 있다.[46] 그렇다면 구약 성경도 아가서를 포함하고 있기 때문에, 그것은 어쨌거나 아가서가 또한 그리스도를 가리키고 있다는 것을 의미하지 않는가? 만일 우리가 아가서는 성경의 한 부분으로 받아들인다면, 우리는 그 책에서 "그리스도 중심적인" 개념을 배제하는 것이 가능한가? 만일 우리가 아가서를 인간적인 사랑의 경축 정도로만 간주한다면, 그 대답은 "예" 일 것이다. 그러나 그 대답이 "아니오" 라면, 우리는 아가서의 목적이 (신약 성경의 관점으로부터) 인간적 사랑의 경축 이상이라는 것을 인정해야 한다.

칼 (Carr) 은 아가서가 하나님—이스라엘이나 그리스도—교회 관계의 관점으로 해석되어서는 안된다고 옳게 경고한다.[47] 그렇지만 위에 언급된 긴장을 염두에 둘 때, 아마도 우리는 또한 아가서 안에 있는 인간적 사랑을 통해서 그리스도의 사랑을 깨닫게 된다는 점을 배제해서는 안된다. 사실, 신약의 관점에서 볼 때, 아가서의 사랑이 그리스도의 사랑과 연결되지 않는 한, 아가서에 나타난 사랑은 우리에게 진정한 사랑의 궁극적인 의미를 제공하지 못할 것이다.

아가서에 나타난 남편—아내 사랑과 신약 성경에 나타난 그리스도—그리스도인들 사랑 사이에서 어느 정도의 비교를 분명하게 이끌어 낼 수 있을 것이다. 예를 들어, 그리스도인들이 그리스도를 위하여 순결성을 지키도록 배우는 것처럼, 아가서에서도 소녀는 신랑을 위하여 그녀의 순결성을 지킨

---

46 R.B. Dillard and Longman III, *An Intoduction to the Old Testament* (Grand Rapids: Zondervan, 1994) 36.
47 Carr, Song of Solomon, 36.

다. 사실, 종종 성경은 자주 남편—아내 관계의 관계로 하나님과 그의 백성 사이의 관계를 묘사한다. 예를 들어, 사도 바울은 결혼한 크리스천들을 권고하기 위해서 그 둘을 비교한다 (엡 5:25-33). 질문은 이것이다. 우리가 앞서 거부했던 풍유적 (allegorical) 해석에 가까이 가지 않고, 이러한 유비(analogy)를 끌고 나갈 수 있는가?

해석자들은 아가서에 나타난 인간적 사랑과 그리스도의 사랑을 연결시킬 수 있는 풍유적 해석을 피하기 위해서 일부 주석가들은 유형론적 접근 (typological approach) 을 채택해 왔다.[48] 일반적으로 복음주의자들은 그러한 접근법을 매우 유용하게 여기는데, 그렇다고 해서 걱정이 없는 것은 아니다. 이.엠. 커티스 (E.M. Curtis) 는 이렇게 주장한다.

복음주의자들은 거의 이러한 유형론적 해석을 부인하지 않지만, 많은 사람들은 유형론적 견해에 대해서 여전히 미심쩍어 하는데, 왜냐하면 그 방법이 많은 사람들에게 이 책이 쓰여진 주요한 목적이 되어야 할 것 같은 것을 모호하게 만들기 때문이다.[49]

우리도 동일한 걱정이 있다. 유형론적 해석은 신약의 저자들에게 생소한 것은 아니다.

그러한 접근 방법의 예들이 마 1:22-23; 2:15; 갈 4:21-31; 고전 10:1-4 그리고 시편 45편에서 나타난다.[50] 이러한 예들 가운데, 신약의 저자들은

---

48 알레고리칼 해석과 유형론적 해석의 차이를 알기 위해서는 주 23을 참조하라.

49 E.M. Curtis, *Song of Songs* (Grand Rapids: Zondervan, 1988) 27.

50 히브리서는 시편 45편을 메시야 (히 1:8)에 적용한다. 그러므로, 어떤 사람은 이것을 유형론적 해석의 기초로 사용했다. 그러는 논의의 문제에 대해서는 Carr, *Song of Solomon*, 26-32를 참조하라.

최초의 저자들에게 알려지지 않은 구약의 구절들에 두 번째 의미 (sensus plenior라고 불려지는) 를 부여한다. 그러나 선례들이 있었지만, 학자들은 그러한 해석 배후에 놓인 작용 원리들로 고심한다.[51] 그 결과 우리는 신약에 나타난 유형론의 예들에 의존한다. 우리의 문제는 아가서에는 신약의 유형이 없다는데 있다. 아가서는 신약에서 전혀 인용되지 않는다.

이러한 이유 때문에, 우리는 커티스의 신중한 말에 주의를 기울이기 원할지도 모른다.아가서에 나타난 인간적 사랑과 그분의 백성들을 향한 하나님의 사랑 사이의 대응(correspondence)만을 찾아내는 가장 일반적인 유형론적 방법의 적용을 반대하는 사람은 거의 없다. 그렇지만 구체적으로 두 가지 의미의 수준들 사이의 대응을 찾는 유형론적 방법의 적용에서, 주석적으로 일차적이어야 하는 본문의 자연적 의미가 상실되는 심각한 위험성이 존재한다.[52]

우리는 그리스도의 사랑을 묘사하기 위해서 아가서에 나타난 인간적 사랑을 사용하는데 착수하기 전에, 먼저 다음과 같은 질문을 해야 한다고 생각한다. 아가서에 나타난 인간적 사랑 혹은 그리스도의 사랑 중 어떠한 것이 모델이 되어야 하는가? 분명히 사도 바울의 유비 (analogy) 사용에 있어서, 그리스도의 사랑이 인간적 사랑의 모델이며 그 반대는 아니다. 그는 말한다. "남편들아 아내 사랑하기를 그리스도께서 교회를 사랑하시고 위하여 자신을 주심같이 하라" (엡 5:25). 그 이유는 그리스도의 사랑이 모든 사랑의 성취이며 정수이기 때문이다. 인간은 타락해서 불완전한 상태에 있기

---

51 G.D. Fee와 Douglas Stuart, *How to Read the Bible for All Its Worth* (Grand Rapids: Zondervan, 1981) 164-67.

52 Curtis, *Song of Songs*, 28.

때문에, 인간적 사랑은 그리스도 사랑의 모델로서 전혀 묘사될 수 없다. 인간의 결점들을 고려해볼 때, 아가서에 드러나 있는 인간적 사랑은 어느 정도 어렴풋하게 그리스도의 사랑을 보여 주지만, 그것은 그리스도의 사랑과 전혀 동일시될 수 없다. 끝으로 말하자면, 하나님은 주인공 (hero) 이시고 인간들은 아니다. 하나님의 사랑이 궁극적 모델이며, 우리의 사랑은 아니다.[53]

6. 아가서와 아시아의 그리스도인들

인간적 사랑과 성을 말할 때, 아가서의 개방성은 보수적 전통들에 묶여 있는 아시아의 그리스도인들에게 문화적인 문제를 일으킬지 모른다. 우리는 그러한 개방성에도 불구하고 아가서의 메시지가 아시아의 도덕 가치에 위협이 되기보다는 오히려 격려가 된다는 것을 보여주려고 한다. 이것은 특히 아시아가 과거 반세기 동안 사회적 부패와 고투하고 있기 때문에 특별히 그러하다.

a. 아시아에 있어서 최근의 문화적 변화들

일부 사회 동향 전망가들은 과거 수십 년에 걸친 놀랄만한 변화가 "아시아의 도시에서는 아주 뚜렷하게 일어나고 있고, 시골 지역들에서도 점점 더 거세지고 있다"[54] 고 지적한다. 지나치게 단순하게 말하지 않았다면, 우리는 그러한 변화들의 원인을 산업화, 도시화 그리고 세계화로 돌린다. 산업화 (Industrialization) 는 서구 세계로부터 과학과 기술뿐만 아니라, 서구 세계의 삶의 스타일들도 가지고 왔다. 도시화 (Urbanization) 는 그들의 전통적 가

---

53 Fee and Stuart, *How to Read the Bible*, 78.

54 John Naisbitt, *Megatrends Asia* (London: Nicholas Brealey, 1995), 72.

치들과 함께 전통적으로 단단히 결속되어 있는 사회를 해체시켰다. 세계화 (Globalization) 는 동양과 서양의 경계선을 흐릿하게 해 놓았다.[55]

과거에는 결혼을 부모들이 주선했지만, 오늘날 그것은 결혼 당사자들의 선택이다. 1세기 전에 중국인들은 결혼식에서 그들의 전통적인 붉은 의상을 입은 반면에, 오늘날 그들은 흰색의 결혼 예복과 정장들을 더 선호한다. 과거에 여성은 의례껏 결혼을 해야 했지만, 이제 고등 교육과 좋은 경력 때문에 결혼은 선택적인 것이 되었다. 과거의 부부들은 서로 성 (sex) 에 대해서 전혀 말하지 않았던 반면에, 아이들은 말할 것도 없고 오늘날의 세대는 학교에서 성교육을 받으며, 인터넷이나 다른 형태의 미디어를 통해서 성에 대한 정보에 접한다. 더욱이 과거 세대가 처녀성을 기대했다면, 오늘날 많은 아시아 젊은이들은 그것이 시대에 뒤떨어진 것이라고 생각한다. 문화적으로 혼전 성관계는 금기시 되지만, 실제로 금단의 열매를 맛보는 것은 공공연한 비밀이 되었다. 또한 많은 아시아 사회들에 있어서, 낙태와 이혼율이 증가되고 있다는 것은 공공연한 사실이다. 대중 매체의 보고에 따르면, 이러한 것들은 단지 싱가포르나 일본과 같은 선진국에서 일어나는 현상들일 뿐만 아니라, 중국이나 베트남과 같은 개발 도상 국가에서 일어나는 현상들이기도 하다. 과거 동양의 국가들은 도덕적 부패에 대해서 서양의 국가들을 손가락질 했지만, 오늘날 바로 자신들의 나라 안에서 비판했던 부패를 발견한다.

b. 아시아인들의 성적 도덕성과의 고투의 역사

사실 성적 부도덕성은 비단 동서양의 문제가 아니다. 오히려 그것은 인간의 타락 이후에 보편적인 문제이다. 서양에서와 마찬가지로, 동양 또한 성

---

55 같은 책, 84-85.

적인 주제들과 씨름한 역사가 있다. 고대 중국에서 우리는 도덕적 이상들과 실제 사이의 불일치성을 발견한다. 수 세기 동안 중국은 공자의 이상을 주요문화로 보유하고 있었다. 그렇지만 실제로 간통 (adultery), 간음 (fornication), 그리고 난잡한 성행위 (promiscuity)의 실례들이 궁중 신하들뿐만 아니라 평민들 사이에 알려졌다. 간통의 예로, 탕 츄안종 (Tang Xuanzong, AD 685-762) 황제는 그의 아들의 처인 양 귀화이 (Yang Guifei) 를 몹시 탐내었다. 그는 그녀를 그의 첩으로 돌리겠다고 약속했다. 다른 중국의 황제들은 규방에 있는 많은 여인들과 성관계를 했다. 부유한 농부들이나 지주들은 첩들을 두었다. 일부는 매음굴을 드나들었다. 마찬가지로, 가벼운 포르노 문학이 고대 중국에 알려져 있다. 그러한 작품들의 얌전한 번역은 거울 속의 꽃들 (The Flowers in the Mirror) 라는 제목의 소설이다. 더욱 분명한 작품은 금 항아리 (The Golden Vase) 이다. 공식적으로 이러한 책들은 외설 문학으로 비난받았지만, 그것들은 일반 대중 사이에서 인기를 누렸다. 흥미롭게도, 할리우드의 R등급으로 분류된 작품들의 고전판 정도로 간주되었던 것이 지금은 고전 문학으로 읽혀지고 있다.

이런 점에서 우리는 서양이 영향을 미쳐서 동양을 망쳐놓았다고 말할 수 없다. 역사적으로 볼 때, 부도덕의 측면에서 서양에서 일어난 것은 또한 동양에서도 일어났다. 그 차이는 그것들의 표현이다. 동양이 더 은밀한 반면에, 서양은 더욱 직접적이고 개방적이다.[56] 아시아의 가치들이 대부분 훌륭하지만, 그것들이 인간의 도덕적 연약성들을 해결하지 못했다. 우리가 말할 수 있는 것은 아마도 아시아의 가치 체계들 아래서 인간의 부도덕한 경향들

---

56 서양 문화에 대한 아시아인들의 생각은 지나치게 일반화되어 있다는 점은 주목할만하다. 서양에도 너무 많은 다른 문화들이 있는데, 우리는 서양문화라는 단어를 서양문화중 일부분에 특히 할리우드에 의해서 투사된 것에 사용한다. 사실, 할리우드는 모든 서구 문화들은 말할 것도 없고, 미국 문화의 전부를 나타내지 못한다.

은 더 잘 억제되었다는 것이다. 서구는 단지 이러한 체계들을 산업화, 도시화와 세계화를 가지고 해방시켰다. 이러한 해방을 통해서 아시아인들은 낡은 체계들이 하지 못했던 것을 하도록 허용하였다.

c. 아가서와 아시아인의 가치들

이러한 이유 때문에, 동양인은 서양인들과 마찬가지로 아가서를 매우 필요로 한다. 성경적으로 말해서, 문제는 단지 그러한 전통적 가치들의 실패에만 있을 뿐 아니라 가치들 자체에도 있다. 구체적인 평가를 하는 것이 이 주석서의 목적이 아니며, 두 가지 관찰들을 하는 것으로 우리의 목적은 충분하다.

무엇보다도, 전통적인 관계들에서, 여성들의 위치는 무시되어 왔다. 예를 들어, 공자의 다섯 가지 사회적 관계들에 아내는 계급 조직의 다른 관계들보다 낮은 자리에 놓여 있다. 즉 그 계급 조직의 서열은 황제−신하 관계가 최상이고, 두 번째가 아버지−아들, 세 번째는 형제−형제, 네 번째가 남편−아내, 그리고 마지막으로 친구−친구 관계가 온다.[57] 이와 같기 때문에, 역사는 부당하고 불균형한 남자−여자 관계들을 보여주고 있다. 성경의 한 가지 기능이 개념들과 행동을 바로 잡는 것 (딤후 3:16)이기 때문에, 아가서는 이러한 불균형을 바로 잡으려고 한다.

공자의 사상들에서 아내의 서열은 모든 관계 중의 제일 마지막에 놓여 있지만, 아가서는−사실은 성경 전체에 있어서−결혼을 첫 자리에 놓는다. 아가서 전체에 걸쳐서, 주인공의 사랑의 삶이 중심 무대를 차지한다. 형제 그리고 어머니−딸 관계 등과 같은 다른 관계들은 배경으로 등장한다. 전

57　Fung Yu Lan, *A Short History of Chinese Philosophy* (New York: Free Press, 1948) 21.

통 사회들에서 여성들의 책임은 성을 포함하여 남성들의 신체적인 필요들을 만족시켜 주는 것이다. 그렇지단 아가서는 남자와 여자가 동일한 조건에 있는 관계로 묘사한다. 사랑은 상호 헌신과 상호 만족으로 묘사되어 있다. 전통적인 견해에서 여성들은 성관계에서 수동적이어야 한다고 보지만 아가서는 여성들의 성의 진정한 그림을 제시하고 있다. 여자가 남자와 너무 다르다 하더라도, 여자들도 남자들을 좋아하고 사랑과 만족감이라는 필요가 있는 존재이다. 고대 사회들이나 오늘날 어떤 전통적 사회들에서, 여성들은 자주 놀이감으로 취급되어진다. 아가서에서 여성은 위엄이 있고 존중을 받고 있는 존재다. 그녀는 주도권이 있고, 관계를 잘 맺어간다.

두 번째 관찰은 자손의 문제를 포함한다. 대부분의 아시아 문화에 있어서, 결혼의 주요한 목적은 생식이다. 이것을 달성하기 위해서, 아시아인들은 매우 어린 나이에 결혼을 하고 자녀들을 키운다. 대만의 나이든 군인들은 가계를 잇기 위해서 결혼했고, 첫 번째 아내들이 아이를 낳지 못하자 부모들의 압력에 못 이겨 두 번째 아내들을 얻었다. 가끔 후손에 대한 집착 때문에, 사랑의 중요성이 무시되었다. 사람들은 반드시 사랑을 위해서 결혼하지 않았고, 확실히 자손들을 얻기 위해서 결혼하였다.

아가서는 많은 아시아의 결혼에서 무시되었던 바로 그 요소를 강조한다. 아가서는 생식 (procreation) 에 대해서 거의 언급하지 않는다. 이것은 아가서가 생식을 반대한다는 것을 의미하지는 않는다. 다시 말해서, 아가서는 단순히 그것이 관심거리가 아니라는 것을 나타낸다.[58] 아가서의 일차적 관심은 오히려 사랑에 있다. 아가서는 인간들이 하나님의 백성을 향한 그분의 사랑을 어렴풋하게 볼 수 있기를 희망했기 때문에 인간의 사랑을 인류가 감사

---

58 이것에 대한 논의에 대해서는 8: 5-7의 우리의 성찰들을 참조하라.

하고 누릴 수 있는 하나님의 특별한 선물로 제시하고 있다. 언급한대로, 아
가서에서 이러한 사랑의 관계는 중심 무대를 차지한다. 결혼은 상호 사랑과
헌신만으로 동기부여가 되어야 한다. 같은 이유로, 결혼은 거룩하고 영원히
지켜져야 한다. 자손을 낳을수 없더라도, 거센 파도라 할찌라도, 죽음 외에
는 어떠한 다른 이유로도 결혼을 파괴해서는 안된다. 아가서는 말한다. "이
사랑은 많은 물이 꺼치지 못하겠고 홍수라도 엄몰하지 못하나니…"(8:7).

아가서의 독자들을 위한 제언

끝으로 독자들이 우리 주석을 따라오도록 돕기 위해서, 우리는 아가서의 기초들을 어느 정도 제시할 필요가 있다. 이것은 이 주석이 보여주는 것처럼 아가서와 관련된 문학적 관습들과 아가서의 구조를 포함한다. 우리는 먼저 문학적 관습들을 살펴 볼 것이다.

1. 구약 성경 시의 관습들

성경의 인간 저자들은 하나님의 메시지를 전달하기 위해서 그들이 접할 수 있는 여러 가지 문학적 장치들 (관습들) 을 사용했다. 성경의 시에서, 이러한 것들은 우리에게 알려진 어떤 도구들이다: 대구법과 비유

a. 대구법 (Parallelism)

대구법은 성경 기자들이 사상들을 표현하기 위해서 사용했던 중요한 관습들 중의 하나이다. 그러므로 그것은 그들의 시를 이해하기 위한 열쇠이다. 기본적으로, 대구법은 사상, 문법/구조나 혹은 음성학적으로 동일하거나 관련되어 있는 두 개의 구절들 (verses) 이나 행들 (lines) 을 의미한다. 로버트 로우스 (Robert Lowth) 는 성경의 시 연구에서 대구법을 보편화시켰던 첫

번째 학자였다. 그의 책 De Sacra Poesi Hebraeorum (1753년 출판) 에서, 그는 성경의 대구법의 획기적인 발견들이라고 여겨졌던 것들을 제시했다.[59] 그 후의 학자들은 그의 견해들을 채택했다. 그 이후로 대구법은 동의적 대구법 (synonymous parallelism), 대조적 대구법 (antithetic parallelism), 그리고 종합적 대구법 (synthetic parallelism) 으로 분류되고 있다.

여기서 로우스가 동의적 대구법과 종합적 대구법을 이해하는 것은 주목할만하다. 기본적으로 로우스에게 동의적 대구법은 동일한 사상을 다른 말들로 반복하는 것이었다. 그래서 만일 첫번째 행이 "A행" 이고 그것의 대구법 행이 "B행" 이라면, 대구법은 A=B이다. A행과 B행이 정확하게 동일하지 않지만, 어느 정도 관련되어 있을 때 두 행들은 종합적으로 대구법인 것으로 여겨졌다.

약 200년 후에 제임스 쿠겔 (James Kugel) 은 성경의 시에 대한 대구법 연구에서 새로운 사실들을 발견했다. 그는 동의적 대구법이라고 불려져 왔던 것이 정확하게 동의적 (synonymous) 이지는 않은 것으로 판명났다. 대구법은 A = B 가 아니라 오히려 "A는 그런 것인데 B는 그 이상이다 (A is so, and what' s more, B.) "[60] 달리 말하자면, B행은 A행의 사상을 확장하거나 연장한다. 그것처럼 대구법에도 사상들의 확장이나 진행이 존재한다. 시편 95편 1절이 유용한 예이다.

오라 우리가 여호와께 노래하며 (Come, let us sing for joy to the Lord); **(A)**

우리 구원의 반석을 향하여 즐거이 부르자 (let us shout aloud to the Rock of our

salvation). **(B)**

---

59 R. Lowth, *Lectures on the Sacred Poetry of the Hebrews* (from the original Latin by G. Gregory; Boston: Crocker and Brewster; New York: J. Leavitt, 1829); cited in J. Kugel, *The Idea of Biblical Poetry-Parallelism and Its History* (New Haven: Yale, 1981) 12-13.

60 Kugel, *The Idea of Biblical Poetry*, 8

사상의 관점에서 보자면, A행 ("오라 우리가 여호와께 노래하며") 은 B행 ("우리 구원의 반석을 향하여 즐거이 부르자") 과 대구적이다. 그러나 두 행들이 정확하게 동일하지 않다. 분명하게 B행은 두 영역들에 있어서, A의 사상을 확장하고 있다. 첫째로, 만일 A행이 단순히 "우리가 노래하며 (let us sing for joy)" 라면, B행은 "즐거이 부르자 (shout aloud)" 로 어떻게 노래하는가를 설명한다. 둘째로, 만일 A행이 단순히 예배의 대상을 "주님" 으로 언급한다면, B행은 우리에게 그 분은 어떤 주님이신지를 말해준다. "구원의 반석 (Rock of salvation)." 아가서 주석에서 우리는 종종 대구법의 이러한 원리를 적용할 것이다.

b. 비유 (Imagery)

아가서와 같은 사랑 시를 이해하기 위해서, 우리는 중요한 문학적 관습들 중의 하나인 비유에 친숙해지지 않을 수 없다. 비유는 자주 성경의 시에서 사용되었다. 사실 비유의 빈번한 사용은 시의 한 가지 특징이다. 비유를 통해서 시인은 예술적이며 강력한 방법으로 그의 사상들을 간명하게 만든다. 비유는 추상적 사상들을 구체화 시키고, 독자의 상상력을 자극하며, 평범한 언어들로는 이룰 수 없는 강력한 효과들을 창출한다. 예를 들어, 사랑은 눈이 부시도록 화려한 것 (Love is a Many Splendoured Thing) 이라는 대중적인 노래는 추상적인 사랑의 개념을 선명하고 아름답고 힘차게 묘사하고 있다.

사랑은 눈이 부시도록 화려한 것
이른봄 기운을 머금은 사월의 장미
자연이 베푸는 아름다운 손길
삶의 기쁨을 느끼는 이유
평범한 한 사람은 왕으로 빛내는 금관 같은 것…

간략하게 말해서, 비유는 한 가지 사물을 다른 것과 비교하거나 한 사람을 어떤 것과 비교하는 것을 의미한다. 비교는 직접적이거나 간접적일 수 있다. 결과적으로 두 가지 비유 형태들이 있다. 즉 직유 (simile) 와 은유 (metaphor) 이다. 저자나 시인이 사람을 간접적으로 어떤 것과 비교할 때, 그것은 직유이다. 이런 종류의 비교는 "–처럼 (as)" 혹은 "–과 같은 (like)" 단어들로 특징 지어진다. 아가서는 수많은 직유를 사용했다. 여기에 몇 가지 예들이 있다: "네 이름이 쏟은 향 기름 같으므로 (Your nale is like perfume poured out)" (1:3); "남자들 중에 나의 사랑하는 자는 수풀 가운데 사과나무 같구나 (Like an apple tree among the trees of the forest is my lover among the young men)" (2:3); "네 머리털은 길르앗 산기슭에 누운 염소 떼 같고 (Your hair is like a flock of goats descending from Gilead)" (6:5).

때때로 저자는 "–과 같은 (like)" 혹은 "–처럼 (as)" 을 벗어나서 직접적으로 한 가지 사물을 또 다른 것과 비교한다. 이런 종류의 비교를 은유라고 부른다. 다음은 몇 가지 예들이다: "나는 사론의 수선화요 골짜기의 백화화로구나 (I am a rose of Sharon, a lily of the valleys)" (2:1). "너울 속에 있는 네 눈이 비둘기 같고" (NIV-Your eyes behind your veil are doves) (4:1). "머리는 정금 같고 (His head is purest gold)" (5:1).

성경의 비유는 독자들에게 도움이 되는 것만큼 또한 해로울 수도 있다. 그 이유는 독자와 저자 사이에 존재하는 시간과 문화적 간격 때문이다. 이 때문에, 종종 우리는 이해하기 힘든 어떤 비유를 발견할 뿐만 아니라, 그 해석 역시 학자들마다 다양하다는 것을 발견한다. 아가서 1장 9절의 말의 직유를 예로 들어보면, "내 사랑아 내가 너를 바로의 병거의 준마에 비하였구나 (I liken you, my daring to a mare harnessed to one of the chariots of Pharaoh…)" 시인이 직유로 의미하는 것은 무엇이었나? 그의 사랑이 바로의 병거의 준마와 같은 것은 어떤 점들 에서인가? 어떤 사람들은 그 소녀가 엉덩이가 커서 아기를 가지기에 적합한 암컷과 같거나, 그 소녀가 종종 걸음을 의미한다고 제안했다.[61] 포프 (Pope) 와 어떤 다른 학자들은 고대 전쟁의 발견으로부터 논의한다. 적의 전차들의 수컷 말들을 흩어놓기 위해서, 암말을 종종 그 가운데 풀어 놓았다. 이러한 근거에서, 포프 (Pope) 는 직유가 그 소녀의 저항할 수 없는 성적인 매력과 관련된다고 생각한다.[62] 그렇지만, 폭스 (Fox) 는 포프 (Pope) 의 의견에 동의하지 않는다. 그는 장식된 암말은 단순히 그 소녀의 아름다움과 관련된다고 생각한다.[63] 우리가 볼 수 있듯이, 아무도 절대적으로 직유의 의미에 관해서 확신할 수 없다.

이러한 어려움 때문에, 우리는 비유를 해석하는데 신중해야 한다. 보다 쉬운 구절을 대한다고 해도, 우리는 성급하게 결론을 내려서는 안 된다. 한 가지 예가 정원 (garden) 의 주제 (mɔtif) 이다. 고대 근동 문학에서 "정원"은 단순히 정원 (농사짓는 장소), 혹은 하나님의 동산 (하나님이 계시고 축복을 주시는 장소) 또는 왕궁의 뜰 혹은 제사의 중심 장소 (신들이 예배를 받은) 또는 에로틱한 상징 (여성의 은밀한 부위들을 대신하는 완곡한 어법) 과 관련된다.[64]

정원의 주제는 아가서에서 자주 나타난다. 우리는 언제 그것을 단순한 보통 정원 (농사짓는 장소) 혹은 왕궁의 뜰 또는 에로틱한 상징으로 이해하는가? 해석할 때 반드시 문맥 (context) 을 주의깊게 고찰해야 한다. 그럼에도 불구하고 종종 몇 가지 질문들이 남는다. 키일 (Keel) 이 정확하게 지적하고 있다. "이러한 주제들을 적절하게 이 해하는 것은 아가서를 대하는데 있어서

---

61 T. Gledhill, *The Message of the Song of Songs,* BST (Leicester: Inter-Varsity, 1994) 112.

62 Pope, *Song of Songs*, 336-41. 또한 Carr, *Song of Solomons*, 83을 참조하라.

63 Fox, *Song of Songs*, 107

64 Carr, *Song of Solomon*, 55-60을 참조하라.

가장 큰 어려움들 중의 하나로 남아 있다." [65] 우리는 이 주석에서 때때로
이러한 문제들을 논의할 것이다.

2. 아가서의 구조

아가서를 해석하는데 영향을 끼치는 또 다른 요소는, 주석자가 아가서의
구조를 어떻게 보는가 하는 점이다. 대부분의 현대 학자들은 아가서가 한 가
지로 일관된 작품이라고 생각하지 않는다. [66] 어떤 사람은 아가서가 단일한
구조가 없는 개인적인 사랑의 시들을 편집한 것으로 여긴다. 그러한 편집물
을 명문집 (anthology) 이라고 부른다. 그렇지만 어떤 사람들은 그것이 편집
물이지만, 아무렇게나 편집된 것은 아니라고 주장한다. 예를 들어, Exum과
Shea는 연인들의 관계라는 주제 중심으로 다루지고 있는 아가서의 내부적
응집성 (cohesiveness) 를 지적한다. 아가서에서는 분명히 어떠한 요소들이
반복적으로 나타나고 있다. 이러한 요소들은 직유들, 은유들, 한 문장전체
이거나 시적 단위이다. 이러한 반복은 사실 대구법이다. 이런 이유로 Exum
과 Shea는 아가서 전체의 대칭적 대구법 구조 (chiastic structure) [67] 를 보여주
려고 시도한다. 그럼에도 불구하고, 그들은 아가서의 분류에 일치된 견해에
도달하지 못하고 있다. [68]

이러한 제안들에 문제는 있지만 그들은 아가서가 기본적 혹은 문학적인
구성 단위 (unit) 가 있다고 제시한다. 그렇지만 까다로운 질문이 남아있다.

65　현대 서구인들의 비유 이해와 고대 근동의 비유 이해 사이의 차이에 대한 논의를 위해서는, Keel, *Song of Songs*, 25-29를 참조하라.

66　그들 가운데, Pope, Gerleman 과 Keel이 있다. 다른 견해들에 대한 자세한 논의에 대해서는, Pope, *Song of songs*, 40-54와 또한 Keel, *Song of Songs*, 17을 참조하라.

즉, 정말 단일화된 문학 구조가 있다면 그 구조는 어떠한 것인가? 앞서 주목
한 것처럼, 아가서에는 구상 (plot) 이 없다고 우리가 살펴보았기 때문에 드라
마가 되기는 불가능하다. 게다가 칼 (Carr) 은 아가서를 일련의 연속적인 사건
들, 즉 구애 (wooing) 에서 결혼으로 이어지는 여러 단계들의 관계를 묘사하
는 것으로 간주할 때 오는 문제점을 지적한다. 그의 어려움은 1-4장에 분명
히 나타나는 성적 행위들에 있는데 이는 연인들이 5장에서 보여주는 결혼식
첫날밤 (consummation) 이전에 이미 성관계를 맺는 것을 의미하기 때문이다.
그 문제를 해결하기 위해서 칼 (Carr) 은 시적 단위들을 연속된 단계들로 간주
하지 않고서 대칭적 대구법 구조 (chiastic structure) 를 제안하는데, 그것은 주
축 (pivot, 3:6-5:1에 있는 결혼의 완성) 을 중심으로 대칭적으로 배열되어 있다.[69]

1:2-2:7	기대 (Anticipation)
2:8-3:5	발견 그리고 상실 – 발견 (Found, and Lost – and Found)
3:6-5:1	결혼 첫날밤 치르기 (Consummation)
5:2-8:4	상실 – 그리고 발견 (Lost – and Found)
8:5-14	확언 (Affirmation)

67　이러한 용어에 익숙하지 못한 사람들에게, 그것은 단순히 시의 평행 구들에 있어서 거꾸로 배열되는 것
　　(inverted sequence)을 의미한다. 2:13에서 보여지듯이, "… *나의 사랑, 나의 어여쁜 자야 일어나서 함께 가
　　자 (…come, my darling; my beautiful one, come with me)*." 여기서, 첫 번째 행의 "일어나서 (come)"는
　　두 번째 행의 "가자 (come)"와 병행(parallel)을 이룬다. 마찬가지로, 첫 번째 행의 "나의 사랑 (my darling)"
　　은 두 번째 행의 그것과 병행을 이룬다. 첫 번째 행의 "일어나서 (come)"가 "나의 사랑 (my darling)" 앞에 위
　　치하는 반면에, 두 번째 "가자 (come)"는 "나의 어여쁜 자 (my beautiful one)"를 뒤따른다. 따라서, 두 개
　　의 "come"의 위치가 뒤바뀌었다.

68　J.C. Exum, "A Literary and Structural Anaysis of the Song of Songs" (ZAW 85, 1973) 47-79;
　　W.H. Shea, "The Chiastic structure of the Song of Songs" (ZAW 92, 1980) 378-96.

69　Carr, *Song of Solomon*, 68-69.

이러한 종류의 대칭적 대구법 구조는 구약 성경의 많은 구절들에서 나타난다. 예를 들어, 창 6:10-9:19에 있는 홍수 이야기에서 찾아볼 수 있다.[70] 그러므로 아가서와 같은 시적 작품이 또한 대칭적 대구법 구조로 구성되어 있는 것이 놀랄만한 일은 아니다. 그렇지만 우리는 1-4장의 "성적 행위"에 대한 칼 (Carr) 의 견해와 의견을 달리한다. 우리의 주장은 주축이 되는 장, 즉 결혼 첫날 밤 (5:1) 을 치루기 (consummation) 전후에 성관계는 없다는 것이다.

1-4장에 대한 이 주석에서, 우리는 칼 (Carr) 이 분명한 성적 행위들이라고 간주한 것이 반드시 성관계 (sexual intercourse) 는 아니라는 점을 논증할 것이다. 그 대신 우리는 연인들의 친밀성에 놓여 있는 자기 절제와 고상한 도덕성들을 보여줄 것이다. 마찬가지로, 우리는 그 부부가 5장 1절 뒤에 있는 구절들에서 동일한 자기 절제와 도덕성들을 보여주고 있다는 점을 밝힐 것이다. 그 이유는 아가서가 이야기식 연속물이 아니라고 우리가 생각하기 때문이다. 이와 같은 입장에서, 우리는 5장 1절 이후의 사건들이 결혼 이후의 사건들로 간주되어져야 한다고 생각하지 않는다. 그레딜 (Gledhill) 은 다음과 같이 주석한다.

그 사건이 일어났던 시기는 기록되어 있지 않다. 아가서를 어떤 연속적인 이야기로 보는 것을 불가능한데, 왜냐하면 그것이 시의 전체적인 진행에 어울리지 않고 최소한 이야기의 구성에 상반하는 느낌들과 감정들을 묘사하고 있기 때문이다. 이 시의 배후에 놓여 있는 어떤 실제적인 사건이 결혼 이후에 일어났을 것이라고 주장하는 것은 불필요하게 현학적이다.[71]

---

70 G.J. Wenham, "The Coherence of the Flood Narrative," (VT 23, 1978), 336-48.

71 Gledhill, *Song of Songs*, 177.

위에 언급한 모든 주석을 고려하여 다음을 제안한다. 아가서에는 모두 아홉 개의 주요한 부분들이 있다. 다섯 번째절 (결혼식/ 첫날밤 치르기, 3:6-5:1)이 중심축 (pivot) 이다. 중심축 전의 네 부분들과 중심축 후에 네 부분들은 모두 대칭적으로 병행 관계를 이룬다. 대칭적으로 병행 구조를 이룬다는 것은, 그것들이 의미적으로나 구조적으로 서로 병행을 이룬다는 것을 의미한다. 이것은 네 번째 부분이 여섯 번째 부분과, 세 번째 부분이 일곱 번째 부분과, 두 번째 부분이 여덟 번째 부븐과 그리고 첫 번째 부분이 아홉 번째 부분과 의미적으로나 구조적으로 혹은 양면 모두 병행되어 있다는 것을 의미한다. 중심절 이전의 네절은 모두 결혼 이전의 사건들이기 때문에, 전체 아가서의 극치가 되는 결혼과 첫날밤 치르기 (consummation) 라는 중심축을 기준으로 다른 병행적인 부분들 역시 결혼 전의 사건들을 묘사하는 것처럼 보인다. 다음은 우리가 제안하는 아가서의 구조이다.[72]

3부 I 절: (1:2-8)

  4부 II 절: (1:9-2:7)

    5부 III 절: (2:8-17)

      6부 IV 절: (3:1-5)

        7부 V 절: (3:6-5:1) 결혼식/ 첫날밤 치르기

      8부 VI 절: (5:2-6:3)

    9부 VII 절: (6:4-13)

  10부 VIII 절: (7:1-13)

11부 IX 절: (8:1-14)

---

72 제안한 구조의 기초를 위해서는 5:2-6:3과 6:4-13의 구조적 분석을 참조하라.

우리가 제안하는 구조는 성적 결합이 결혼식날 밤에 처음으로 이루어진 다고 보기 때문에, 우리는 아가서가 진지하고 헌신되어 있으며 성숙한 사랑을 묘사하고 있다고 생각한다. 우리는 이 주석에서 필요할 때마다 이러한 주장들이 정당하다는 것을 입증할 것이다.

2
PART

주석

제목 (1:1)

1:1 솔로몬의 아가서

주석 (Commentary)

히브리어로 이 책은 "솔로몬" 대신에 "아가서 (Song of Songs)" 라는 말로 시작한다. 그러므로 유대교와 기독교에서는 전통적으로 "아가서 (The Song of Songs)" 가 이 책의 제목이 되었다. 이러한 히브리 어법 (sir hassirim) 은 최상급의 표현이다. 그러한 구문의 다른 예에는 "헛되고 헛되며" (전 1:2 KJV); "주의 주" (신 10:17) 그리고 "모든 왕의 왕" (스 7:12) 이 있다.[73] 단수 "노래 (Song)" 은 반드시 노래 한곡을 의미하는 것이 아니라, 노래들의 집합을 의미한다(참조. 시 137:3).[74]

히브리어로도 "솔로몬의 (Solomon's)" 라는 단어는 "솔로몬의 것 ('aser lislomoh) 인" 으로 나온다. 여기서 관계대명사 which ('aser) 의 사용은 다소 이례적이다. 왜냐하면 이것은 아가서에서 단 한 번만 나타나기 때문이다. 다

---

73 Murphy, *Song of Songs*, 119

74 Keel, *Song of Songs*, 38.

른 곳에서는 ser가 사용된다. lislomoh에서 (h)히브리어 12번째 글자는 "-의 (of)"; "-에 의하여 (by) 혹은 "-을 위하여 (for)"를 의미할 수도 있다. 그래서 이 제목은 이 노래가 솔로몬의 노래라는 것을 의미하는 것 같다. 더 구체적으로 살펴보기 원하면 토론 부분을 참조하라.

3
PART

I절: 1:2–8

갈망의 노래 (1:2-4)

1:2   a 내게 입맞추기를 원하니

     b 네 사랑이 포도주보다 나음이로구나

3   a 네 기름이 향기로와 아름답고

     b 네 이름이 쏟은 향 기름 같으므로

     c 처녀들이 너를 사랑하는구나

4   a 너는 나를 인도하라 우리가 너를 따라 달려가리라

     b 왕이 나를 침궁으로 이끌어들이시니

     c 우리가 너를 인하여 기뻐하며 즐거워하니

     d 네 사랑이 포도주에서 지남이라

     e 처녀들이 너를 사랑함이 마땅하니라

주석 (Commentary)

하나의 장르인 사랑의 노래 혹은 사랑의 시는 1:2-8에서과 같이 갈망의 노래, 방해의 노래 그리고 추구의 노래와 같은 서로 다른 형태가 있는 시가 (poetic song) 들로 구성되어 있다. 이러한 노래들은 주인공들의 독백, 대화 혹은 회상으로 표현될 수 있다. 현재의 단락 (1:2-4) 은 갈망의 노래이다. 그것

은 연인을 향한 소녀의 감정을 나타낸다.

입맞춤을 갈망함

문학적으로 보면 두 연인을 미혼의 젊은 남녀로 추정하는 것이 안전한다. 소녀가 연인의 입맞춤을 열정적으로 갈망하고 있다는 것이 억누르지 않고 분명하게 표현되어 있다. 2a절에서 동사와 목적어로써 "입맞춤 (kiss)" 의 중복 사용을 통해서 저자는 "사랑의 표징들 (signs of love)" [75] 을 경험하려는 소녀의 강렬한 소망을 잘 표현하고 있다. 히브리어에서 같은 어근 (nsq, "kiss")이 반복적으로 나타나는 것은 강렬한 입맞춤의 소리를 나타내는데 그것을 통해 그녀의 애정어린 소원이 넘쳐나는 것을 보여준다. 시적 수사법에서는 이것을 의성어라고 한다.

갈망의 이유

그러한 열정적인 갈망의 근본적인 이유는 병행 구절 콜론 (colon) 인 [76] "네 사랑이 포도주보다 나음이로구나" (1:2 b) 에서 나타난다. 이 두 번째 콜론은 "왜냐하면 (역자주-영어에 왜냐하면이란 의미의 for가 한글개역성경에는 반영되어 있지 않다.) (ki) " 이라는 단어로 시작된다. 머피 (Murphy) 는 이러한 도입부의 ki는 인과관계 보다는 강조로 이해되어야 한다고 지적한다. 그래서 그 말은 "왜냐하면 (for)" 보다는 "진실로 (truly)" 로 이해되어야 한다. 우리는 또한 1:2에서 소녀가 연인을 부를 때, 3인칭에서 2인칭으로 바뀌고 있는 것을 본다. 이러

---

75   Murphy, *Song of Songs*, 119를 참조하라.

76   콜론 (colon)은 시의 한 절일 수 있다. 예를 들면, 여기서 우리는 두 개의 콜론으로 구성되어 있는 것으로 1:2 을 들 수 있다. 즉, 첫째 콜론은 1:2 a로서 "내게 입맞추기를 원하니" 이며, 둘째 콜론은 "네 사랑이 포도주보다 나음이로구나" 이다.

한 대명사의 전환은 성경의 시에서 매우 일반적이다 (예를 들면, 아모스 4:1; 미가서 7:19). 여기서 그런 전환은 연인을 향한 더욱 친밀한 느낌을 나타낼 수 있다. 요약하자면, 이런 콜론은 소녀가 그녀의 연인의 입맞춤을 갈망하는 주요한 동기가 사랑이라는 것을 보여준다.

많은 현대의 주석가들은 여기서 성적인 사랑이 표현되어 있다고 추론해 왔다. 예를 들어, 오 키일 (O. Keel) 은 1:2b에 있는 "사랑" 이라는 단어에 대해서 이렇게 주석한다. "전희 (foreplay) 와 성관계가 직접적으로 언급되어 있는데, 왜냐하면 여기서 사용된 '사랑' 의 히브리어, dodim (참조. 겔 16:8; 23:17; 잠 7:18; 아 7:12 [13]) 이 이러한 쾌락을 의미하기 때문이다." [78] 같은 논리로 칼 (Carr) 은 "술과 성 사이의 밀접한 관계가 잘 입증되어 있다" [79] 라고 아가서에서 나오는 "술 (wine)" 이라는 단어의 의미에 대해 전반적인 주해를 하고 있다. 그들의 견해에 따르면 소녀는 단순히 사랑의 징조들뿐만 아니라 친밀한 성관계 (lovemaking) 를 갈구하고 있는 것처럼 보인다. 많은 학자들은 처음부터 당연히 두 연인들을 남편과 아내로 이해하고 있다. [80]

이러한 해석에는 근본적으로 몇 가지 사실을 간과하고 있다. "사랑 (dodim)" 의 경우에, 우리가 단순하게 다른 문학적인 맥락 속에 있었던 단어의 의미로 해석할 수 있는지가 의문이다. 사실 성경에는 같은 어원 (dod) 을 가지는 많은 단어들이 있는데, 그것들은 어떠한 성적인 의미를 내포하지 않는다. 예를 들어, dod는 레 10:4; 삼상 10:14, 15; 14:50; 전 2:15 등에서 "숙부 (uncle)" 을 의미한다. dodi는 사 5:1; 아 1:13, 14, 16; 2:3, 8,9,10,16에서 "나의 연인" 을 의미하는 반면에, 렘 32:8,9,12에서는 "사촌" 을 의미한다. 따라서,

---

78   Keel, *Song of Songs*, 44.

79   Carr, *Song of Solomon*, 73.

80   참조. Keel, *Song of Songs*, 41.

비슷한 어근, dod를 갖고 있는 아1: 2-4에 있어서 "사랑 (love)" 의 단어가 반드시 어떤 성적 관계를 내포하는 것은 아니다. 두 연인들 사이의 초기 연애의 맥락에서 그 단어의 가장 자연스러운 의미는 그 소녀가 연인과 어떤 애정을 나누는 사랑을 경험하기 갈망한다는 것이다. 여기서, 소녀가 원하는 애정어린 사랑은 입맞춤이다.

"포도주 (wine)" 이라는 단어의 의미에 대해서도 억측하지 말아야 한다. 포도주는 대부분의 문맥에서 기쁨을 의미한다. 그것은 사람의 마음을 즐겁게 한다 (참조. 시 104: 15; 잠 23:30). 여기서 문제가 되는 것은 개별적인 단어의 의미가 아니라, "포도주보다 나음 (miyyain)" 라는 구절의 의미이다. 아가서의 저자는 일관되게 사랑의 두 가지 서로 다른 개념들을 표현하기 위해서 두 가지 형태의 수사학적 표현으로 술이라는 비유를 사용하고 있는 것을 알 수 있다. 저자가 입맞춤과 애무와 같은 친밀한 관계의 육감적인 즐거움을 표현하기 원할 때마다, 포도주 "보다 더 나은" 혹은 "와 같은" (1:2,4; 7:9) 표현을 사용하고 있다는 것을 알수 있다. 한편, 저자가 명백한 성관계를 표현하기 원할 때마다 다른 포도주를 "마심" (5:1; 8:2) 이라는 다른 형태의 표현을 사용한다. 그래딜 (Gledhill) 이 지적하듯이, "잠언서에 나오는 유혹의 장면에서, 먹고 마시는 것은 성적 행위의 은유들이다, '와서 나의 음식을 먹고 내가 혼합한 포도주를 마시라' ." [81] 그러므로, 1:2-4의 문학적인 맥락에서, "포도주보다 더 나은" 구절은 자연히 친밀한 입맞춤이라는 육감적 즐거움을 의미하는 것이지 성관계를 의미하는 것이 아니다.

---

81   Gledhill, *Song of Songs*, 95.

향수와 이름 (Perfume and name)

1:3a와 1:3b는 서로 병행을 이르며 독자적으로 의미의 단위를 이루고 있다. 그 구절들은 의미론이며 구조적으로 서로 병행을 이룬다. 여기에 교차대구법 (chiasmus)이 있다.

1:3   a 네 기름이 향기로와 아름답고

        b 네 이름이 쏟은 향 기름 같으므로

이 구절은 전치사 le로 시작하는데, 그것은 보통 일반적인 용법으로 "~에 관해서" 혹은 "~에 대해서"를 의미한다. 갑자기 저자는 연인의 향수의 향기를 강조한다. 저자는 1:2에 있는 "포도주 (wine)"로부터 1:3에 있는 "향수 (perfume)"로 비유를 바꿔서 우리가 그 소녀는 왜 연인의 입맞춤을 갈망하는지 설명해준다. 그것은 훨씬 더 중요한 이유, 혹은 그녀가 그에게 매력을 느끼는 훨씬 더 중요한 근본적인 원인에 대해서 관심을 두게 한다.

어떤 사람은 향수의 향기로운 냄새가 몸에서 나오는 향긋한 냄새나 연인의 몸에서 나는 향수라고 생각할지 모른다. 이러한 견해에 따르면, 그 소녀는 연인에게서 강한 남성의 신체적 매력이나 인격에 매력을 느끼는 것이다. 그러나 이것은 1:3의 중요한 강조점이 아니다. 1:3a가 1:3b와 대구법적으로 병행을 이루고 있기 때문에, 우리는 그 구절의 중요한 의미를 파악하기 위해서, 전체 병행절을 살펴볼 필요가 있다. 향수의 향긋한 향기는 소녀의 연인의 "이름"과 대조를 이루고 있는데, 그 이름은 쏟아진 향수처럼 너무 향기롭다. 어떤 주석가들은 여기서 향수는 문자적으로 기름이라고 제시했다. 예를 들어, 폭스 (Fox)는 그것이 어떤 고급 기름 ("Oil of Turaq", 히브리어로 semen turaq)을 언급하는것이라고 주장한다.

그렇지만 시인은 더욱 강조하기 위해서 두운법이라는 시적 수사법을 사용하고 있다. 1:3a에서 "당신의 향수 (semaneka)"와 1:3b에서 "당신의 이름 (semeka) 이라는 단어들은 세 개의 비슷한 자음들 (s, m, k) 과 세 개의 비슷한 모음들 (e, e, a) 로 구성되어 있다. 그러므로 그것들은 언어적이며 음성학적으로 병행을 이룬다. 그래딜 (Gledhill) 은 이러한 생각을 아름답게 표현했다. "소녀의 묘사는 그의 향수라는 신체적인 향기에서 그의 은유적인 인격의 향기로 넘어가고 있다." [82]

아가서의 저자는 그녀를 매료시키는 가장 달콤한 향기는 연인의 이름인데, 그 이름의 향기가 신체적인 몸의 향기보다 훨씬 강하다는 것을 강조하고 싶어한다. 요약하자면, 1:2과 1:3를 관련지어 읽을 때, 1:2a,b와 1:3a,b의 두 병행 구절에서는 연인의 매력에 대한 두 가지 이유인 "사랑" 과 "이름" 을 나타낸다. 둘 중의 더 근본적인 것은 연인의 "이름" 이다. 히브리 문화에서, 이름은 명성, 인격, 덕과 한 사람의 성실성을 의미한다.

그 소녀의 관찰과 판단을 제 삼자도 지지한다. 제 삼자는 1:3c의 단일 콜론 (mono-colon) "처녀들이 너를 사랑하는구나" 에서 말하듯이 예루살렘에 있는 처녀들이다. 여기서 두 개의 단어에 관심을 기울일 필요가 있다. 첫째, 여기서 "사랑" 에 대한 히브리 단어는 일종의 이성적 사랑 (' ahabah)인데, 그것은 관능적인 사랑 (dodim) 과 다르다. 둘째, "처녀들 (maidens)" 은 단수가 아니라, 복수이다. 위에서 본 것처럼 사랑의 관계는 개인적 — 주관적인인정뿐만 아니라 집합적 — 객관적인 인정도 포함한다. 이 모든 것은 마지막 콜론 "처녀들이 너를 사랑함이 마땅하니라" 이 보여주듯이 건강한 구애를 나타낸다. 결론적으로 말해서 두 연인들 사이의 사랑은 주관성과 객관성 그리고 지각 (sense) 과 육감 (sensual) 의 균형을 이룬다고 요약된다 (1:4e).

---

82 Ibid., 96.

자신들만 따로 있기(being together alone)를 갈망함 (1:4)

1:2a,b와 1:4a,b 사이의 대구법은 점진적으로 정열적인 강한 갈망을 보여준다. 1:2a에서 소녀는 연인의 입맞춤을 갈망하지만, 1:4a에서 소녀는 연인이 자신을 데리고 가 주기를 요구한다 (여기서 명령법이 사용되고 있는데, 거의 명령의 수준으로) 1:4a에서 표현된 그녀의 바램의 강도를 그래딜 (Gledhill) 은 "나의 사랑이여, 나를 데려가 주세요. 빨리, 서두르세요. 달리세요." [83] 라고 부연 설명했다.

실제로 꿈이 이루어져서 다음의 병행 구절에서는 소원이 성취된다. "왕이 나를 침궁으로 이끌어들이시니" (1:4b). "방" 은 그들이 독립적으로 함께 있을 수 있는 은밀한 장소이다. 1:4a,b에 표현되어 있는 열정과 친밀감은 전혀 성관계를 암시하지 않으며, 오히려 그 문장은 그녀의 연인과만 "따로" 함께 있기를 매우 갈망하는 사랑에 빠진 소녀를 묘사했다.

연인은 "왕 (king) " 이라고 불려진다. 최근에 현대 신학자들은 그 용어가 신랑의 칭호라는 것을 확인했다. 우리가 앞서 제시했듯이, 여기서 두 사람이 결혼했다는 것을 보여주는 증거는 없다. 사실, 현재 문맥 (1:2-3) 으로 볼 때 그들은 결혼한 사이가 아니라는 것이 더 개연성이 있다. 소녀가 그녀의 연인을 "왕" 으로 언급하는 것은 자연스러운 일이다. 폭스 (Fox)가 언급한 것처럼, "연인들은 서로를 왕, 왕자 그리고 여왕으로 부르는데, 왜냐하면 그것은 사랑이 서로에 대해 그리고 자기 자신에 대해서 그렇게 느끼게 만들어 주기 때문이다." [84] 연인을 "왕" 이나 "왕자", "여왕" 이나 "공주" 로 부르는 전통은, 고대 이집트에서뿐만 아니라, 다른 문화에도 있다. 오늘날 많은 소녀들은 여전히 자신만의 "매력적인 왕자님" (다른 말로 하자면 중국말로 소위 "백마 탄 왕

---

83 Ibid., 64.

84 Fox, *Song of Songs*, 98.

자님")을 기다리고 있다.

병행 구절 1:4c,d에서, 시인은 다시 1:3a,b에 있는 표현 "포도주에서 지남"을 사용해서 연인에 대한 "정열적인 사랑"을 경험하는 기쁨을 묘사한다. 1:4e의 단일 구절은 전체적인 갈망의 노래 (1:2-4)의 결론이다. 1:4e에 있는 "흠모하다"는 단일 구절 1:3c에 있는 "사랑"과 똑같은 히브리어 단어이다. 그러므로 두 개의 단일 구절들은 반복적인 대구법을 형성한다. 아가서에서 "사랑"의 반복은 1:3-4의 제목이 "사랑"이라는 것을 보여준다.[85]

또한 1:3에서 처럼 1:4 역시 "제 삼자"로 끝마치고 있다는 것은 주목할만하다. 만일 1:3이 "처녀들이 너를 사랑하는구나"로 끝난다면, 1:3~4은 "그들은 너를 흠모하는 것 (혹은 사랑하는 것)이 마땅하다."로 끝난다. 더욱이, 1:4c,d에 있는 "우리 (we)"는 1:4e에 있는 "그들 (they)"과 대조를 이룬다. 그리고 사랑은 단지 "우리가 기뻐하고", "우리가 찬양할 것"이 아니라, "그들이 흠모하는" 것이다. 또한 여기서 사랑은 개인적이고 공동체적이며 주관적이면서도 객관적인 것을 포함한다. 그것은 두 명의 젊은 연인들 사이에 존재하는 성숙하고 건강한 관계를 나타내주는 진정한 표지이다.

성찰

갈망의 노래는 건강한 사랑의 관계를 보여준다. 그러한 건강한 관계는 배타적이 아니라, 포괄적이다. 사랑은 철저하게 (두 사람 사이에게) 상호적이며 개인적이기도 하다. 그렇지만 연인이 사랑 때문에 공동체에서 분리되어서는 안 된다. 사실, 아가서에서 제시하듯이 친구들의 인정은 사랑에 대한 더욱 큰 확신을 준다.

---

85 참조. Murphy, *Song of Songs*, 128.

모든 것 중에 가장 흥미로운 사실은, 우리는 아가서를 통해서 열정과 순수함, 지각과 육감적인 것 사이에는 긴장관계가 있다는 것을 알 수 있다. 소녀는 사랑에 대한 그녀의 갈망을 표현하기 위해서 모든 가능한 단어들을 사용한다. 그녀는 사랑하는 남자의 입맞춤을 간절하게 바란다. 그녀는 그와 함께 방 안으로 들어가기를 바란다. 그녀가 너무 기대하는 이유들이 있다. 연인의 사랑은 포도주보다 더 기쁘다. 그의 이름에 암시되어 있듯이, 그의 성품은 향수만큼 기분좋고 매혹적이다. 그는 그녀의 "매력적인 왕자님"이며 다른 처녀들도 가장 좋아하는 사람이다. 그렇지만 매우 강한 갈망에도 불구하고, 두 젊은이는 육체적인 관계로까지 발전되지 않는다. 우리가 본 주석에서 이미 지적하였듯이, 성관계에 대한 분명한 언급이 없다. 따라서, 그녀는 열정적이지만 자기 만족을 구하고 않고 정숙을 유지한다.

이 구절은 또한 사랑에서 성품의 중요성을 지적한다. 연인에 대한 그녀의 열정은 단지 호르몬 자극에 의한 갈망이 아니라 연인의 아름다운 성품에 매혹된 갈망이다. 이것은 사랑에 대한 사도 바울의 사상과 맥을 같이 한다. 즉, 그는 사랑이 성품과 관계된 것이라는 사실을 강조한다. "사랑은 오래 참고…자기의 유익을 구치 아니하며"(고전 13:4,5).

이것은 오늘날 데이트하는 사람들을 위한 적절한 메시지이다. 우리가 사는 현대 사회에서, 사랑은 흔히 개인적 만족을 위한 구실로 사용되고 외적인 매력이 성품보다 더 우위를 차지한다. 당신이 길거리에 있는 매점에서 아무 잡지나 들고 보면 겉표지뿐만 아니라 내용에서도 이 두 가지를 발견할 것이다. 아가서는 성(sex)을 부정하지 않으며 (1:9-11에 대한 주석에서 보여지듯이) 신체적인 매력에 대해서도 부정적으로 말하지 않는다. 오히려 아가서는 우리의 성품을 아름답게 간직하고 거룩한 친밀감을 유지하는 가능성에 대해서 언급한다. 성경은 어떤 것들이 아무리 불가능하게 보일지라도, 그것들을 기다릴 수 있다고 크고 분명하게 말씀한다. 예를 들자면 당신과 낭만적인 관계에 있는 어떤 사람에 대한 정열이다. 히브리서 저자는 "침소를 더럽히지 않게 하라" (히 13:4)라고 말한다. "사랑은 오래 참고" 라고 사도 바울은 말한다.

방해의 노래 (1:5-6)

1:5   a 내가 비록 검으나 아름다우니

      b 예루살렘 여자들아

      c 게달의 장막 같을찌라도

      d 솔로몬의 휘장과도 같구나.

6   a 거무스름할찌라도 흘겨보지 말 것은

      b 내가 일광에 쬐어서

      c 내 어미의 아들들이 나를 노하여

      d 포도원지기를 삼았음이라

      e 나의 포도원은 내가 지키지 못하였구나

구조적 분석

시에서 한 단락 (혹은 한 노래) 과 다른 단락과의 연결은 산문처럼 분명하지 않다. 큰 단락 안에 개별적인 노래들이 서로 느슨하게 연결 (loose link) 되어 있는 이유는 단순히 주제로만 연결되어있기 때문이다. 더 나아가 서로 다른 노래들 사이에서는 주제적 연속성이 그다지 분명하지 않아서 전체적인 구조를 파악하기 위해서는 지적 상상력이 필요하다. 1:2-8의 큰 단락 안에는 첫째 갈망의 노래 (1:2-4) 두 번째로 방해의 노래 (1:5-6) 그리고 마지막으로 추구의 노래 (1:7-8) 가 있다.

방해의 노래에서는 그녀의 사랑의 관계가 안팎으로 어떤 어려움에 부딪쳤을 때 자신의 불안함을 나누고 있다. 외부적으로 그녀는 오빠들의 반대에 직면한다. 내적으로 그녀는 외모 때문에 무안함을 당한다. 분명히 오빠들은 그 관계에 대해서 반대한다. 이러한 이유로 그들은 포도원을 돌보라고 그녀를 내보낸다. 그 결과 그녀는 자신의 "포도원" 을 소홀히 하게 되고 피부도 햇볕에 검게 그을리게 되었다. 그녀는 다른 사람들의 시선에 예민하게 된다. 다행이도 건강한 자아상 때문에 자신에 대한 회의감이라는 위기를 극복한다.

주석

외적이며 내적인 방해들

5절은 두 개의 대구절들 (5ab와 5cd) 로 구성되어 있다. 두 번째 대구절에는 첫 번째 대구절에 묘사되어 있는 검은 외모를 나타내는 두가지 비유들이 나온다. 따라서 1:5의 주제는, "내가 비록 검으나 아름다우니" 이다. 1:6은 두 개의 대구절들과 한 개의 단일 구절로 구성되어 있다. 첫 번째 두 개의 대구절들은 그 소녀가 검은 피부를 가진 이유를 설명한다. 마지막 단일 구절은 그녀의 마음 깊은 곳에 있는 가장 큰 관심을 나타낸다.[86] "나의 포도원은 내

---

86   이러한 마지막 말은 아8: 12"내게 속한 내 포도원은 내 앞에 있구나" 과 아름답게 대조를 이루고 있다는 것을 주목하라.

가 지키지 못하였구나” 는 방해의 노래 전체의 결론에 해당된다. 여기서 아가서가 “내가 비록 검으나 아름다우니” 라는 도전적이면서도 고조된 감정적 어조로 시작하지만, “나의 포도원은 내가 지키지 못하였구나” 라는 운명의 차분한 인식으로 끝을 맺고 있다.

아가서에서 처음으로 ‘예루살렘의 여자들’ 이 사용되고 있다. 그들의 정체성은 확인하기 어렵지만 그들은 분명히 소녀의 친구들일 것이다. 아마도 그들이 예루살렘에 있는 상류층 엘리트 그룹을 나타낼 가능성이 높다. 그들은 아가서에서 중요한 문학적 역할을 담당한다. 그래딜 (Gledhill) 은 이렇게 언급한다.

그들은 소녀의 가장 깊은 느낌들과 감정들을 표현하기 위해 돋보이게 하는 사람 (foil)이나 공명판의 역할을 한다. 그들은 소녀가 갈망을 표현하도록 이끌어낸다. 만약 그들이 그 드라마에서 활발한 역할을 하지 않았다면 결코 가능하지 않았을 것이다. 그들은 문학적인 허구일 수도 있다. 아마도 그들이 담당하는 또 다른 역할은, 아가서 전체에 나타나는 도시/ 나라의 대조를 강조하는 것이다.[87]

그 소녀의 검은 피부는 그녀의 인종과는 아무 관계가 없다. 그것은 햇볕에 그을린 결과이다. 그녀는 예루살렘 처녀들이 바라보는 것에 매우 민감하다. 그들이 쳐다보는 것이 그녀에게 “검은 것” 은 아름답지 않다고 말하는 것처럼 보인다. 이것은 특히 사랑에 빠진 소녀에게 민감한 점이다. 그것은 그녀의 자존감에 영향을 끼칠 수 있다.

---

87 Gledhill, *Song of Songs*, 103

방해들을 극복함

이러한 자아상의 위기에서, 그 소녀는 단호하게 선언한다. "내가 비록 검으나 아름다우니" 아름다운 소녀는 사랑스럽지 않을지 모르지만, 사랑스런 소녀는 보통 아름답다.

접속사 "그렇지만 (yet)"은 "그리고 (and)"로도 번역될 수 있다. 그럼에도 불구하고, 문맥은 대조의 의미를 나타내고 있다.[88] 그녀가 검지만 그녀는 자신을 사랑스럽게 여긴다. 그녀는 자신의 눈으로 볼 때 뿐만 아니라 또한 그녀의 연인의 눈으로 볼 때도 사랑스럽다. 그들의 눈으로 볼 때 그녀의 검게 그을린 피부는 게달의 장막 혹은 솔로몬의 휘장 같다. 1:5c에 있는 "게달의 장막 같을찌라도"는 5a "내가 비록 검으나 아름다우니"에서 스스로 아름답다고 선언하고 있는 '검은색'을 예증하는 직유 (simile)이다. 일반적으로 게달은 베두인 (Bedouin) 족속과 관련이 있는데, 그들의 텐트는 검은 염소의 털로 만들어져서 사막에서 자주 눈에 띈다.[89] 텐트들이 나란히 세워지고 반짝반짝 빛나는 태양 아래서 있는 것을 멀리서 보면 그 광경은 아주 장관이다.

"솔로몬의 휘장과 같은" 직유는 "게달의 장막과 같은" 직유와 재미있는 대조를 이룬다. 여기서 "장식하고 수놓은" 아름다움은 "소박하고 단순한" 아름다움과 대조를 이룬다. 따라서 그 직유들과 1:5a에 있는 주제 사이에 재미있는 대비가 있다. 즉 그것은 검은/ 게달의 장막과 아름다운/ 솔로몬의 장막 휘장들이다. 그녀에게는 시골의 순수한 매력과 도시의 반할만한 매혹적 아름다움이 동시에 있는 것같다.

---

88   Carr, *Song of Solomon*, 77.

89   Ibid., 78.

1:5와 1:6은 히브리어 **쉐하르/쉼하르호레트** (black/blackish)의 언어 유희에 의해서 의미론적으로뿐만 아니라 수사학적으로 서로 연관되어 있다. 1:5a는 "내가 비록 검으나 (shr)" 로 시작하고, 1:6a는 "거무스름할찌라도 (shrhrt)" 로 끝난다.[90] 이러한 대구법은 그녀의 검은 피부에 대한 불편함을 드러낸다. 이것은 그녀가 예루살렘의 처녀들에게 하여금 그녀를 보지 말라고 부탁하거나 명령하는 것을 통해서 더욱 강조된다. 여기에 언어 유희가 있다. 히브리어에서 "응시하다 (stare)" 라는 단어는 "거무스름하게 되다 (darken)" 이라는 단어와 동일하다. 그러므로 그녀는 이러한 효과에 대해서 말한다. "거무스름할찌라도 흘겨보지 말 것은 내가 일광에 쬐어서 이미 희생자가 되었기 때문이다."

그녀는 한발 더 나아가서 어떻게 햇볕에 그을렸는지 설명한다. 그녀의 오빠들이 그녀에게 화를 냈고 그녀에게 억지로 포도원을 돌보도록 했다. 그녀의 오빠들이 왜 그녀에게 화를 냈는지 분명하지 않다. 연인과의 관계 때문에 화를 냈을 수도 있고 다른 이유 때문일 수도 있다. 그렇지만 여기서 "화가 난" 이라는 단어에 또 다른 언어 유희가 있다. 히브리어에서 "화가 난" 의 어근의 의미는 "태우다 (to burn)" 이다. 따라서, 그녀는 이중적으로 태워지고 있다. 첫째는 그녀의 오빠들의 분노에 의해서 그 다음은 태양에 의해서.

그녀가 포도원에서 일한 결과 자신의 "포도원" 은 소홀해 졌다. 여기서 "포도원" 은 그녀 자신이나 그녀의 몸과 관련된 은유로 사용된다. 마지막에 이러한 침울한 언급은 그녀의 마음 속에 있는 깊은 비통함과 두려움의 복합적 감정을 드러낸다. 그녀는 참으로 신데렐라 같다. 그러한 참을 수 없는 상황에 대한 그녀의 반응은 어떤가? 다음의 단락, 추구하는 노래 (the Song of Seeking, 1:7-8) 에서 볼 수 있다.

90　Murphy, *Song of Songs*, 133.

고찰

이 방해의 노래를 통해서 우리는 소녀에 대해서 더 많은 것을 알게 된다. 그녀는 열정과 정숙 사이에 균형을 유지할 뿐 아니라 또한 건강한 자기 이미지와 자부심이 있다. 그녀는 보통 젊은 여자를 매력적으로 만드는 많은 특징들을 갖추고 있지 못한지도 모른다. 신체적으로 그녀는 우선 "아름답다"고 볼 수 없다. 어떠한 사람들은 이러한 낭만 시에서 흰 피부의 아름다운 여성의 모습을 보기 원할 것이다. 하지만, 그녀는 우리에게 진실을 말해준다. 그녀는 살결이 희지 않고 검다. 그 사회의 다른 여성들이 볼 때도, 그녀는 아름답거나 매력적이지 않다. 사실 그녀는 기이하게 검어서 처녀들이 그녀를 주시한다 (1:6). 그렇지만 그녀의 생각은 다르다. 도전적으로 그녀는 말한다. "내가 비록 검으나 아름다우니" (1:5). 그녀는 게달의 장막처럼 자신이 검다는 것을 인정하지만, 솔로몬의 화려한 휘장처럼 자신이 아름답다고 주장한다.

둘째 그 젊은 여인은 자신을 매력적으로 만들 수 없었다. 신데렐라와 같이 그녀는 그녀의 오빠들로부터 부당하게 대우를 받고 있다. 그들은 그녀에게 포도원에서 일하도록 한다. 그 결과, 그녀는 태양 볕에 검게 타고 그녀 자신을 돌보지 않았다. 요약하면 검게 탄 것은 그녀 자신이 만든 것이 아니다. 그녀가 매력적이지 못하게 된 것에 대해 그녀의 오빠들이나 태양을 비난할 수 있는 많은 이유들이 있다. 미워하는 대신에 그녀는 자신의 현재 모습 "내가 비록 검으나 아름다우니" 에 자부심을 가진다.

세상적 기준으로 보면 많은 여자들이 아름답게 태어나는 것은 아니다. 많은 사람들은 흰 피부와 장미빛 혈색을 가지는데 도움이 되는 있는 환경에서 사는 특권을 누리지 못한다. 아마도 이것은 소수의 특권을 누리는 유명인을 만드는 한가지 요인일 것이다. 그래서 대부분의 여성들은 자기 자신을 아가서에 나오는 소녀와 동일시할 수 있다. 그렇지만 모든 사람들이 동일한 자아상과 자부심이 있는것은 아니다. 세상은 자신의 신체적 결함들을 상기시키는 상업적 광고들로 여성들에게 융탄폭격을 가하고 있다. 그들은 너무 살이 쪘다거나 너무 키가 작고, 너무 피부가 검다거나 너무 둔하다는 이야기를 들어왔다. 아시아의 많은 지역에서, 젊은이들은 검은 색 머리털보다 금발의 머리털을 더 좋아한다. 따라서 많은 사람들은 "내가 비록 검으나 아름다우니" 라는 소녀의 자존감을 환영하기 어려워한다. 크리스천 여성 (혹은 남성) 은 그리스도를 기억해야 한다. 그분은 "고운 모양도 없고 풍채도 없으며 … 멸시를 받아서 사람에게 싫어 버린 바 되었다" (사53:2-3). 그리스도께서는 세상 사람들이 그분을 보는 방식대로 영향을 받지 않으셨다. 자신 있게 그분은 밖으로 나오셔서 사람들을 만나시고 그들에게 다가가셨다. 빈약한 자아상이 있는 그리스도인들은 메시야를 바라보아야 하고 그분에게서 자신감을 얻어야 한다.

O3
chapter

추구의 노래 (1:7-8)

1:7 a 내게 고하라

   b 내 마음에 사랑하는 자야

   c 너의 양떼 먹이는 곳과

   d 오정에 쉬게 하는 곳을

   e 내가 어찌 얼굴을 가리운 자같이 되랴

   f 네 동무 양떼 곁에서

8 a 네가 알지 못하겠거든

   b 여인 중에 어여쁜 자야

   c 양 떼의 발자취를 따라

   d 목자들의 장막 곁에서 너의 염소 새끼를 먹일찌니라

아 1:2-6의 갈망의 노래와 방해의 노래는 그녀의 꿈의 연인에 대한 갈망과 감정들을 독백형식으로 나타내고 있다. 그것들은 또한 그녀의 사랑하는 관계를 방해하는 사람들에 대항하여 벌이는 고통스러운 분투를 묘사한다. 그녀는 참을 수 없는 상황에서 살짝 빠져 나가서 자신의 연인을 찾는 담대한 반응을 나타내고 있다. 이러한 상황에서 그녀의 행동은 과민반응이며 미성숙한 모습인가?

우리는 추구의 노래 (1:7-8) 에서 그 해답을 얻는다. 그 소녀와 연인 사이의 대화 형식에서 그 해답을 엿볼 수 있다. 그 노래는 우리에게 젊은 연인들의 기질, 성품, 그리고 성숙함에 대해서 더 많은 것을 말해준다. 1:7에서 걱정하면서 그녀는 세 가지 질문들을 하는데 1:8에서 그녀의 연인은 그녀의 걱정을 덜어주기 위해서 분별력 있고 현명하게 대답한다. 아래의 주석은 이 연인들이 성숙하고 높은 도덕적 가치관을 지닌 젊은이들이라는 것을 보여준다.

주석

만남을 추구함

"내게 고하라" ─소녀는 누구에게 묻고 있는가? 분명히, 그녀는 연인에게 묻고 있는데, 그녀는 계속해서 말한다. "내 마음에 사랑하는 자야" 는 문자적으로 "내 영혼이 사랑하는 당신" 으로 번역될 수 있다. 나의 영혼이라는 말은 존재의 전부나 인격을 함축하고 있다. 그것은 그 소녀의 사랑의 깊이를 보여준다. 그녀는 사랑의 꿈을 실현하고, 행동의 자유를 제한받지 않기를 원한다. 그녀는 용기를 내어서 그녀의 연인이 어디에 있는지 적극적으로 물으며 점심 시간에 만날 것을 요청한다. 이러한 두 가지 질문들이 대구절의 형태로 표현되어 있다.

1:7   c 너의 양떼 먹이는 곳과 ,

       d 오정에 쉬게 하는 곳을 .

이러한 질문들은 만남의 장소와 시간에 대해서 물을 뿐만 아니라, 로맨틱한 접촉을 전달한다. 왜냐하면, ra 'a (풀을 먹이기)라는 단어는 ra 'ya라는 단어와 같은 자음 어근이 있는데, 그것은 "절친한" 혹은 "친밀한 동료"를 의미하기 때문이다. 더욱이, "풀을 먹이다"는 또한 낭만적인 구애를 묘사하는 은유로 사용된다 (참조. 6:3, 그가 백합화 가운데서 그 양 떼를 먹이는구나").[91]

소녀의 도덕적 관심

소녀의 의도는 점심 시간에 연인과 낭만적인 데이트 약속을 원한다는 것이 분명하다. 이것은 그 소녀가 단정치 못한 여자라는 의미인가? 절대로 아니다. 이것은 아래의 병행절에 분명히 나타난다.

1:7 e 내가 어찌 얼굴을 가리운 자같이 되랴

   f 네 동무 양떼 곁에서

그 소녀는 낭만적인 만남을 이루는 것보다 더 긴박한 주제들이 있다. 또한 갈망의 노래 (1:2-4) 에서 보여지듯이, 소녀의 성품과 기질에는 감정과 합리성 사이에 항상 균형이 있다. 그녀가 염려하는 것은 예절의 문제이다. 고대 사회에서 도시나 벌판에서 베일을 쓰고 목적 없이 떠도는 여자는 품행이 나쁜 여자로 오해받을 수 있었다. 그러므로 그녀는 연인을 간절히 만나기를 원하지만 유혹하는 매춘부로 보이기를 원하지는 않는다. 그녀는 사랑 때문에 자신의 도덕적 가치들을 손상시키지 않는다.[92]

연인의 사려깊은 답변들

그녀의 연인은 그녀에게 어떻게 대답하는가? 그는 그녀의 염려에 민감

---

91 Gledhill, *Song of Songs*, 108

92 S.C. Glickman, A Song of Lovers (Downers Grove: InterVarsity, 1976) 32.

한가? 1:8에서 우리는 그 소녀의 연인이 처음으로 말하는 것을 듣는다. 그의 답변들은 두 부분으로 나누어질 수 있다. 첫 번째 부분은 1:8a와 1:8b인데, 그것은 그 자체로 병행 구절을 이룬다. 두 번째 부분은 1:8c와 1:8d인데 그것 또한 그 자체로 또 다른 병행 구절을 이룬다. 기본적으로, 그는 두 가지 주제들에 대해서 언급하는데, 그것들은 그녀에게 지대한 관심거리이다. 첫번째는 그녀의 외모에 대한 염려이다. 둘째는 그를 만날 때 그녀의 평판에 대한 염려이다.

1:8　ɑ 네가 알지 못하겠거든,

　　　b 여인 중에 어여쁜 자야

1:5a에서 소녀는 "내가 비록 검으나 아름다우니" 라고 말했다. 그리고 1:6a에서 소녀는 또한 "거무스름할찌라도 흘겨보지 말 것은" 이라고 말했다. 여기 1:8ab에서 소녀의 연인은 "여인 중에 어여쁜 자야" 라고 언급해서 그녀에게 자신의 아름다움을 확신시켜준다. 칼이 올바르게 주석하듯이 "그녀가 표현한 두려움에 대한 연인의 반응은 그녀에게 그녀의 아름다움과 매력을 재확신시키는 것이다." [93] 또한 속담에서 말하는 것처럼 "미의 기준은 보는 사람에 따라 다르다." 연인에게 그녀는 모든 여자들 중에서 가장 아름답다. 그러므로 이 부드러운 확신은 그녀의 외모에 대한 견해뿐만 아니라 그녀에 대한 깊은 사랑도 드러낸다.

1:8　c 양 떼의 발자취를 따라

　　　d 목자들의 장막 곁에서 너의 염소 새끼를 먹일찌니라

93　Carr, *Song of Solomon*, 81.

연인은 그녀가 얼굴에 베일을 쓰고 떠돌아 다닐 필요가 없다고 제안하다. 왜냐하면 그녀는 그녀의 염소 새끼들을 먹이고 양 떼를 좇아가면 양치는 여자가 될 수 있기 때문이다. 이렇게 하면 그녀는 그를 만날 수 있고 품행이 단정치 못한 여자로 여겨지지 않으며 그녀의 명예도 보존할 수 있다. 더욱이 그 연인은 그녀가 그의 친구들의 양 떼가 아니라 목자들의 장막 옆에 거해야 한다고 제안한다. 장막으로부터 멀리 떨어져서 기다리는 소녀는 적당하지 못한 장소에서 남자를 기다리는 단정치 못한 여자라는 인상을 주기 쉽다. 반면에 다른 목자들과 함께 일하는 소녀는 그들 중의 한 사람으로 여겨질 것이다. 그렇게 해서 그녀는 명예를 손상시키지 않고 점심시간 동안 연인을 만날 수 있다. 만나는 두 장소들 사이의 대조는 특히 중요한데, 1:7f와 1:8d에 있는 두 구절은 문자적으로 나란히 비교된다.

1:7　f 네 동무(haberek) 양떼(ʻeder) 곁에서(ʻal)

1:8　d 목자들(haroʼim)의 장막(miskenot) 곁에서(ʻal)

이 대구법은 개인적 평판에 대한 소녀의 우선순위를 암시한다. 1:7f의 "곁에서" 는 1:8d의 "곁에서" 와 명백하게 병행을 이루고 "양떼" 는 "장막" 과 병행을 이루며 "친구들" 은 "목자들" 과 병행을 이룬다. 그렇지만 의미론적이며 음성학적인 강조가 한 단어에 집중되어 있는데, 그 단어는 "곁에서(ʻal)" 이다. 그 소녀에게 두 군데의 "곁에서" 는 다른 의미를 전달한다. 첫번째는 "양떼 곁에서" 이며, 다른 하나는 "장막 곁에서" 이다. 양 떼 곁에 있다는 것은 그녀가 받아들여지지 않고 있다는 것을 의미하는 반면에 "장막 곁에서" 는 그녀가 받아들여진다는 것을 의미한다. 이 모든 것은 그녀의 연인이 그녀의 걱정을 섬세하게 다루고 있다는 것을 보여준다.

우리가 살펴볼 수 있듯이 그녀의 연인의 답변은 세심하고 지혜와 지식이 충만하다. 그는 다른 사람의 감정이나 평판을 무시하면서 단순히 자신의 정욕만을 만족시키기 원하는 무례하고 이기적인 사람이 아니다.

고찰

추구의 이 노래는 우리에게 두 연인들이 어떻게 데이트를 하는지 말해준다. 무엇보다도 한 가지 사실에 우리는 감명을 받는다. 즉, 데이트는 단순한 성적인 것의 추구가 아니라 관계맺음의 예술이다. 분명히, 그 소녀는 연인에 대한 열정으로 불타오르고 있다. 그녀는 낭만적인 데이트를 갈망하면서 자발적으로 만남을 시작한다. 그럼에도 불구하고 그녀는 정절, 도덕적 가치들과 자기 존엄성을 희생하면서까지 그 모든 것을 하지 않을 것이라는 것 또한 분명하다. 마찬가지로 우리는 그녀의 연인이 열정만큼이나 그녀에게 필요로한 확신과 도덕적으로 무엇을 염려하는지, 그녀에 대한 평판에 이르기까지 동일하게 세심하다는 것을 발견한다. 그는 그녀에게 부드럽게 그녀 자신의 자아상에 대한 확신을 심어 주며 제대로 된 만남을 위해 준비한다.

아가서는 열정적이면서도 자기 절제를 하는 것이 연애의 절묘한 기술 (art) 이라는 것을 보여준다. 이 세상은 우리에게 그 반대를 말해주고 있다. 세상 사람들에게도 데이트는 진짜 기술이다. 그렇지만 그 기술은 관계의 기술을 의미하는 것이 아니라 자기 만족의 기술이다. 오늘날 대중 문화는 우리에게 데이트는 감정이라고 말하고 있다. 당신이 좋다고 느끼면 어떠한 것도 할 수 있다. 서로를 알아가는 즐거운 경험, 의사 소통의 기술들을 배우는 것, 헌신을 배우려는 마음보다는 육체적 친밀감의 모험심으로 변질될 수도 있다.

가정에서 부모에게 받아야 할 사랑의 결핍과 결합되면 이 모든 것은 데이트를 위험한 게임으로 만들어 버린다. 그 결과 아시아의 도시에서는 많은

10대 청소년들이 임신을 하게 되고, 사생아들을 출산하고 낙태가 성행한다. 싱가포르에서 어떠한 소녀들은 13살 무렵에 낙태를 하려고 병원에 간다. 또한 그 나라의 방송에 의하면, 아기들이 병원의 변기통이나 누군가의 문 앞에 버려지고 있다.

건전한 연애 관계를 계발하기 위해서 도움이 될 한 가지 의견을 제시하겠다. 추구의 노래에서 주목하였듯이, 우리는 연인들의 관계가 사적이면서 동시에 사회적이라는 것을 발견한다. 대중 문화가 우리에게 믿게 하는 것처럼, 사랑은 단지 두 사람들 사이의 "개인적인 일 (personal affair) " 만은 아니다. 모든 사람들이 그들의 관계를 인정해 주는 것은 아니지만 연인들의 관계에는 두 당사자들의 친구들이 포함되어 있다. 방해의 노래의 경우에 그 소녀의 연인은 점심 때 만남에서 그의 목자 친구들을 포함시킨다. 그들의 친구들은 그들의 사랑의 증인들이다. 그들은 함께 사랑의 행복과 아름다움을 축하한다 (참조. 1:9; 3:7). 연인들의 친밀성은 첫날밤에만 매우 사적인 일이 되는 것이다. 우리는 트리블 (Trible) 의 많은 가설들에 동의하는 것은 아니지만, 그녀가 아가서 전체를 통해서 사랑은 "포괄적 (inclusive) " 이라는 통찰력있는 견해를 제시하고 있다. 두 사람 사이의 사랑은 많은 사람들과의 사랑과 우정을 환영하고… 배타성은 마지막날 (결혼식 첫날밤) 에만 이러한 친밀감의 원을 닫을 뿐이다." [94]

또한 오늘날 상담자들은 이와 같은 "그룹 데이트" 가 어떤 사람의 명성을 비방하는 쓸데없는 입소문을 막는 것 외에도 자기도 모르게 순수한 사랑이 단순히 육체적인 사랑으로 흐르게 하는, 지나친 "연인들만의 고립 (together alone) " 을 피하도록 하는데 도움이 된다는 것 지적한다. [95]

---

94   Trible, *God and the Rhetoric of Sexuality*, 159,162.

95   참조. J. Talley and B. Reed, *Too Close Too Soon* (Nashville: Thomas Nelson, 1982) 35.

4
PART

Ⅱ절: 1:9–2:7

감탄의 노래 (1:9–11)

1:9 a 내 사랑아 내가 너를

b 바로의 병거의 준마에 비하였구나

10 a 네 두 뺨은 땋은 머리털로,

b 네 목은 구슬 꿰미로 아름답구나,

11 a 우리가 너를 위하여 금사슬을,

b 은을 받아 만들리라.

감탄의 노래는 주로 한 남자가 자신이 사랑하는 여자의 아름다움을 감탄하는 노래이다. 이 전 단락의 노래인 추구의 노래 (1:7-8) 에서 소녀는 그녀의 연인과의 만남 즉 풀을 먹이는 (ra 'a) 시간을 학수고대한다. 이제 그녀의 바람이 성취되었다. 그녀와 그녀의 연인은 이제 같은 동산 안에 있다.

주석

감탄의 달콤한 어조: "내 사랑아"

히브리어로 "먹이기(graze)" 와 "사랑하는 (daring)" 이라는 두 단어 사이에 있는 느슨한 언어적 연관성을 이용해서 연인은 이 단락의 첫 번째 콜론에서 "내 사랑아 (ra 'ya)" 라고 소녀의 귀에 부드럽게 말하는, 낭만적이며 감탄의 어조로 시작하고 있다. 여기에서 "내 사랑아" 라는 단어는 사랑하는 소녀의 마음에 감미로운 선율을 불러일으킨다. 아가서에서 "내 사랑아" 라는 호칭은 아홉 번 나타나는데, 그 중의 다섯 번은 그 남자가 그 연인의 아름다움에 감탄하는 것과 함께 나타난다.

"내 사랑아 너는 어여쁘고 어여쁘다!" (1:15)

"나의 사랑, 나의 어여쁜 자야 일어나서 함께 가자." (2:10)

"나의 사랑, 나의 어여쁜 자야 일어나서 함께 가자." (2:13)

"내 사랑 너는 어여쁘고 어여쁘다!" (4:1)

"나의 사랑 너는 순전히 어여뻐서." (4:7)

다른 세 가지 경우에서는 그가 사랑하는 자의 아름다움에 대한 감탄을 표현하기 위해서 다른 비유들이 사용된다.

"내 사랑아 내가 너를 바로의 병거의 준마에 비하였구나." (1:9)

"여자들 중에 내 사랑은 가시나무 가운데 백합화 같구나." (2:2)

"내 사랑아 너의 어여쁨이 디르사 같고 너의 고움이 예루살렘 같고 엄위함이 기치를 벌인 군대 같구나." (6:4)

마지막으로 그 호칭의 한 가지 다른 경우는 친숙한 다른 호칭들과 함께 나타난다.

"문을 두드려 이르기를 나의 누이, 나의 사랑, 나의 비둘기, 나의 완전한 자야." (5:2)

아가서에서 그 호칭이 나타나는 곳을 연구해 보면 아가서의 저자는 감탄을 표현하기 위해서 고정된 패턴이 있다. 이 시점에서 현재의 문맥에서 모든 경우에 확실히 성적인 함축성을 담고 있는 것이 아니라 그 어구들은 전적으로 소녀의 아름다움에 대한 연인의 칭찬을 묘사한다는 것도 지적할 필요가 있다.

아름다움의 비유 "준마 (mare)"

그 소녀의 아름다움은 바로의 병거 중의 한 마리로 이용되는 준마에 비유된다. 바로의 말들은 그 아름다움으로 유명했는데 특히 그 말들이 특별한 퍼레이드나 축제들을 위해 위엄있게 "단장하고" 전시될 때 그렇다. 소녀는 분명히 말과 비슷한 것은 아니다. 그렇다면 비교의 핵심은 무엇인가? 아가서의 저자는 바로 그 점을 구체적으로 말한다. 그 단서는 쉽게 다음에 나오는 병행 구절 (1:10ab) 에서 엿볼 수 있다.

1:10 a 네 두 뺨은 땋은 머리털로,

　　　 b 네 목은 구슬 꿰미로 아름답구나.

두 병행 구절들 (1:9ab와 1:10ab) 사이의 의미론적 관계는 그 소녀의 아름다움을 묘사, 설명하는 것이다. 1:9은 그녀를 바로의 준마의 아름다움에 비교해서, 그 소녀의 아름다움을 묘사한다. 1:10ab는 그녀의 아름다움은 주로 그녀의 머리의 장식품에 있다는 것을 설명한다. "네 두 뺨은 땋은 머리털로, 네 목은 구슬 꿰미로 아름답구나." 그녀의 뺨은 큰 원형 귀고리들 때문에 우아한데 그것들로 말미암아 그녀의 얼굴이 예뻐 보인다. 그녀의 목은 밝은 색깔의 구슬들이 줄줄이 엮어진 끈으로 장식되어 있는데 그것 때문에 그녀의 키가 커 보이고 그녀에게 위엄을 줄뿐만 아니라 다소 함부로 가까이 할 수 없게 만들면서 그녀를 보호한다. [96]

1: 10 ab에 있는 두 병행 구절들의 단어 순서들과 그것들의 음성학적 유사성은 소녀의 머리에 있는 장식구들에게로 우리의 관심을 집중시킨다.

1:10 a 네 두 뺨은 땋은 머리털로,

b 네 목은 구슬 꿰미로 아름답구나 (baharuzim)

여기서 우리는 소녀와 사용언어의 아름다움을 본다. 두 구절들은 의미론적이며 문장 구성에서도 대비가 될 뿐만 아니라, 음성학적으로도 대비가 된다. 두 병행 구절들의 두 번째 단어들의 첫 번째와 마지막 음소들 (phonemes)은 히브리어로 동일한다 (ba…im). 의심의 여지없이 땋은 머리털과 구슬 꿰미와 같은 장식구들에 강조가 있다. 이러한 장식구들 때문에 소녀의 매혹과 매력은 한층 돋보인다.

포프 (Pope) 는 말의 묘사를 소녀의 성적인 매력과 관련시켜서 다른 해석을 제안했다. [97] 그는 그 비교는 투모시스 3세 (Thutmosis III) 때에 카데쉬 (Kadesh) 전투에서 일어난 것처럼 전쟁에서 대 참사를 유발하기 위해서 전쟁용 말들 중에 발정기의 암말들을 풀어 놓는 행동을 암시한다고 주장한다. 이러한 해석은 어떤 학자들은 잘 수용하지만 또한 어떤 학자들은 거절한다. 폭스 (Fox)는 정당하게 포프의 해석을 논박한다:

---

96 참조. Gledhill, *Song of Songs*, 112; Keel, *Song of Songs*, 60.

97 Pope, *Song of Songs*, 336-341.

그러한 설명은 설득력이 없다. …… rekeb은 반드시 전쟁의 수레를 의미하지는 않는다 (왕상 1:5; 왕하 5:9; 렘 22:4; 사 66:20를 보세요) BDB에 의하면 위 모든 구절에서 수레들은 무엇보다도 "위엄과 과시를 위한" 것들이다. 포프 자신이 인용한 이집트 문서에서는 왕자가 바로(Pharaoh)의 마구간의 멋진 암말 한 마리를 좋아하는 것에 대해서 말해준다. 그러한 암말들은 "바로의 수레" 라는 용어로 포함될 수 있다. 이집트의 말들은 그 준수함으로 유명한데, 최상급의 말들은 자연히 왕궁의 마구간에 비축되어 있었다.[98]

그래딜 (Gledhill) 은 포프의 해석을 받아들이지 않지만 말의 관능성 (동물이 가진 매력) 을 소녀의 육체와 연관시킨다. 그는 그러한 육감적 매력은 부분적으로 베일에 쌓인 육체에 기인한다고 제안한다. 그 매력은 치명적인것이다.[99]

우리의 의견으로는 이러한 해석은 너무 많이 실례 (illustration) 에 치우친 해석에 빠져서 현재 문맥을 적절하고 분별력 있게 조절 하지 못하고 있다. 오히려 실례와 장식구들은 우리의 시각을 아름답게 보이는 얼굴과 그 소녀의 목의 위엄으로 돌린다. 소녀의 뺨에 땋은 머리털은 둥글거나 순환형이 틀림없는데 그것은 그녀의 둥근 얼굴에 잘 어울린다. 그녀의 목은 줄줄이 구슬끈으로 감겨지고 장식되어 있다. 이것은 고대 이집트의 여인들이 치장했던 모습이었다.[100] 알 데이비슨 (R. Davidson) 은 옳게 결론짓는다:

오늘날 전시용 말들과 같이, 이집트의 말들은 값비싼 장식용 말 굴레와 마구로 잘

---

98 Fox, *Song of Songs*, 105.

99 Gledhill, *Song of Songs*, 113.

100 Keel, *Song of Songs*, 60.

치장되어 있었다. 그러므로, 그의 사랑하는 소녀의 아름다움 즉, 그녀의 뺨과 목의 아름다움은 그녀가 사용한 보석류와 받은 것 같은 보석류 때문에 돋보인다.[101]

그 연인은 사랑하는 자의 엄숙하고 장엄한 아름다움에 깊이 매료된다. 너무나 깊이 매료되어서, 그는 그녀에게 앞으로 그녀를 위해서 무엇을 할 것인지를 약속한다 "우리가 너를 위하여 금사슬을 은을 받아 만들리라" (1:11). "우리" 라고 말하면서 그 남자는 그의 연인을 칭찬하기 위해서 다른 사람들를 초청하고 있다. 마찬가지로 소녀도 그를 칭찬할 때 다른 사람들을 포함시킨다 (1:3-4).[102] 여기서 금과 은을 언급한 것은 소녀가 자신의 아름다움을 더욱 드러내기 위해서 그것들이 필요하다는 의미가 아니라 소녀의 연인의 눈에 그녀 안에 이미 담겨있는 아름다움을 강조하는 역할을 한다. 최고가의 장신구만이 그녀의 아름다움에 어울릴 수 있다.

고찰

감탄은 사랑의 관계에서 자연스럽고 필요한 것이다. 그것은 남자와 여자 모두에게 확신을 갖게 하는 것이다. 감탄의 노래는 사랑의 관계에서 우리는 정당하게 연인의 신체적인 아름다움에 찬사를 보낼 수 있다는 것을 보여준다. 물론 이 말이 칭찬이 신체적인 아름다움에 초점을 두어야 한다는 것을 의미하지 않는다. 내적인 아름다움은 여전히 사랑의 관계에서 본질적인 매력이어야 한다 (벧전 3:3-4).[103] 아가서는 이미 갈망의 노래에서 이것을 보여

---

101 R.M. Davidson, *Ecclesiastes and Song of Solomon*, The Daily Study Bible (Philadelphia: Westminster Press, 1986) 109.

102 Fox, *Song of Songs*, 105.

103 사도 베드로는 여자들이 머리를 땋거나 금 보석을 하지 말라고 말하는 것이 아니다. 오히려 그는 아름다움이 이러한 모든 외적인 장식물로부터 비롯되어서는 안된다는 것을 말한다.

주었다. 그렇지만 신체적인 아름다움과 장식물은 그러한 내적인 매력을 나타내는데 기여한다. 장식된 말의 은유는 이것을 암시한다. 왕의 행차를 위해서 선발된 말은 높은 자질을 갖춘 말이다. 장식되어 있든지 그렇지 않든지 그것은 질 좋은 말이다. 장식은 자질과 어울리며 자질을 표현하는 것이다.

따라서 신체적인 아름다움은 단지 어떤 종류의 장식이다. 크리스천 여성은 외모가 예쁘든지 아니든지에 상관없이 "아름다워야" 한다. 그녀의 의도가 보이기 위한 것이 아니라 내면의 아름다움을 반영하려면, 어느 정도 화장을 하고 보석과 적당한 옷으로 그녀 자신을 아름답게도 꾸밀 수 있다. 누추한 옷과 헝클어진 머리로 그녀의 내면의 아름다움을 숨기는 것이 경건은 아니다. 왜냐하면 남자들은 자신들의 배우자들의 외모에 찬사를 보내기 원하는 만큼 배우자가 찬사를 보낼만한 신실성이 있기를 원하기 때문이다.

상상의 노래 (1; 12-14)

1:12　a 왕이 상에 앉았을 때에,

　　　 b 나의 나도 기름이 향기를 토하는구나.

13　　 a 나의 사랑하는 자는 몰약 향낭이요

　　　 b 내 품 가운데.

14　　 a 나의 사랑하는 자는 내게 고벨화 송이구나

　　　 b 엔디게 포도원의.

　사랑에 빠진 소녀는 공부하든지 책을 읽든지 일하든지 혹은 단순히 백일몽을 꾸든지 상관없이 그녀의 연인에 대해서 생각할 때마다 황홀해한다. 그녀가 연인으로부터 찬사과 칭찬을 들을 때 더욱 그렇게 된다. 그녀의 마음은 흥분으로 가득 차고 그녀의 생각은 상상의 나래를 펴는데, 연인들이 서로서로 찬사를 표한다면 더욱 그렇게 된다. 두 사람은 그러한 감정들에 휩싸인다. 따라서, 연인들의 찬사와 칭찬을 묘사하는 부분인 1:9-17의 노래는 아래와 같이 번갈아 찬사와 상상이 교차하는 네 가지 노래들로 구성된다.

　"감탄의 노래" (1:9-11) (A)

"상상의 노래" (1:12-14) **(B)**

"감탄의 노래" (1:15-16a) **(A')**

"상상의 노래" (1:16b-17) **(B')**

전체적인 노래는 A B A' B' 의 병행 형태로써 대칭적으로 구성되어 있다. 감탄의 노래 (1:9-11) 에는 그녀와 그녀의 연인 (왕) 이 왕궁의 식당에서 로맨틱하고 사적인 연회를 즐기고 있는 소녀의 달콤한 상상력이 개입된다.

주석

낭만과 친밀감의 향기

왕는 탁자 옆 자신의 긴 의자에 앉아있다. 고대에는 그런 긴 의자가 연회 혹은 섹스를 위해서 사용되기도 했다.[104] 그러나 우리는 이 문맥을 에로티시즘으로 해석해서는 안된다. 이 문맥을 볼 때 성적 관계에 강조점이 있는 것이 아니라 소녀의 사랑에 대한 아름다운 감정에 있다. 소녀는 머리를 그의 어깨에 기대고 쉬면서 기뻐하고 있고 연인의 강한 팔로 정열적으로 감싸 안아주는 것을 기뻐하고 있다. 종종 그녀는 연인과 포옹도 한다. 그녀는 이 낭만적 장면을 묘사하기 위해서 일련의 은유를 사용하고 있다.

아 1:2-4에서 사랑의 매력이 포도주의 맛으로 묘사되고 있다면 여기서는 그 사랑의 매력을 "향기" 로 그리고 있는 것이다. 첫째로 소녀는 연인을 "나도기름 (spikenard)" 의 향기에 비유하고 있고 그를 나도기름으로 부르고 있다. 둘째로 그녀는 연인을 "몰약 향주머니" 와 "고벨화 송이" 로 묘사하

---

104 Fox, 아가서, 105

고 있다. 이 모든 것들은 이국적인 향기를 발산하는 물건들이다.

소녀가 이러한 물건들을 가까이 두고 있는 것은 그 물건들에 대한 애착을 표현하고 있다는 것에 주목할 필요가 있다. "나의 나도향기" 라는 말은 자신에 몸에 뿌린 향수를 의미하는 것이다. "몰약 향주머니" 는 그녀의 품에 있다.[105] "고벨화 송이" 는 엔게디 (RSV) 의 포도원에 있고 그 포도원은 불모의 광야에 있는 풍부한 오아시스이다. 종종 그 소녀는 자신을 포도원 (참조 1:8) 이라고 말하고 있다. 그러므로 소녀는 연인 옆에 누워서[106] 연인의 낭만적인 사랑의 향기를 즐기고 있다.

1:13 과 1:14는 의미론적으로뿐만 아니라 문법적이며 음성학적으로도 병행을 이루고 있다는 것은 주목할만하다. 더 나아가 이 3중 병행구조는 독자들에게 그들의 사랑의 아름다움으로 감동을 주고 있다. 병행 구절들은 아래와 같다. (역자주– 구조분석이 영어성경 어순에 따라 되어 있기 때문에 그것을 보여주기 위해 개역한글 어순대로 표기하지 않았음)

1:13	ɑ 몰약 향낭	나의 사랑하는 자는(내게) **(A)**
	(seror hammor)	(dodi li)
	b 내 품	가운데(resting) **(B)**
	(ben saday)	(yalin)
1:14	ɑ 고벨화 송이	나의 사랑하는 자는 내게 **(A')**
	(ʼeskol hakkoper)	(dodi li)
	b 포도원의	엔게디 **(B')**
	(bekarme)	(ʼ en gedi)

---

105 몰약향낭으로 자신을 숭배하고 있는 이집트 여인에 대한 예중를 보라. 킬, 아가서, 66
106 폭스, 아가서, 105

"나의 사랑하는 자가 내게" (dodi li) 라는 두 구절이 매우 두드러지게 병형 구절에서 나타나고 있다. 그들이 포옹할 때 이 두 개의 구절 (dodi li) 의 위치와 음성학적 반복은 독자들을 기쁨에 찬 친밀감으로 이끈다. 병행열에서 다른 구절의 배치도 그러한 인상을 강화시키고 있다. 1:13a 과 1:14a 는 연인을 "몰약 향낭" 과 "고벨화 송이" 로 각각 묘사하고 있고, 그 표현은 구문적으로 보자면 병렬 콜론의 시작부에 등장하고 있다. 그래서 연인의 향기는 제일 앞에 나오고 있는 것이다. 요약하면 전체 노래는 관계에서 낭만의 향기와 친밀감이 두드러지도록 구성되어 있다.

논쟁의 이슈

일부 주석가들은 1:13b 의 yalin을 "쉬고 있는 (resting) " 의 의미 (역자 주- 영어성경에서 쉬고 있는이라는 단어가 한글개역성경에서는 내 품 가운데로 번역됨) 보다는 "밤을 지새는" 이라는 의미로 받아들인다. 그래딜 (Gledhill) 의 의견처럼 "쉬고 있는" 은 다소 약한 표현이다. 그 동사는 대게 (결코 항상 그런 것은 아니지만) "밤을 지새는" 이라는 의미이다. 우리가 추론하기로는 그녀의 품 안에서 밤을 지새우는 대상이 그녀의 몰약 향낭일 뿐만 아니라 그녀의 연인도 틀림없이 포함한다.[107] 이 해석은 다른 단순한 은유로 더 많이 이해된다. 본문이 나타내듯이 연인이 품속에 실제로 있다는 것이 아니라, 소녀는 단순히 연인을 그녀의 품속의 몰약 향낭으로 비유하고 있다. 그래서 본 주석에서는 더 자연스럽기 때문에 yalin 을 번역할때 "밤을 지새우는 것" 이라는 번역 보다는 "쉬는 것" 이라는 번역을 선호한다.

---

107 Gledhill, 아가서, 116

또 다른 주목할 만한 이슈는 나도기름이다. 소수의 주석가들은 나도기름은 나도의 털투성이 줄기를 문지를때만 향을 낸다는 오리겐의 의견에 동의하여 인용한다. 그래서 에로티시즘을 일부 포함한다고 여기고 있다.[108] 게다가 잠 7:17에서는 현재 본문이 에로티시즘을 연상시키는 것으로 암시해왔다. 잠 7:17은 부정한 아내가 남편이 출타 중일 때 내연남을 매혹하기 위해서 자신의 침대에 몰약을 사용하고 있다는 것을 말한다. 비슷한 단어가 현재 노래에 사용되고 있기 때문에 본문이 동일한 성적인 함축이 있다고 취급한다.

더 나아가 이 노래의 "엔게디"('en gedi) 도 성적인 함축이 있는 것으로 본다. 엔게디는 깊은 골짜기의 풍부한 오아시스이다. 그러므로 주석가들은 여기서 엔게디는 불모의 황무지에서의 샘을 언급하고 있고 구약에 어디에서든지 샘은 여성의 성에 대한 은유라고 말한다.

본 주석은 이 관능적 해석이 부적절하다는 견해가 있다. 그 견해는 본문을 너무 지나치게 생각하거나 (too much into the text) 본문을 벗어나는 해석을 할 위험성이 있다. 그러한 해석으로는 완전히 순결하고 덕이 있고 아름다운 시를 공정하게 해석하지 못한다. 모든 은유에서는 연인들 사이에서 정원에서 친밀감을 누리고 있지만 섹스는 없다는 사실을 알려주고 있다. 이것은 지금까지 연인들이 여전히 미혼[109] 이며 아가서가 정경의 문맥 (즉, 성경 전체에서 보았을 때) 과 상충하여서는 안 된다는 이 주석의 견해와 일치하는 것이다. 도입에서 보았듯이 성경 전체에서는 혼외정사를 금지하고 있다 (참조 히 13:4).

---

108 폭스, 아가서, 106; Gledhill, 아가서, 115
109 아 4:12에서 신랑이 결혼첫날밤에 처녀성을 칭찬하고 있다는데 주목하라

고찰

현재까지 아가서의 소녀는 신체적 접촉 (키스와 포옹을 제외하고) 에 대한 언급을 하지 않고 있다는데 주목하라. 도취하게 하는 낭만의 향기와 그녀의 모든 친밀함의 상상에도 불구하고 성관계는 말할 것도 없고 현대인들이 애무 혹은 목을 껴안고 하는 애무에 대한 언급이 전혀 없다.

친밀감은 연애에서 정당한 것이다. 친밀감은 사랑하는 관계에서는 자연스러운 발전이다. 연인의 영적이고 감정적인 친밀감이 진전하면서 그들의 신체적 친밀감도 진전된다. 그러나 영적이고 감정적인 친밀감이 결혼 이전에 멈추듯이 동일하게 신체적인 친밀감도 결혼 전에 어느 단계에서 멈추어야 한다.

성경은 온전한 신체적 친밀감 (즉, 성관계) 은 결혼을 위해 보존되어야 한다고 분명하게 말하고 있다. 그러나 성관계 바로 전 단계들이 너무 성적으로 강렬하기 때문에 연인들이 돌아오지 못할 선까지 나갈 수 있다는 사실도 또한 명심해야 한다. 그런 지점에 이르면 연인들이 멈추기 원할지라도 멈추는 것이 불가능하다. 그러므로 아예 신체적 친밀감을 시작하기도 전에[110] 연인들은 어디까지 허용한다는 한계를 설정해 놓는 것이 현명하다.

고속도로 (혹은 어떤 사람들은 자유로라고 부르는) 에 대한 묘사가 이런 상황에 적합하다. 고속도로로 여행하는 것은 흥분되는 경험이다. 사실 더 빠를수록 더 흥분된다. 흥분하면 속도가 위험수의에 이른다. 그런 속도에서는 제 아무리 훌륭한 운전자라 할찌라도 위급한 상황에서는 차를 제대로 운전하지 못한다. 그러므로 비극을 피하려면 속도 제한을 설정해 놓는 것이 필요하다. 속도제한이 있으면 운전자가 속도제한을 벗어나지 않을 것이다. 비슷하게 친

---

110 Talley 와 Reed, 너무 친밀하게 너무 빨리, 35

밀감을 체험하는 것은 고속도로를 경제속도로 달리는 것과 같은것이다. 사랑이라는 무아경은 우리가 "속도"를 망각하게 한다. 연애하는 연인들이 자신들의 육체를 통제하지 못하는 상태에 이르지 않도록 신체적 친밀감에 한계를 설정해 놓아야 한다. 어떤 목사님은 "성욕을 키우면 괴물을 보게 될 것이다."[111] 라고 쓰고 있다.

건설적인 측면에서 보면 육체적인 친밀감보다는 다른 영역의 친밀감을 계발하는 것도 중요하다. 데이트할 때 연인은 교회사역, 아웃리치, 강의 같이 듣기, 삶을 나누기, 취미 개발하기 등과 같은 일상의 활동을 통해 더 친밀한 관계를 발전시킬 수 있다.

---

111 B.D.Earles, 데이트라는 미로(Grand Rapids: Baker,1984)103.

03
chapter

감탄과 상상의 노래 (1:15–17)

1:15　a 내 사랑아 너는 어여쁘고 어여쁘다

　　　b 네 눈이 비둘기 같구나

16　　a 내 사랑하는 자야 너는 어여쁘고 화창하다

　　　b 우리의 침상은 푸르고

17　　a 우리의 집은 백향목 들보

　　　b 잣나무 서까래로구나

구조적 분석

이 노래는 두 부분으로 이루어져 있다. 두 부분의 경계는 매우 분명하다. 15a 와 16a는 완전히 대칭이다. 그것들은 더 큰 노래 안에서 양괄대칭구조 (inclusio) 를 형성한다. 16b에서 17b는 노래의 두 번째 부분을 형성한다. 진심에서 우러난 찬사와 감탄에서 상상의 정원으로 내용상 분명한 전환이 있다. 소녀가 공상한 장면은 고상한 귀족 정식당에서 고요한 정원으로 이동하고 있다. 연인은 그의 품 안에 있는 소녀를 바라보며 "내 사랑아 너는 어여쁘고 어여쁘다!" (아 1:15a) 그의 진심어서 우러난 흠모는 아래 히브리말로 더 품위있게 표현된다.

오! (hinnak) 내 사랑아 (ra'yati) 어여쁘고 (yapah)

오! (hinnak) 어여쁘다! (yapah)

"오 어여쁘다!" (콜론의 시작과 끝에 위치한) 의 반복은 소녀의 아름다움뿐만 아니라 가운데 있는 단어 "내 사랑아" 로 우리의 관심을 인도한다. 소녀는 분명히 그의 진심에서 우러난 흠모의 중심 초점이다.

주석

연인의 감탄

연인은 소녀의 눈을 똑바로 바라보면서 " 네 눈이 비둘기 같구나" 라고 말하고 있다. "같은" 이라는 단어는 1:16a에 없기 때문에 연인은 그녀의 눈이 비둘기의 눈 같다는 의미가 아닐 수도 있다. Goulder는 비둘기가 쌍으로 사귀는 것와 비둘기의 눈처럼[112] 펄럭이는 펼쳐진 꼬리깃털사이에 유사성이 있다라고 설명하고 있다. 폭스의 해석이 더 상식적이다. " 눈과 비둘기의 공통요소는 그것들의 부드러움과 온유함과 아마 양쪽의 타원형이다." [113] 지중해 지역을 넘어 고대의 도해법에 기초를 두었을 때 킬 (Keel) 은 비둘기는 사랑의 상징[114] 이라고 말하고 있다. 소녀의 눈과 비둘기 사이의 관계를 결정하는 것은 정말로 어렵다. 그럼에도 불구하고 여기서 한가지 사실은 분명하다. 미의 기준은 사람에 따라 다르다는 점이다.

---

112 Goulder, *Song of Fourteen Songs*, 18

113 폭스, 아가서, 106

114 Keel, 아가서, 69-71

소녀의 감탄

그들이 서로 바라보고 있을 때 소녀는 매우 감동해서 "내 사랑하는 자야 너는 어여쁘고 화창하다!" (아 1:16a) 라고 소리치면서 찬사를 보낸다. 히브리어로 표현된 그녀의 진심에서 우러난 감탄은 연인의 찬사와 비교해서 동일하게 품위 있다.

오! (hinneka) 내 사랑하는 자야 (dodi) 너는 어여쁘고 (yapeh)
아! ('ap) 화창하다! (na'im)

두 개의 대칭 병행구 (즉, "오! 내 사랑하는 자야 "그리고" 아! 화창하다") 사이에 껴있는 단어는 dodi (나의 사랑하는 자여) 이다. 다른 사람이라고 생각할 수 없다. 왜냐하면 진심에서 우러난 애정의 중심 초점은 바로 이 사람 (dodi) 이기 때문이다. 상호 감탄이 끝날 때 소녀는 하늘을 바라보고 있다. 왜냐하면 그녀의 머리는 연인의 어깨에 기대어 쉬고 있기 때문이다. 그녀는 주변에 대한 공상을 하기 시작한다.

1:16 b 아! ('ap) 우리의 침상은 푸르고
1:17 a 우리의 집은[115] 백향목 들보
      b 잣나무 서까래구나

한편 1:16b이 1:16a와 병행을 이루는 것은 이 두 개의 콜론이 동일한 감

---

115 히브리어로 1:17a의 "우리의 집"은 복수형이다. 거피 (Murphy)는 복수형에는 특별한 문법적인 의미가 없다고 지적하고 있다. 그런 용법은 소위 "일반화의 복수"이며 아가서에는 상당히 공통적이다. 머피 (Murphy)의 아가서 132페이지를 보라.

탄사, '아' ('ap) 로 시작하기 때문이다. 반면에 1:16b의 내용은 1:17a와 1:17b의 내용과 관련되어 있다. 그것은 상호 감탄의 현실 세상에서 상상의 세계로 소녀의 마음이 반전 혹은 전환하는 것을 보여준다. 사랑에 빠진 소녀가 자신의 주변을 공상화하기 시작하는 것은 지극히 자연스러운 일이다. 소녀가 꿈꾸던 연인에게서 애정에 찬 찬사를 듣고 그의 부드러운 목소리 때문에 혼미해져 있을 때 더욱 더 그렇다.

그래딜 (Gledhill) 은 도시 (인조적으로 모두 도시화가 된) 와 손상되지 않은 천연의 피조세계사이에는 의도적인 대조가 있다고 유추한다. 그는 연인이 자연스러운 행동만을 하고 있다는 것을 보여주기 위해서 그것을 문학적인 도구로 사용한다. 그래딜 (Gledhill) 은 그것이 방종하는 성적 자유를 독려하는 것이라고는 생각하지는 않는다고 하더라도 자연스럽게 성적인 관계를 의미한다고 생각한다.[116] 본 작가는 그래딜 (Gledhill) 에 동의하지 않는다. 어떤 사람이 선입견 없이 아가서를 읽는다면 그 혹은 그녀는 여기에서 어떤 성적인 함축도 찾지 못할 것이다.

고찰

말한 바와 같이 상호 감탄은 사랑의 관계에서 필수적일 뿐만 아니라 자연스럽기도 하다. 진실로 서로 사랑하기 위해서 각자는 서로의 귀중한 가치를 볼 수 있어야 한다.

그들이 보는 것은 감탄을 통해서 표현된다. 아가서에서 연인은 여러 가지면에서 서로에게 감탄하고 있다. 즉, 이름, 성품, 눈과 같은 육체적 매력 등등. 우리가 보았듯이 그들이 어떤 가치에 대해서 감탄하던 간에 초점은

---

116 Gledhill, 아가서, 121

외적인 매력이기보다는 오히려 내면적 자아에 있다. 여기서 가치 자체보다는 가치가 있는 사람에게 이 아가서가 초점을 두고 있다는 사실을 발견한다. 이 아가서의 구조는 그들의 감탄의 초점이 서로에게 있게 하는데 있다. 연인의 초점은 그의 "사랑하는 자"(ra' ya)이며 소녀의 초점은 그녀의 "연인"(dodi)에 있다. 그 사람과 가치를 분리시키는 것은 감탄을 헛되고 피상적이게 만든다.

어떤 가치들은 시간에 따라 변한다. 특히 외모는 10년 혹은 그 이내에 잘생기고 근육질의 남자가 배불뚝이로 변할 수도 있고 머리가 벗겨져서 빛날 수도 있다. 그리고 그의 관심이 직업에 있기 때문에 더는 주의를 기울이거나 민감하지 않을 수도 있다. 비슷하게 10년 혹은 그 이내에 화려한 소녀는 얼굴에 주름이 생기고 몸매가 망가질 수도 있다. 그녀의 부드러움은 엄마로서 매일의 고된 일 때문에 없어질수도 있다. 아마 젊은 연인들은 서로를 보면서 감탄할 때마다 그들은 이 질문을 해야 한다. "10년이 지나도 그때 이 사람이 내게 여전히 사랑스러울까요?" 진정한 감탄의 지속성은 그들이 인격과 그들이 인격을 어떻게 항상 매력적으로 유지할 수 있는지에 초점을 두고 있는지 아닌지에 따라 다르다.

이 아가서가 함축하고 있듯이 감탄은 연인에게 놀랄만한 효과가 있다. 소녀는 연인의 감탄으로 고무되기 때문에 그녀의 마음은 현실세계에서 상상의 세계로 달려가고 있다.

감탄은 그녀를 두 사람이 함께 삶을 나눌 수 있는 따뜻하고 편안한 장소인 상상의 미래 집으로 인도했다. 감탄은 관계에 색깔을 더해주고 있다. 그것은 그렇지 않았다면 단순했을 관계를 화려하게 만든다.

04
chapter

감탄의 노래 (2:1-3)

2:1   a 나는 사론의 수선화요

      b 골짜기의 백합화로다

2   a 여자들 중에 내 사랑은

      b 가시나무 가운데 백합화 같도다

3   a 남자들 중에 나의 사랑하는 자는

      b 수풀 가운데 사과나무 같구나

      d 내가 그 그늘에 앉아서 심히 기뻐하였고

      e 그 열매는 내 입에 달았도다

구조적 분석

폭스는 1:9-17과 2:1-7는 동일한 장면이라고 지적하고 있다. 두 개의 단락은 다음과 동일한 모티브를 가지고 있다. (참조: 폭스, 107페이지)

찬사의 교환	1:9-11, 15-16a	2:1-3
함께 의지하기	1:12-14, 16b-17	2:4-7
의자/"집"에서	1:17	2:4a
서로 포응	1:13-14	2:6

그러나 두 개의 단락이 동일한 모티브가 있고 양쪽은 상호 찬사와 감탄의 노래로 이루어져 있지만, 소녀 편에서 볼 때는 생각과 애정의 세계로 부터 미묘한 전환이 있다는 점에 주목하라. 두 번째 부분은 순수하게 찬양과 감탄의 노래가 아니다. 오히려 그것은 소녀의 내적 세계를 드러내고 있다. 두 번째 부분의 시작과 끝은 자신의 자아상 (2:1) 에 대한 소녀의 내적 갈등과 관계에 대한 그녀의 도덕적 관심 (2:7) 을 드러내고 있다. 도덕적 관심이란 그들의 친밀감을 억제하지 말고 성관계로 "자연스럽게" 발전하게 놔둬야 할 것인가? 말아야 하는가? 이다. 이들 질문에 대한 대답은 다시 한번 이들 두 명의 연인들이 높은 도덕적 가치가 있다는 것을 보여주고 있다.

주석

소녀의 자기 인정: 그저 평범한 사람 중의 한 명

소녀가 그녀의 연인의 감탄에 몰입하고 그들의 친밀감을 공상하고 있었는데 갑자기 그녀는 그녀의 참 자아가 그녀의 연인의 찬사와 맞지 않다는 자각으로 깨어났다. 그녀는 "나는 샤론의 수선화 (rose) 요 골짜기의 백합화로다" 라고 말하고 있다. 폭스는 여기서 "수선화" 는 크로커스꽃 이라고 생각한다. 그래서 그는 "나는 샤론의 크로커스요" [117] 라고 콜론을 번역하고 있다. 그럼에도 불구하고 여기에서 그것이 어떤 종류의 꽃을 의미하는지는 실제로 불확실하다. 여하튼 골짜기의 백합화에 대한 언급은 그것이 백합화만큼 평범하다는 것을 가리키는 것 같다. 샤론은 갈멜의 지역의 남부에 있는 저지대의 해안 평야이기 때문에 소녀는 소박하고 평범한 꽃에 그녀 자신을 비유할 수도 있다.

---

117 폭스, 아가서, 107

자기 칭찬에 몰입하는 것은 그녀의 특징이 아니다. 그녀의 연인이 말하는 것만큼 (사실 이전 노래에서 그녀는 그녀의 어두운 열등감에 대한 그녀의 민감성을 인정했다.) 자신이 실제로는 아름답지 않다는 것을 그녀는 인지하고 있다. 그녀는 사론 평야에 있는 평범한 꽃에 자신을 비교하고 있다. 그녀는 또한 골짜기에 있는 다른 수천의 백합화 가운데서 평범한 백합화에 자신을 비교하고 있다. 그녀는 수많은 소녀들 중의 하나일 뿐이다.

연인의 소녀 칭찬: 다른 것들 중에 뛰어난 백합화

소녀는 자신을 많은 백합화 중에 하나로 비교하는 동안 그녀의 연인은 그녀를 가시가 있는 백합화로 비교하고 있다. 다른 사람의 눈에는 그녀는 많은 다른 사람들 중에서 평범한 소녀일 뿐이다. 그러나 연인의 눈에는 그녀는 그들 중에 특출한 존재이다. 여기서 백합화와 장미 (혹은 크로커스) 는 아름다움 때문이 아니라 평범함 때문에 언급되어 있다. 그래서 이들 꽃의 아름다움 혹은 탁월성에 대한 토의는 본문을 벗어난 것이다. 여기서 초점은 백합화 혹은 장미가 다른 백합화나 장미에 비교할 때는 다소 평범하지만 그것들을 가시에 비교할 때는 평범하지 않다.

참된 사랑의 마술

연인의 견해가 다른 사람들과 왜 다를까? 이유는 단순하다. 다른 사람들은 육안으로만 소녀를 보지만 연인은 사랑의 렌즈 ('ahabah) 를 통해서 보기 때문이다. 이 렌즈로 볼 때 소녀는 가시 (다른 말로 그 소녀와 비교하면 다른 소녀들은 가시에 지나지 않는다!) 중의 백합화와 같다.

그녀는 평범한 사람들 중에 뛰어나다. 참된 사랑은 사람이 얻을 수 있는 최상의 확신이다. 아름다움은 시간에 따라 퇴색하지만 참된 사랑 ('ahabah)

은 아 8:7에서 "많은 물도 이 사랑을 끄지 못하겠고 홍수라도 삼키지 못하나니 사람이 그의 온 가산을 다 주고 사랑과 바꾸려 할지라도 오히려 멸시를 받으리라"라고 나와 있듯이 영원히 계속된다. 참된 사랑은 지속적인 헌신으로 나타난다. 참된 사랑은 소녀를 영원히 가시 가운데 있는 백합화로 만든다. 데이비슨 (R.Davidson) 은 "이것이 얼마나 사실과 일치하는냐는 말은 말장난에 지나지 않는다! 다른 사람들이 우리를 보고 우리가 우리 자신에게 어떤 가치를 두던간에 우리는 우리를 사랑하는 사람의 눈에는 매우 다르게 보여진다"라고 정확하게 말하고 있다 .[118]

소녀의 연인에 대한 찬사: 나무들 중에 있는 살구나무

소녀는 그의 찬사에 능숙하게 화답한다. 그녀는 자신을 칭찬하는 그를 본받는다. 두 개의 콜론은 의미론적으로, 문법적으로 그리고 음성학적으로 병행을 이룬다.

2:2	a 백합화처럼(kesosannah)	가시들(hahohim) 중에(ben)	
	b 내 사랑하는 자여(ken ra 'yati)	하녀들(habbanot) 중에(ben)	
3	a 사과나무처럼(ketappuah)	숲의 나무들(hayya 'ar) 중에(ben)	
	b 나의 사랑하는 자야(dodi)	젊은 사람들(habbanim)중에(ben)	

그들은 서로를 참된 사랑 (' ahabah) 의 렌즈로 바라본다. 그리고 그들은 서로를 매우 특별하게 바라본다. 그가 참된 사랑 ('ahabah(2:4b) 의 렌즈로 그녀를 보자, 소녀는 연인의 품 안에서 완전히 제 정신이 아니었다고 해도 놀

---

118 Davidson, 전도서와 솔로몬의 아가서, 113

랄만한 일이 아니다. Tappuah (사과 나무) 의 의미는 해결하기 어려운 것이다. 폭스는 그 의미는 아마 살구나무일 것이라고 제시하고 있다.[119] 그러나, 그래딜 (Gledhill) 은 사과나무보다는 살구나무를 선호한다.

그는 흔하고 상쾌한 맛을 가진 '사과' 가 상대적으로 덜 친숙한 '살구' 보다 훨씬 더 적절하다.

그래서 소녀는 자신의 연인에 비해 다른 남자들이 멋이 없고 덜 산뜻해 보인다. 야생삼림지에서 야생사과나무를 발견하는 것은 행운이다[120] 라고 쓰고 있다.

그래딜 (Gledhill) 의 논지의 기초는 연인의 상쾌한 키스 (2:3e) 의 육감적 매력에 있다. 그러나 상쾌한 키스가 연인의 매력의 원인이라기보다는 오히려 참된 사랑의 열매라고 어떤사람은 주장할 수도 있다. 소녀는 육감적 쾌락 (dodim, 즉 1:2의 육욕적 사랑) 이 아닌 참된 사랑 ('ahabah) 때문에 그에게 끌리는 것이다. 1:2을 통해 우리는 소녀가 연인의 키스에 끌렸다 하더라도 매력의 원인은 연인의 이름에 있다는 것을 알고 있다. 요약하면 숲의 여러 나무 중에 살구나무처럼 다른 사람들 가운데서 그를 뛰어나게 만드는 것은 그의 사랑과 그의 이름이다.

살구나무 은유는 연인의 탁월함뿐만 아니라 그의 보호와 감미로움도 나타내고 있다. 소녀는 그의 그늘 (2:3c) 아래에서 햇볕에 그을리지 않도록 해주는 보호와 앉아있는 것을 즐기고 있다. 그녀는 그의 감미로운 열매 맛보기를 즐기고 있기도 하다. 그의 감미로운 열매를 맛보는 것은 그의 입의 키스를 즐기는 것이다.[121]

---

119 폭스, 아가서, 107

120 Gledhill, 아가서, 123

121 폭스는 이들 즐거움을 가시나무가 아닌 살구나무가 준다고 지적한다. 폭스의 아가서 108페이지를 참조하라. 그러나 시에서 가시나무(혹은 가시)와 살구나무를 대조하고 있다고 생각되지 않는다. 오히려 그는 장미(혹은 크로커스)를 가시에 대조시키고 있다. 그리고 살구나무를 다른 나무와 대조하고 있다.

1975년대 어느 한 팝송은 슬픈 현실적 의미를 전달했다. "열일곱에 진실을 배웠죠 사랑은 예쁜 아이들에게만 해당된다는 것을… 일그러진 얼굴을 가지고 있고 사교 기술도 부족한 우리들은 절망적으로 집에만 있었다…" [122] 감탄의 노래는 완전히 다른 소식을 전하고 있다. 그 노래는 특히 평범한 여자라고 느끼는 소녀들을 위한 것이다. 그 노래는 우리가 평범함을 뛰어넘을 수 있다고 말하고 있다. 아름다움은 좁은 의미로만 정의해서는 안된다. 즉 예쁜 얼굴, 성적 매력있는 모습, 희고 부드러운 피부 등등. 참된 사랑은 그러한 정의를 무시한다. 인생에서 기이한 일은 사랑은 기적을 일으킬 수 있다는 데 있다. 사랑이야말로 평범함을 뛰어넘는 탁월성을 만드는 것이다.

아가서의 소녀는 자기 평가에 정직하다. 그녀는 저지대의 여러 평범한 백합화 중에 하나에 불과하다. 그러나 사랑이 그 개념에 도전하고 있다. 사랑은 남자친구의 관점을 돌려놓고 있다. 그의 눈에는 그녀가 골짜기의 하나의 백합화이지만 탁월한 존재라는 것이 사실이다. 그의 표현으로 그녀는 "가시들 중에 백합화" (2:2) 이다. 그에게 모든 다른 소녀는 가시이며 오직 그의 여자친구만이 참된 백합화이다. 사랑의 동일한 효과는 소녀의 관점을 형성하기도 했다. 그녀의 연인은 평범한 젊은 남성 중의 하나일 뿐이다. 그러나 그녀의 눈에는 그는 최고이다. 그녀는 "남자들 중에 나의 사랑하는 자는 수풀 가운데 사과나무 같구나" (2:3) 라고 말했다. 그녀에게 모든 다른 남자는 야생숲의 하나의 나무일 뿐이다. 오직 그녀의 남자만이 상쾌하고 멋있는 사과나무이다.

---

122 Earles의 *Dating maze*, 80페이지에서 인용

얼마나 낭만적인 노래인가! 얼마나 아름다운 모습인가! 불행하게도 현실 속에서 그런 감탄은 대부분의 경우 연애기간 동안만 있고 대게는 그 이상 지속되지 않는다. 결혼 후에는 오히려 그 반대가 진실이다. 남편의 눈에 모든 다른 여인이 참된 백합화이고 오직 그의 아내는 가시나무일 뿐이다. 비슷하게 아내에게도 모든 다른 남성이 멋있고 열매를 맺는 사과나무이며, 그녀의 남편은 숲속의 멋없는 나무일 뿐이다.

이 감탄의 노래는 기혼 부부에게 비전을 제시한다. 이 노래는 특히 자신의 배우자에게서 칭찬할만한 것을 아무것도 찾지 못하는 사람들에게 유익하다. 평범한 결혼생활에서 부부는 서로를 칭찬하는 능력을 잃어버리는 경향이 있다. 상호매력의 초점이 되었던 힘과 아름다움은 매력을 잃어버릴수도 있다. 그때 부부는 서로에게 감사할 줄 모르게 된다.

이런 일이 일어날 때 이것은 과거의 힘과 아름다움이 시들해졌다는 것을 의미하지 않는다는 것을 기억하라. 오히려 그들이 너무 익숙해졌기 때문이다. 그래서 그들은 매력을 잃어버린 것이다. 이것은 놀라거나 절망할 이유가 되어서는 안된다. 대신에 우리는 서로를 더욱 알아갈 수 있도록 그 사실에 자극을 받아야 한다. 우리는 상대 배우자에 대해 새로운 사실을 발견해서 그녀를 칭찬할 새로운 이유를 찾아야 한다.

우리가 처음에 배우자를 칭찬하고 사랑에 빠질 수 있었던 것은 배우자에게서 새로운 것을 발견했기 때문이었다는 것을 기억하라. 아마 이런 이유로 성경은 남편과 아내간의 성관계를 서로를 "알아가기" 로 묘사하고 있을 것이다. 우리가 서로를 계속 알아가는 동안 (즉 성적인 연합을 가지는 것) 에 서로에게서 칭찬할 것을 발견하지 못하는 것이 이상한 일이다.

실현의 노래 (2:4-7)

2:4　a 그가 나를 인도하여 잔칫집에 들어갔으니

　　　b 그 사랑은 내 위에 깃발이로구나

5　　a 너희는 건포도로 내 힘을 돕고

　　　b 사과로 나를 시원하게 하라

　　　c 내가 사랑하므로 병이 생겼음이라

6　　a 그가 왼팔로 내 머리를 고이고

　　　b 오른팔로 나를 안는구나

7　　a 예루살렘 딸들아 내가 노루와 들사슴을 두고

　　　b 너희에게 부탁한다

　　　c 내 사랑이 원하기 전에는 흔들지 말고 깨우지 말지니라

　소녀가 1:16b-17에서 꿈꾼 친밀함은 이제 실현되고 있다. 연인은 그녀를 잔칫집에 초대했다. 거기서 그는 그녀를 강한 팔로 감쌌고 그녀를 사랑의 눈 ('ahabah) 으로 정열적으로 바라보았다 (반드시 욕정적이라는 의미가 아니다). 은밀한 정원에서 점진적인 친밀감은 전보다 더 친밀감에 대한 갈망으로 최고조에 달하고 있다.

주석

"치명적인" 눈길

연회장이나 술집 (beth hayyayin) 은 아마도 결혼식을 위한 것이다. 여기서 언급된 것은 결혼식 혹은 선술집이나 혹은 공개연회가 아니다. 폭스는 그 표현은 소녀가 1:16b-17 "우리의 집은 백향목 들보" 에서 꿈꾸었던 집과 관련이 있다고 생각한다. 그래서 그의 의견으로는 "연회장" 은 단순하게 술에 취하게 되는 어떤 건물이나 구조물이다. 나무 아래 혹은 숲속이나 과수원 안에 있는 집일 수도 있다.[123]

잔칫집에서 연인은 소녀를 낭만적으로 쳐다본다 (degel). 많은 번역가들(NIV 를 포함)은 degel 을 "깃발 (banner)"혹은 " 기 (standard)" 로 번역한다. 고대 문맥에서 깃발은 군사적 점령을 의미했다. 그런 군사적 은유는 여기서는 적용되지 않는다. 일부 학자들은 그러므로 그 말과 같은 어원을 가진 아카드어인 da-galu 즉 "감탄하면서 보기"[124] 라고 생각했다. 아가서의 전체 용례를 기초해서 볼 때 (2:4; 6:4,10) 우리는 "보기"가 여기에서 가장 적당한 의미라고 생각한다.

더욱 강렬한 친밀감

소녀는 연인의 응시에 어쩔줄 몰라한다. 그녀는 "상사병" 에 걸린다. 그래서 그녀는 2:5c에서 "내가 사랑하므로 병이 생겼음이라" 고 외친다. 그리고 나서 그녀는 원기를 회복하려고 건포도와 상쾌하게 해주는 살구 혹은 사과를 부탁하고 있다. 일부 주석가들은 이들 과일을 최음제로 취급한다. 연인이 정사이후에 힘이 소진되었을 때 더 많은 섹스를 할 수 있도록 그들이 성적인 욕구를 충전해주는 최음제가 필요했다고 여겼다. 이런 견해는 이 아

---

123 폭스, 아가서, 108
124 Carr, 아가서, 103

가서가 전체 성경의 맥락에 무관할 때만 유효한 해석이다. 그러나, 성경 전체의 맥락속에서 그것은 문제가 있는 해석이다. 과도한 정사는 조절과 자기절제와 탐욕 몰입억제에 대한 성경적 가르침에 직면한다. 우리는 성적인 쾌락을 즐길 자유가 있지만 그것은 핵심적인 즐거움은 아니다.

그러면 사과와 건포도는 무엇을 위한 것인가? 그것들은 아마 연인과의 친밀감을 묘사하기 위해 저자가 사용한 많은 문학적 장치 중의 하나일 것이다. 소녀가 상사병에 걸렸을 때 그녀는 더 많이 사랑을 동경한다. 현재 문맥의 관점에서 보면 어느 쪽인가 하면 열매는 아마도 2:3e "그 열매(살구 혹은 사과)는 내 입에 달았도다" 처럼 연인의 키스를 의미한다.

이제 연인의 왼쪽 팔은 소녀의 머리밑에 있고 그의 오른쪽 팔은 그녀를 껴안고 있다. 이것은 어떤 사람들이 생각하듯이 반드시 성관계를 위한 자세를 의미한다고 볼 수는 없다. 그것은 사랑에 빠진 두 연인들 사이의 정상적인 꼭 껴안기에 지나지 않는다고 할 수도 있다. 그럼에도 불구하고 이런 종류의 친밀감은 곧 통제를 벗어날 수도 있다. 소녀가 이제 사랑 때문에 병이 났기 때문에 그녀는 키스와 더 많은 애무와 같은 신체적 친밀감을 가지고 싶어 애가 탈 것이다. 이것은 그들이 자기절제를 잃어버릴 한계점으로 몰고 갈 수도 있다.

간청에 의해 구원받다

이 결정적 순간에 소녀는 말한다. 그녀는 "예루살렘의 딸들아 내가 노루와 들사슴을 두고 너희에게 부탁한다. 내 사랑이 원하기 전에는 흔들지 말고 깨우지 말지니라." 라고 말한다.

소녀는 노루와 들사슴을 두고 부탁하고 있다. 노루와 들사슴이 강렬함(potency) 혹은 쾌속의 표상으로 언급될 수 있는 것은 사랑이라는 문맥 속에서만 가능하다. 그러나 현재는 맹세라는 문맥 속에서 나오기 때문에 여기에서도 강렬함과 쾌속의 의미인지는 불확실하다.

머피 (Murphy) 는 맹세에서 하나님의 이름을 사용하는 것을 의도적으로 꺼리고 있는 고디스 (Gordis) 의 의견에 동의한다.[125] 그래서 아가서의 저자들은 하나님의 이름을 사랑을 상징하는 동물의 이름들로 대체시키고 있다. 그러나, "노루" 에 대한 히브리어는 만군의 야훼 (만군의 주) 라는 의미도 있으며 "들사슴" 에 대한 히브리어는 엘―샤다이 (전능하신 하나님) 처럼 들린다. 분명한 것은 종교적 간청이라는 것이다.

"자극하다(arouse)" 혹은 "깨우다(awaken)" 의 의미

소녀는 예루살렘의 딸들에게 내 사랑이 원하기 전까지는 흔들거나 깨우지 말라고 간청하고 있다. 히브리어로 동사 "자극하다" (arouse) 와 "깨우다" (awaken)은 "자극하기 (to excite)" 혹은 "충전하기 (energize)" (북쪽 바람에게 "일어나라" 라고 말하는 아4: 16과 비교해보라)[126] 를 의미하는 동일 어근 ('wr) 의 두개의 다른 형태이다. 여기서 히브리어 단어는 "방해하기" 혹은 "끼어들기" 라는 의미를 전달하고 있지 않다. 그 단어는 잠에서 누군가를 깨운다는 의미로 종종 사용되었다. (욥 14:12)

그 단어의 의미는 현재 문맥에서는 무엇인가? 그 단어의 의미가 흥분과 충전과 관련되어 있다면 두 개의 가능한 해석이 있을 수 있다. 연인들이 정사중이라면 내 사랑이 원하기 전까지 그 단어는 "사랑" (즉, 성적 자극) 을 자극하거나 깨우지 말라는 의미이다. 그래서 이 해석은 말이 안 된다. 그들이 정말로 정사 중이라면 그런 제한을 둘 필요가 무엇이 있는가? 그 단어가 진행 중인 정사를 의미한다는 것은 말이 안 되는 해석이다. 가능한 또 다른 해석은 "내 사랑이 원하기 전까지는 더는 내 사랑을 깨우지 마라" 이다.

이 해석은 연인들이 신체적 친밀감을 제한해서 적절한 때가 오기 전까지

---

125 Murphy, 아가서, 133
126 Ibid

는 섹스를 보류했다는 것을 앞에서 보았기 때문에 훨씬 개연성이 있어 보인다. 앞에서 보았듯이 "사랑" 을 더 자극할 수 있는 때는 아5:1 에 나오는 결혼식 첫날밤이다. 결혼식날 밤에는 연인들이 정사를 즐길 수 있기 때문에 소녀는 예루살렘의 딸들에게 사랑을 깨우지 말라고 요청하지 않는다. 대신 예루살렘의 딸들은 연인들이 잔을 채우고 사랑에 취하도록 계획을 세운다.이것에 대해 그래딜 (Gledhill) 이 말하기를.

아마도 우리는 이 강렬한 구절에서 약간 뒤로 물러나서 냉정하게 객관적으로 거리를 두고 조사할 필요가 있다… 첫번째 언급할 것은 우리의 상상력이 종종 우리의 육체적 반응보다 앞서서 그 결과로 우리의 현실적 관계가 그 특별한 순간에 참을 수 있는 것보다 앞설 수도 있다는 것이다. 육체적인 것이 두 연인의 인격적이고 감정적이며 심리적인 온전한 결합을 앞서갈 때는 위험신호가 빛을 발해야 한다. 음란한 생각, 음행에 대한 생각이 있으면, 관념적이고 정상적으로 건강하게 발전하고 있는 관계를 떠나서 쉽게 즐긴다. 아가서의 소녀는 그것을 여기서 인지하고 있는것처럼 보인다. 그녀는 그들의 사랑이 결혼에 이르기를 원하지만, 그 시기가 이르지 않았기 때문에 그녀는 굉장한 갈등을 하고 있는 것이다. 예루살렘의 딸들에게 말할 때 그녀는 자신에게 말하고 있는 것이다. 기본적으로 그녀는 냉철해져서 적절한 시기를 기다릴 수 있기 위해서 자신에게 말하고 있는 것이다. 그리스도인에게 적절한 시기는 항상 혼외가 아닌 결혼 내에서이다.[127]

간청과 연인들의 자기 절제

간청이 아가서에서 3회 나온다는 것을 주목해보면 재미있다. 그것 전부다가 방이라는 환경에서 나온다. 첫 번째 간청 (2:7) 은 정원에 (2:4) 있는 잔칫집 (혹은 술집) 의 방에서 나온다. 두 번째 간청 (3:5) 은 그녀의 어머니의 집의

---

127 Gledhill, 아가서, 129

방(3:4) 에서 이다. 세번째 간청 (8:4) 은 그녀의 어머니의 집 (8:2) 에서 나타난다. 유일한 예외는 5:1에서 신부방에서이다. 신부방에서 간청이 없다는 것은 굉장히 중요하다. 그것은 간청이 그들의 혼전 친밀감에 대한 억제장치로 쓰이고 있다는 것을 보여주고 있다. 그 억제장치는 결혼식 첫날밤에야 비로소 꺼진다. 그래서 연인들은 자신들이 매우 높은 도덕과 자존감이 있는 사람인 것을 입증하고 있다. 결혼식 첫날밤에 연인은 그의 신랑을 칭찬하면서 "내 누이, 내 신부는 잠근 동산이요 덮은 우물이요 봉한 샘이로구나"(4:12) 라고 칭찬해도 이상한 일이 아니다.

고찰

전체 아가서라는 구조에서 보았을 때 실현의 노래는 연인의 관계에서 발전된 단계를 나타낸다. 이 단계에서 그들의 육체적 친밀감은 돌아오지 못할 지점까지 갈 수 있는 단계이다. 아가서에서 보았듯이 소녀의 적절한 간청이 없었다면 연인들은 혼전 섹스를 결정했을 것이다. 연인들은 자신들을 억제하는 시스템이 있는 것 같다. 그 시스템의 일부는 간청이다. 이 노래에서 간청은 결정적인 순간에 나와서 간신히 폭발적 정열에서 연인들을 구해내어서 갈데까지 가지 않도록 구원해 주고 있다.

이 연인들의 경험은 연애관계가 발전된 사람들에게까지 표준일 수는 없지만 우리는 유혹의 힘을 무시해서는 안된다. 연애하는 연인들에게는 상호협의한 행동수칙이 있어야 한다. 그 수칙은 자기절제의 시스템으로 작용한다. 이 수칙은 결정적인 순간에 그들을 구할 수 있다. 결혼식 첫날밤까지 그것은 지켜져야 한다. 그때까지 그 수칙은 기계적으로 지켜져야 하는 것이다.

5
PART

Ⅲ절: 2:8−17

방문과 초청의 노래 (2:8–13)

2:8 a 내 사랑하는 자의 목소리로구나

    b 보라 그가

    c 산에서 달리고

    d 작은 산을 넘어 빨리 오는구나

9 a 내 사랑하는 자는 노루와도 같고 어린 사슴과도 같아서

    b 우리 벽뒤에 서서

    c 창으로 들여다 보며

    d 창살틈으로 엿보는 구나

10 a 나의 사랑하는 자가 내게 말하여 이르기를

    b 나의 사랑 나의 어여쁜 자여

    c 일어나서 함께 가자

11 a 겨울도 지나고

    b 비도 그쳤고

12 a 지면에는 꽃이 피고

    b 새가 노래할 때가 이르렀는데

    c 비둘기 소리가

d 우리 땅에 들리는 구나

13 a 무화과 나무에는 푸른 열매가 익었고

b 무화과 나무는 꽃을 피워 향기를 토하는구나

c 나의 사랑 나의 어여쁜 자야

d 일어나서 함께 가자

주석

연인의 봄 방문으로 인한 흥분

이것은 아름답게 만들어진 서정시풍의 시이다. 그것은 봄에 연인의 방문과 초청뿐만 아니라 소녀의 흥분을 묘사하고 있다. 문자적으로 2:8a 는 "내 사랑의 목소리" 로 이해해야 한다. 그러나 NIV는 더 좋은 해석을 보여주고 있다. "내 사랑하는 자의 목소리구나 " 이중선언은 그녀를 사로잡는 강렬한 흥분을 드러내고 있다. 병행콜론 2:8b "보라! 그가 오는구나" 에서 연인이 오기를 바라고 고대하고 있는 소녀의 갈망이 커져가고 있다. 소녀를 보기를 바라는 소년의 흥분도 "산에서 달리고 작은 산을 빨리 넘어오는" 노루나 어린 사슴의 비유로 묘사되고 있다. S.C.Glickman은 "만약 그가 오늘날에 살았다면 여자친구를 보기 위해서 계단을 뛰어내려와 앞문을 열고 쾅 닫으며 빠르게 나가서 서둘러 차에 탔을 것이라고 생각한다." [128] 라고 쓰고 있다.

서로를 보기원하는 갈망

그녀를 보기 원하는 갈망과 흥분은 그의 초청하는 말에서 분명하게 나타

---

128 Glickman, *A song for Lovers*, 46

난다. "나의 사랑, 나의 어여쁜 자야 일어나 함께 가자"라는 선언은 양괄대 칭구조 (inclusio) (2:10b,c 와 2:13c,d) 형태의 초청으로 시작해서 끝이 난다. 이 거스릴 수 없는 갈망과 기대는 연인이 "내가 네 얼굴을 보게 하라 네 소리를 듣게 하라 네 소리는 부드럽고 네 얼굴은 아름답구나"(2:14) 라고 요청할 때 더 강력해 진다. 사랑에 깊이 빠진 두 사람에게 서로를 듣고 보려는 간절한 열망은 자연스럽게 그들의 노래의 주제가 되고 있다. 듣기와 보기라는 주제 는 그들의 상호 기대와 갈망을 강력하게 나타낸다. 킬 (Keel) 은 "그 서로를 향한 생각과 감정이 끊임없이 맴도는 연인들은 수평선에 나타나는 모든 소 리 혹은 모든 사람을 연인이 오는 것으로 듣거나 보는 경향이 있다"[129] 라 고 정확하게 말하고 있다.

8c,d 와 9c,d 의 콜론 사이의 대구법은 서로를 보고 싶어하는 연인들의 간절함을 더 잘 묘사하고 있다. 먼저 8c,d 를 살펴보자. 두 개는 의미론적, 문법적, 음성학적으로 다음과 같이 대구를 이루고 있다.

2:8   c 산(hehirim)에서('al) 달리고(medalleg)

8   d 작은산(haggeba'ot)을 빨리(meqappes) 넘어('al) 오는 구나

두운법이 병행 콜론인 3개의 단어 가운데 있다. 음성학적으로 첫 번째 두 단어는 첫 음절에 동일한 자음과 모음이 있다.-me 와 'al 과 세번째 단 어는 동일한 자음인 h (밑줄 친 음절) 로 시작된다. 문법적으로 콜론에서 단어 의 순서는 분사—전치사—명사 순이다. 의미론적으로는 병행 콜론의 단어 들의 의미는 연인이 사랑하는 사람을 보려고 하는 간절함과 결심이라는 주 제를 강화시켜주고 있다. 산과 언덕은 종종 거리와 방해라는 의미를 함축

---

129 Keel, 아가서, 95

한다. 그러나 여기서 연인은 방해물에 상관없이 그의 연인을 보기로 결정한다. 그는 지체없이 달리고 넘어오는 사슴과 젊은 노루처럼 신속하게 그녀에게 올 것이다.

강렬한 감정의 순간

콜론8b에서 소녀는 "사랑하는 자가 오는도다"라고 소리친다. 9b에서는 소녀는 "우리 벽 뒤에서 서서"라고 다시 외친다. 연인이 다가오고 있는 것이다. 사실 그는 이미 왔고 이제 벽 뒤에 서 있는 것이다. 그 사실 때문에 너무 감정적으로 압도되고 있다. 두 콜론에서 "보라 (look)"의 반복적 사용과 의미론적으로 병행 단어'오다'와 '서다'의 사용은 감정적 강도를 증가시킨다.

이 감정적으로 강렬한 순간에 침묵이 그 장면을 지배한다. 뛰어서 산을 넘어오는 민첩한 행동과는 대조적으로 서 있는 것은 창문을 통해 여전히 평안하게 들여다보는 것이다. 소녀는 연인이 그녀가 집안에 있는지를 열심히 조사하고 있다는 것을 알고 있다. 그러나 그녀도 동일하게 그를 보기 위해 간절히 원하지만 그녀는 침묵하고 있다.

두 번째 비유는 더 나아가 숨을 죽이는 단계까지 감정적인 강도를 증가시킨다. 병행 두 개 열은 분명하게 이 점을 묘사한다. 그것들은 의미론적으로만 병행이 아니라 문법적이고 음성학적으로도 병행을 이룬다.

2:8　　c 산(hehirim, 명사)에서('al, 전치사) 달리고(medalleg, 분사)

8　　　 d 작은 산(haggeba'ot, 명사)을 빨리(meqappes, 분사) 넘어('al, 전치사)

　　　　　오는 구나

2:9　　c 창(hahallonot, 명사)으로(min, 전치사) 들여다 보며(masgiah, 분사)

　　　　 d 창살 틈(haharakkim, 명사)으로(min, 전치사) 엿보는구나(mesis, 분사)

4개의 콜론의 마지막 음절은 아름다운 교차 (chiasm) 자체이다. 첫 번째와 네 번째 콜론은 im (남성 복수형) 으로 끝이 난다. 그리고 두 번째와 세 번째 콜론은 ot (여성 복수형) 으로 끝이 난다. 그러므로 8절과 9절은 이들 수사학적 병행구가 긴밀하게 얽혀져 있어서 연인의 전율과 흥분을 더 잘 이해할 수 있게 해준다. 그것들은 서로의 문맥 속에서 이해되어야 한다.

이 시에서 사슴과 젊은 노루는 소년에 대한 은유 (2:9a, 2:17c, 8:14) 로 계속 사용된다. Murphy는 히브리어로 "사슴" 은 "아름다움" [130] 이라는 의미도 있다고 말한다. 그래서 여기에서는 의도적인 언어유희인 것 같다. 사랑의 스펙트럼을 통해서 보았을 때 그녀의 연인은 주위에서 가장 잘 생긴 남자인 것이다. 그녀의 연인이 가까이 왔을 때 그녀의 마음이 두근거린 것은 놀랄만한 일이 아니다.

연인의 초대

10-13절에서 사랑하는 사람에게 개인적 초대를 하기 시작한다. 그 초대는 거의 동일한 삽입구 (inclusion) 의 구조로 되어 있다. 그 구절은 "나의 사랑 나의 어여쁜 자야 일어나 함께 가자" (2:10b, 2:13c) 라는 동일한 초대로 시작하고 끝이 난다. 두 구절은 교차를 사용하고 있다. 왜냐하면 양쪽은 첫 번째 콜론에서 "일어나" 로 시작하고 두 번째 콜론에서 "가자" 로 끝이 나고 있기 때문이다. 두 개의 병행 콜론은 첫 번째 콜론에서 "나의 사랑" 으로 끝이 나고 두 번째 콜론에서 '나의 어여쁜 자야' 로 시작한다. 이 수사학적 특징은 연인의 편에서 뜨거운 기대감을 나타내는 것이다. 연인을 사랑의 스펙트럼으로 보기 때문에 그는 소녀를 세상에서 가장 사랑스럽고 아름다운 여자로 보는 것이다.

---

130 Murphy, 아가서, 139

초대의 힘을 강화하기 위해 삽입구 사이에는 다음의 말이 뒤따라온다. "겨울도 지나고 비도 그쳤고 지면에는 꽃이 피고 새가 노래할 때가 이르렀는데 비둘기 소리가 우리 땅에 들리는구나 무화과 나무에는 푸른 열매가 익었고 무화가 나무는 꽃을 피워 향기를 토하는구나" NIV는 '보다' 라는 동사 앞에 히브리어 ki를 두었다. 이 도입 접속사는 "왜냐하면" 이라는 의미이다. 그 말은 초청의 이유[131] 에 그녀의 관심을 집중시켜서 선행 단어와 현재 노래를 연결시키고 있다. Murphy는 이 봄의 노래는 가장 아름답고 감동적이라고[132] 적절하게 언급하고 있다. 팔레스타인에서 겨울의 끝 (우기)은 겨울의 끝이 북남미에서 그러하듯이 기쁨과 생기를 가져온다. 봄의 꽃은 아름답고 활기찬 색깔로 지구 전체를 뒤덮으면서 시골에서 나타난다. 새의 아름다운 노래는 이동하는 "멧비둘기" 의 구구소리와 섞여서 공기를 진동시킨다. "멧비둘기" 라는 단어는 여기에서 이동하지 않는 비둘기와 구별하기 위해서 사용되었다. 데이비슨 (Davidson) 은 이렇게 썼다.

정상적이라면 그 시기는 우리가 북으로 날아가는 기러기를 볼수 있는 때이다. 그 시기는 초기 무화과열매가 형성되기 시작할 때이다. 예수님께서 막 13:28 (GNB) '무화과나무의 비유를 배우라 그 가지가 연하여지고 잎사귀를 내면 여름이 가까운 줄 아나니' 에서 동일한 그림을 그리셨을 때의 용례와 비교하라. 예수님에게 그것은 인자의 때와 가까움의 표적이었다. 연인에게는 깨어남과 사랑의 성숙의 싸인이다.[133]

가지치기의 시기는 포도나무가 피어나서 맛있는 포도 수확이 일어나는

---

131 Carr, *Song of Solomon*, 97

132 Murphy, 아가서, 140

133 Davidson, 전도서와 솔로몬의 노래, 118

시기이기도 하다.[134]

그래서 싹이 트는 황무한 포도원의 사랑에서부터 완전히 성숙한 맛있는 결실의 사랑으로 기대가 변해간다. 얼마나 좋아보이는 그림인가! 얼마나 낭만적인 초대인가! 깊이 사랑에 빠진 어떤 연인들에게 그것은 억누를 수 없는 것이다. 소녀가 그것을 수용할까? 우리는 다음 노래에서 곧 알게 될 것이다.

고찰

사랑이라는 마술은 항상 인간의 이해를 뛰어넘는다. 정상적으로는 다른 사람들이 듣지 못하는 것을 사랑은 연인들이 듣게 한다. 사랑에 대해 대중가요가 주장하는 것에도 일부의 진리는 있다. Nat King Cole 이 당신을 향한 바로 그 생각 (The Very Thought of You) 에서, "나는 모든 꽃에서 당신의 얼굴을 보고 있다. 하늘 위의 별에서는 당신의 눈을." 이라고 노래 불렀다.

여기에서 소녀는 멀리서부터도 산과 언덕을 "뛰어서" 와 "넘어서" 를 들을 수 있다.

하나님의 창조는 사랑의 아름다움을 우리가 자주 볼 수 있게 한다. 그러므로 봄철은 사랑이 가장 좋아하는 문학적 동인이다. 그리고 시골에 있는 생명도 마찬가지이다. 아가서는 사랑의 전율과 흥분과 아름다움을 묘사하기 위한 이들 동인들을 이용한다. 그 동인들은 종종 연인들이 그들의 현실의 환경을 뛰어넘어서 보게 만들어준다. 그것은 자신들의 환경을 변화시킨다.

---

134 히브리어로 "노래할 때"(2:12b)는 "가지치기의 때"를 의미할 수도 있다는 것은 주목할만한 것이다. 이것은 *zamir* 라는 단어가 "노래하기"와 "가지치다"를 의미할 수 있기 때문이다. 폭스는 여기서 그 단어가 양쪽이 다른 것을 의미한다고 주장한다. 자세한 주장을 코려면 폭스의 아가서 113페이지를 보라

현재의 노래는 봄이 오는 것을 언급하고 있다. 전세계적이 된다는 의미처럼 사람이 봄철의 사랑을 경험하기 위해서 아열대국가에서 살 필요가 없다. 그 혹은 그녀가 그 모든 놀라운 일들을 보기 위해서 시골에 살 필요도 없다. 그래딜 (Gledhill) 은 그런 변화시키는 능력을 아주 잘 말해주고 있다.

  …사랑이란 밝은 불꽃은 현실의 대부분의 상황을 변화시킬 수 있다. 컴퓨터실, 타이핑실, 대학 도서실, 구내 식당, 생산라인 이 모든 곳은 그 마음이 사랑으로 뒤덮인 사람들의 눈으로 보면 새로운 변화를 주는 빛으로 감쌀 수 있다.[135]

---

135 Gledhill, 아가서, 134-35

애타게 하는 노래 (2:14-15)

2:14   a 바위 틈 낭떠러지

      b 은밀한 곳에 있는 나의 비둘기야

      c 내가 네 얼굴을 보게 하라

      d 네 소리를 듣게 하라

      e 네 소리는 부드럽고

      f 네 얼굴은 아름답구나

15   a 우리를 위하여 여우

      b 곧 포도원을 허는

      c 작은 여우를 잡으라

      d 우리의 포도원에 꽃이 피었음이라

주석

연인에 대한 초대는 아직 결정되지 않았다. 그의 초대는 사람들이 이전 노래의 이해로부터 자연스럽게 기대하듯이 열정적으로 받아들여지지 않는다. 그 소녀는 연인을 간절히 보기 원하는 것이 아니었는가? 그들은 아름다운 봄에 서로에 대한 소식을 듣고 보기를 열망하지 않는가? 아마도 이 순간에 그녀는 수줍어하고 너무 부끄러워해서 그를 보지 못하고 있다. 아마도 그녀는 약간 장난치고 싶은가보다. 그녀는 그를 기다리게 하고 애타지만 무력함을 느끼게 하면서 연인을 애타게 할 기회로 삼고 있다.

그래서 연인은 소녀를 바위틈 낭떠러지 은밀한 곳에 있는 비둘기로써 묘사하고 있다. 비둘기를 소녀에 대한 은유로 사용하는 것은 여기에서 이중적인 의미를 가지고 있다.

처음에는 소녀의 아름다움과 애정은 비둘기의 부드러움과 그 아름다운 깃털과 눈과 그 동료에 대한 애정과 신실함에 비유된다. 두 번째 이 순간에 그를 보지 않겠다는 소녀의 결정은 비둘기의 소심함과 감추어진 바위틈과 낭떠러지 은밀한 곳과 같은 시골에 숨어서 둥지를 만드는 능력에 비유된다.[136] 그래딜(Gledhill)은 "소녀가 '도달하기 어렵게' 하려고 장난치고 있고 의도적으로 연인에게 도전거리를 만들어 주고 있다는 것은 실제로 가능한 스토리라고 말했다. 그녀는 궁극적으로 잡힐 것을 알고 있지만 추적을 길게 해서 자신을 주는 것을 지체함으로 기대의 전율을 계속 느끼고 싶어한다."[137] 라고 재미있는 언급을 해주고 있다.

연인은 그녀가 그에게서 숨는 것 때문에 원망하지 않는다. 대신 그는 이해하며 격려하는 말투로 부드럽고 섬세한 말을 한다. 사실 그녀에게 다가갈 수 없었다는 것은 그녀를 더욱 매력적이게 만든다. 그때 그는 "내가 네 얼굴을 보게 하라 네 소리를 듣게 하라 네 소리는 부드럽고 네 얼굴은 아름답구나" 라고 그녀에게 부탁한다. 4개의 병행콜론은 교차해서 수사적이다 —얼굴, 목소리, 목소리, 얼굴. 봄의 오는 것이 많은 사람에게 매우 매력적이라 할지라도 어떤 것은 다른 어떤 것보다 훨씬 호감이 가는데 그것이 바로 그의

---

136 성경적 비유의 사전(L. Ryken J. C. Wilhoit, T. Longman III eds; Downers Grove: IVP, 1998) 217
137 Gledhill, 아가서, 136

사랑인 그녀 자신' 라고 그녀에게 말해주는 듯하다. 그녀의 목소리는 새의 노래보다 더 감미롭고 그녀의 얼굴은 피어나는 꽃보다 더 사랑스럽다. 그는 봄 없이는 살 수 있지만 그녀 없이는 못산다.

이런 찬사와 애타는 기대에 대해 소녀의 반응은 무엇일까? 그녀는 마지막으로 15절에서 "우리를 위하여 여우 곧 포도원을 허는 작은 여우를 잡으라 우리의 포도원에 꽃이 피었음이라" 라고 말하고 있다. 이 반응은 연인을 놀라게 하고 있다. 그것도 역시 상당히 상처받게 하고 놀라게 하는 말이다. 일부 젊은이들 (작은 여우들) 은 그들 사이에 피어나고 있는 사랑의 포도밭 (우리의 포도밭) 을 망치거나 파괴시키고 싶어한다.

루돌프 (Rudolph) 와 고디스 (Gordis), 폭스 (fox) 와 같은 학자들은 여기서 "포도밭" 은 과년한 처녀를 나타내고 작은 여우들은 호색적인 젊은이들을 나타낸다고 제시한다. 그래서 소녀는 자기의 연인을 장난스럽게 골려서 그에게 더 잘 감시하라고 경고하는 것처럼 보인다. 왜냐하면 일부 호색적인 젊은이들이 그녀의 관심을 사기 위해서 그와 경쟁하고 있기 때문이다.[138] 서로에 대한 그들의 사랑이 강하지만 그가 그녀를 당연히 여겨서는 안 된다는 것을 그에게 상기시키려는 것처럼 보인다. 그는 그들의 사랑의 정원에 끊임없이 물을 대어야 하고 돌보고 보호해서 그것이 어떤 상황이나 어떤 시절이 와도 계속 잘 자라도록 해야 한다. 그들의 관계가 위협받고 있는 것인가? 소녀는 더 부유하고 더 매력적인 누군가를 발견한 것인가? 그녀는 그를 떠나는 것을 고려하고 있는가? 대답은 다음 노래에서 찾을 수 있다.

고찰

이 애타게 함의 노래는 관계의 놀랄만한 발전인 것이다. 그녀의 연인에

---

138 폭스, 아가서, 114와 Davidson, 전도서와 솔로몬의 노래, 119 를 보라

대한 열망과 열정 후에 그녀는 갑자기 사실 그로부터 거리를 두고 그를 애타게 하고 있다. 동기가 무엇이든 간에 그런 골리는것과 애타게 하는 것은 연애의 핵심적인 부분이다. 때때로 연애하는 연인들은 그것을 경험한다. 골리는 사람은 대게 남자이기보다는 여자이다. 적당한 골리기는 기적 같은 효과가 있다. 그 노래가 보여주듯이 약간의 골리기는 예기치 못한 효과가 일부 있을 수 있다. 그것은 관계를 보호하고 신비를 창조하고 더 골리기를 시도하게 만든다.

골리기가 재미있지만 그것은 일정 정도의 위험도 수반한다. 그래딜 (Gledhill)은 어떤 관계에서 애타게 함의 역할은 매우 미묘하고 민감한 것이다고 한다. 장난치기 혹은 연약함의 유머노출은 종종 너무 지나치게 갈 수도 있다. 우리는 모두 너무 깨어지기 쉬운 피조물이어서 매우 쉽게 한도를 지나쳐서 다른 사람의 자존심을 파괴하고 적대적 반응을 일으킬 수 있다. 지속적인 애타게 하기는 무감각하게 상대방의 자존감을 찢어놓아서 관계를 파괴할 수 있다.[139]

아무리 관계가 확고하고 굳건하다 하더라도 그 관계를 당연시하거나 너무 많이 골려서는 안된다는 것을 기억해야 한다. 관계는 항상 깨어지기 쉬운 것이다. 몇몇 위협들 (작은 여우들) 은 항상 관계를 파괴하려고 숨어기다리고 있다. 그 위협은 제 3자일수도 있고 우리가 알지 못하는 다른 요인일 수도 있다. 그러므로 우리는 항상 긴장해서 그 관계를 지키고 돌보며 보호해야 한다. 아무리 굳은 관계라 할찌라도, 아무리 연인이 깊은 사랑에 빠져있을찌라도, 그들에게는 항상 상호 지지와 재확인이 필요하다. 이것이 바로 아가서의 소녀가 다음에 말하려고 하는 바로 그것이다.

---

139 Gledhill, 아가서, 139

헌신의 노래 (2:16–17)

2:16 a 내 사랑하는 자는 내게 속하였고 나는 그에게 속하였도다

b 그가 백합화 가운데에서 양 떼를 먹이는구나

17 a 내 사랑하는 자야 날이 저물고

b 그림자가 사라지기 전에

c 돌아와서

d 베데르 산의

e 노루와

f 어린 사슴 같을지라

주석

소녀는 과도한 애타게 하기의 위험을 인식하고 있는듯하다. 그녀는 애타게 한 후에 연인을 세워주거나 격려해줄 말이 필요하다는 것을 알고 있다. 그녀는 재빨리 "내 사랑하는 자는 내게 속하였고 나는 그에게 속하였도다" 라고 말하고 있다. 이 말은 헌신과 재확인의 말이다. 그녀를 위해 경쟁하는

많은 젊은이와 매력적인 젊은이들이 있지만 그녀는 여전히 그에게 전적으로 헌신되어 있다. 그 확신은 안심하게 하고 관계를 신뢰하게 만들어 준다.

연인도 "그가 백합화 가운데에서 양 떼를 먹이는구나" (2:16b) 라고 거들고 있다. 여기서 "양떼를 먹이다 (ra'a)" 의 히브리어는 1:7의 "풀을 먹이다" 와 동일하다. 요즘은 어떤 목자도 양떼를 백합화로 먹이지 않는다. (어떤 양도 백합화를 먹지않는다.) 그 은유는 초현실적인 상상의 세계에서 사용되고 있다. 그것이 초현실적이기 때문에 은유의 의미[140] 에 대해서 절대적이고 분명하게 확신이 있는 것은 불가능하다.

그러나, 우리는 어떤 주석가가 주장하듯이 먹이다라는 것을 정사로 보는 것에는 동의하지 않는다. 그 은유는 키스와 같은 어떤 친밀한 행동을 아마도 언급하고 있는 것 같다. 이것은 두 가지 이유 때문에 그렇게 생각할수 있다. 첫째로, 아6:2에서 (신체적 친밀감이 언급되어 있는) 연인이 풀을 먹이고 백합화를 뽑고 있다고 언급되어있다. 두 번째, 5:13에서 소녀의 입술이 백합화에 비유되고 있다.

반면에 본문이 암시하듯이 헌신을 언급하는 것으로 은유를 사용하는 것도 가능하다. "내 사랑하는 자는 내게 속하였고 나는 그에게 속하였도다" 로 소녀가 헌신을 약속할 때 연인은 백합화가운데서 양떼를 돌보는 것으로 즉 관계를 돌보는 것으로 언급된다. 그래서 헌신은 상호적이다. 실제로 지속적인 관계에는 돌봄과 상호헌신이 필요하다.

---

140 아가서의 저자는 연인이 사랑을 즐기고 있다는 것을 묘사하기 위해서 초현실주의를 종종 사용하고 있다는 것에 주목할 필요가 있다. 모든 시의 경우처럼 종종 비유는 비유로 남아 있다. 그러므로 다른 해석에 대한 여지가 항상 있는 것이다. J.G.Snaith, 아가서(New Century Bible Commentary; Grand Rapids: Eerdmans/Marshall Pickering, 1993), 42를 보라.

2:17ab에서 묘사된 시간 (날이 저물고 그림자가 사라지기 전에)은 확실하지 않다. 그것은 낮이나 혹은 밤을 말하는 것일 수도 있다. 그러나 여기서 더 중요한 것은 소녀의 반응이다. 2:17d,e에서 그녀는 다시 한번 연인을 베데르 산을 달리는 노루와 어린 사슴으로 비유하고 있다. 방문과 초대의 노래 (연인이 달리고 있는 노루와 어린사슴에 비유되고 있는2: 8-9) 의 맥락에서 보면 2:17의 은유는 양괄대칭구조 (inclusio) 이다. 이 더 큰 절은 연인의 방문에 대한 차가운 반응으로 시작해서 "돌아와서 베데르 산의 노루와 어린 사슴 같을지라" 라고 소녀가 연인을 열정적으로 부르는 것으로 끝이 난다. 그녀는 연인이 그녀를 이제 보고 들을 수 있기를 바란다. 그들의 사랑의 관계는 연인의 열정적 노력과 상호헌신 때문에 마침내 결실을 맺게 된다.[141]

고찰

연인들이 관계에 흥을 더하기 위해서 약간의 애타게 하기가 필요하지만 그들의 관계가 계속 꽃피우게 하기 위해서는 상당한 상호 격려와 재확인이 필요하다. 관계는 안쪽과 바깥쪽에서 오는 모든 종류의 위험에 노출된다. 관계 안에서도 소통은 종종 큰 혼란을 만들 수 있다. 선의의 말들 (애타게 하기 혹은 전혀 애타게 하지 않기) 이라 할지라도 상대방의 자존감을 해치거나 혹은 오해를 일으킬수도 있다. 외부적으로는 관계에 끼어드는 일부 제 삼자의 위험이 있다.

---

141 "돌아와서"라는 단어는 소녀가 연인에게 도망하라고 재촉한다고 볼 필요는 없다. Murphy는 자신의 주석에서 "8-9절에서 상징과 구절의 의도적인 반복은 17절이 8절에서 그녀가 관계한 방문을 환영하고 있다는 것을 암시하고 있다." 그는 또다른 곳에서 "초대의 문맥은 그녀가 그가 자신에게 오기로 되어 있지만 그가 오지 않았다고 추론할 필요가 없다라는 것을 알려주고 있다." Murphy, 아가서, 139,142 를 보라.

　　아마도 이런 이유 때문에 결혼한 부부는 그들의 사랑을 재확인을 하고 결혼기념일 외에 다른 시간에도 자신들의 헌신을 새롭게 할 필요가 있다. 결혼하거나 결혼하지 않은 모든 커플들은 솔직하지만 사랑의 대화를 유지해 나갈 수 있어야 한다. 소통은 말과 비언어로도 지속해나가야 하고 그러면 상대방이 이중 추론을 할 필요가 없다.

6
PART

IV절: 3:1–5

추구의 노래 (3:1-5)

3:1   a 내가 밤에 침상에서

     b 마음으로 사랑하는 자를 찾았노라

     c 찾아도 찾아내지 못하였노라

2   a 이에 내가 일어나서 성 안을 돌아다니며

     b 마음에 사랑하는 자를

     c 거리에서나 큰 길에서나 찾으리라 하고

     d 찾으나 만나지 못하였노라

3   a 성 안을 순찰하는 자들을

     b 만나서 묻기를

     c 내 마음으로 사랑하는 자를 너희가 보았느냐 하고

4   a 그들을 지나치자마자

     b 마음에 사랑하는 자를 만나서

     c 그를 붙잡고 내 어머니 집으로,

     d 나를 잉태한 이의 방으로 가기까지

     e 놓지 아니하였노라

5   a 예루살렘 딸들아

b 내가 노루와 들사슴을 두고 너희에게 부탁한다

c 사랑하는 자가 원하기 전에는

d 흔들지 말고 깨우지 말지니라

이 단원은 상대적으로 분명하고 이전 단원에 비해 직선적이다. 소녀는 밤새 연인을 찾는데 몰입하고 있다. 단원에 있는 이야기가 꿈과 시적 이상화 혹은 현실인지 아닌지는 확실하지 않다. 이 시에서는 시의 특징인 현실, 공상, 진리와 허구가 상호연결되어 있고 하나로 융합된다. 그래서 이 단원의 상황을 의도적으로 모호하게 두는 것 같다.[142]

그러나 이 노래는 연인의 위치를 모를 때의 상실의 두려움과 포기의 두려움과 연인을 발견했을 때의 강렬한 기쁨을 활발하게 그리고 있다. 단지 5절의 노래 안에서 동사" 보다" 혹은 "찾다" 의 반복적인 사용과 "마음에 사랑하느자" 의 4회 반복과 "찾으나 만나지 못하였노라" 의 반복적인 사용은 독자들에게 소녀의 압도적인 격정적 감정을 깊이 느끼게 한다. 3:4c의 "그를 붙잡고 놓지 아니하였노라"(역자주— 영어성경기준의 번역으로 영어번역판와 한글번역판의 어순차이 때문에 한글개역성경에서는 붙잡고 놓지 아니하니라가 3:4c, e에 걸쳐서 분리되어 나옴) 는 연인을 발견하는 기쁨의 귀중한 순간을 활발하게 묘사하고 있다.

주석

외로운 밤 소녀의 소원

"내가 밤에 침상에서 마음으로 사랑하는 자를 찾았노라"(3:1a,b) 그 소녀는 그녀의 침대에서 꿈을 꾸고 있지 않다. 그녀는 또한 침대에서 그를 찾고

---

142 Murphy, 아가서, 145

있지 않다. 오히려 말로 그녀의 상실감과 포기의 두려움과 연인에 대한 갈망을 표현한다. 소녀는 침대에 있다고 하더라도 정사를 원하는 것이 아니다. 밤에는 생각과 상상의 전도가 일어나는 시간인 것 같다. 성경은 종종 침대에서 개인적이거나 중요한 문제를 생각하고 있는 사람들을 언급한다. 그러므로 악한 계획은 밤에 침대에서 일어난다. 따라서 깊은 사랑에 빠진 소녀에게 연인에 대해 생각하는 것는 매우 자연스러운 일이기도 하다. 이것은 그녀의 남자친구가 장기간동안 주위에 없어서 그의 장기간의 부재가 밤마다 참을 수 없게 될 때 특히 그렇다. 그것은 상실감과 포기와 불안정으로 그를 인도한다. 그래서 그녀는 그를 기다리며 그녀의 마음은 상상으로 가득차 있다. 강렬한 열망은 baqas ("찾기" 3:1,2에서 4회) 와 masma' ("찾기", 3:1,2에서 2회) 의 반복적인 사용으로 표현된다. 그녀는 기다리고 기다리지만 허사였다. 그녀는 그를 찾지만 그를 발견하지 못한다 (3:1c, 3:2d). 소녀는 밤새도록 계속 생각한다. 그녀는 상황을 개선하기 위해서 해야 하는 일을 자문하고 있다. 3:2에서 그녀는 아이디어를 제안하고 있다.

연인 찾기

소녀는 연인을 찾기 위해 도시를 수색하기로 결정한다. 그녀의 결정은 "이에 내가 일어나" (3:2a) 의 해결책으로 강조된다. 우리는 여기서 수동적인 기다림에서 능동적인 탐색으로 태도의 주요한 변화를 보게 된다. 그녀의 결심은 동일한 콜론에서 동사 "시작하다" 의 사용에 의해 강화된다. 이 동사 ('asobbah) 의 뿌리는 sbb이다. 그것은 3:3의 동사 "순찰하는" 의 어근이기도 하다. 그럼에도 불구하고 여기에 의도적인 대조가 있다. 3:2에서 "시작하다" 는 Polel 형태로 쓰지만 3:3에서 "순찰하다" 는 Qal형으로 써있다. 전자는 강렬한 뉘앙스를 수반하지만 후자는 야간순찰자의 단순한 일상을 묘사하고 있다. 이 시는 두 개를 대조하여 소녀의 좌절과 무력함을 강조하고 있다.

그녀는 도시의 거리와 광장에서 연인을 계속 찾고 도시 주위를 결사적으로 돌아다니지만 그를 찾지 못한다. 재미있게도 순찰자는 도시를 순찰하다가 그녀를 발견한다. 그 소녀는 순찰자에게 "내 마음으로 사랑하는 자를 너희가 보았느냐" 고 절망적으로 묻고 있다. 이것은 확인의 질문이 아니라 감정적인 질문이다. 절망적인 사람은 종종 고지식한 질문을 한다. 소녀가 지금 그렇다. 그녀는 모든 사람이 그녀의 사랑을 알 것이라고 고지식하게 생각하고 있다.

그럼에도 불구하고 불합리한 질문은 그녀의 가슴속에 있는 절망과 무력감을 나타내고 있다. 최초 4개의 절에서 "내 마음으로 사랑하는 자" 의 반복은 절망의 개념을 강화하고 있다. 사실상 "내 마음으로 사랑하는 자" 는 매 절에서 나타난다. 유일한 예외는 3:5이며 그것은 소녀가 그 연인을 이미 발견했기 때문이다.(그녀는 "예루살렘의 딸들" 이 2:7에서 했던 것처럼 깨우지 않게 간청하고 있다.)

연인 발견과 소중히 여기기

순찰자는 그녀의 연인에 대한 탐색을 시작하기 전에 소녀는 갑자기 그가 주위에 있다는 것을 깨닫고 있다. 즉시 그녀는 그를 발견하고 그를 단단하게 붙들어서 가지 못하게 하고 있다. 그가 곁에 있는 것이 너무 좋아서 그녀는 아주 짧은 시간 동안조차도 그와 헤어지기 원하지 않는다. 최소한 그녀가 그를 그녀의 어머니의 집 (3:4d) 에 데려오기전까지는 말이다. 그래딜 (Gledhill)은 "나의 어머니의 집" 은 미혼의 은밀한 정사를 위한 장소인 것 같지 않기 때문에 문자적인 주택을 의미하지 않을 수도 있다고 생각한다. 그것은 연인을 데리고 가기 원하는 "소녀 자신의 은밀한 장소이자 그녀의 자궁의 입구인 '방' (1:4) 이며 친밀함의 가장 깊은 내실 (sanctum) [143] 을 말하는 비유이다." 우리의 의견으로는 이 해석은 기껏해야 추측이다. 폭스 (fox) 는 그가 "나의 어머니의 집" 을 현재와 더불어서 더 큰 문맥에서 이해할 때 더 나은 견해를 제시하고 있다. 그는 아가서의 모든 곳에서 미혼의 소녀의 집은 자신의 "어머니의 집" (아8:2 ; 창24:28; 룻1:8과 비교하라) 이라고 불린다는 것을 지적하고 있다. 더구나 일부 고대 이집트의 사랑의 노래에서는 미혼의 소녀는 자신의 집을 "나의 어머니의 집" 으로 여겼다.[144] 이런 견해로 우리는 소녀의 어머니의 집이라는 구절이 문자적으로 이해되어야 한다고 결론 지을 수 있다.

사회적인 인정의 탐색

왜 소녀는 어머니의 집으로 연인을 데려오기 원하는가? 폭스 (fox) 는 통찰력있는 설명을 주고 있다. 그는 아 8:1-2에서 어머니의 집으로 그를 데려가는 것은 종종 아직은 절대로 할 수 없는 것이라는 것을 가리키고 있다고 말한다. 왜냐하면 그 구절에서 그녀가 그에게 공개적으로 키스하고, 그를 집으로 데려오는 공인된 관계로 인정받기를 바라고 있기 때문이다. 그래서 폭스 (fox) 는 3:4d을 관심의 표현으로 여기는 경향이 있다.[145]

그러므로 그를 어머니의 집으로 데려가는 의도는 정사가 아니라 결혼하게 될 가까운 미래를 위해 사회적으로 인정 받는 관계를 위해서이다. 노래의 서두에서는 소녀가 연인을 도시에서 찾아헤매는 중이었다면 여기에서 그녀는 연인과의 관계를 사회적으로 인정받으려고 탐색 중인 것이다. 인정받으면 그들은

---

143 Gledhill, 아가서, 145
144 폭스, 아가서, 119
145 Ibid, 118

결혼 후에 그녀의 어머니의 집에서 함께 공개적으로 살 수 있게 될 것이다.

결혼식의 첫날밤이 미래에 있다는 사실은 3:4d 콜론 서두의 "까지" 라는 전치사에 의해 강조된다. 소녀는 예루살렘의 딸들에게 "내가 노루와 들사슴을 두고 너희에게 부탁한다 사랑하는 자가 원하기 전에는 흔들지 말고 깨우지 말지니라" (3:5) 라고 간청한다. "사랑하는 자가 원하기 전에는" 은 무엇을 의미하는가? 8:2-4에서 언급한 결혼식 첫날밤에서 나타나는 동일한 간청에 기초해서 볼 때 그 구절은 신혼 첫날밤을 의미한다. 그래서 소녀는 예루살렘의 딸들에게 결혼 첫날밤 될 때까지는 사랑을 자극하지 말라는 것이다. 우리는 예루살렘의 딸들이 결혼의 노래에서 연인의 결혼을 위해 축배를 들 때 "나의 친구들아 먹으라 나의 사랑하는 사람들아 많이 마시라" (아 5:1) 그 날밤 예루살렘의 딸들이 정당하게 사랑을 자극하는 것을 볼 것이다.[146]

모세의 법에 따르면 처녀성은 결혼을 위해 보존되어야 한다. 예를 들어 신22: 13이하에서 신부는 결혼에서 처녀성을 보여야 한다. 아가서의 소녀는 결혼식 첫날밤에 자신의 처녀성으로 찬사를 받는 것 (아 4:12) 으로 보아 명백히 그 법을 지키고 있다. 결혼에 대한 소녀의 소망은 다음 노래인 결혼의 노래 (아 3:6-11) 에서 곧 성취된다. 소녀는 결혼식 전의 적절한 선을 알고 있는 것이다.

고찰

추구의 노래는 연인이 없어서 촉발된 소녀의 고뇌와 불안을 생생하게 그리고 있다. 그 고뇌는 이전 노래에서 이미 언급된 그들 사이의 가까움과 친

---

146 결혼식날 밤에 간청은 없다고 하더라도 "먹다"와 "마시다"의 비유는 8:2의 "마시다"를 연상시키고 있다. 8:2에서 성관계에 대한 소망이 결혼식날 밤에 실현되고 있다는 것도 주목할만한 가치가 있다. 여기서 간청의 의미의 더 자세한 해석을 위해서는 2:7에 대한 우리의 주석을 보라.

밀함을 나타낸다. 그래서 그런 고뇌는 연인들의 친밀함을 나타내는 척도이다. 논리는 단순하다. 여러분이 상대방에게 가까워질수록, 없을 때 고통은 더 심해진다. 덜 가까울수록 덜 고통스럽다. 무엇에서든지 가깝지 않다는 것은 아무 느낌이 없다는 것을 의미한다.

이 노래는 직업 때문에 떨어져서 있어야 하는 오늘날의 연인들에게 상기시켜주는 좋은 역할을 해준다. 정구적인 해외여행과 집을 떠나는 것이 요즘은 일상화되어 있다. 분리에 대한 그들의 감정은 관계의 가까움에 대한 표시이다. 그들이 아가서의 소녀처럼 서로를 그리워하는가? 그들이 상대방이 없으면 고통스러워 하는가? 그들은 궁극적으로 만날 기회가 있으면 그 소녀가 하듯이 그들은 그 순간을 소중히 여기는가? 그들은 서로 대화하고 나누는데 충분한 시간을 사용하는가?

긴 시간의 분리는 서로에 대한 갈망을 억누를 수 있고 그들이 만날 때 감정은 육신적인 자극과 뒤섞이게 된다. 그래서 자주 일부 연인들은 상대방의 바라는 것을 만족시키기 위해 변명으로 그런 상실을 사용한다. 소녀가 하듯이 그들도 "사랑하는 자가 원하기 전에는 사랑을 깨우지 마라" 라고 할 수 있나? 혹은 선을 긋고 넘지 않을 수 있는가?

7
PART

V절: 3:6–5:1

결혼의 노래 (3:6−11)

3:6 a 몰약과 유향과

b 상인의 여러 가지 향품으로 향내 풍기며

c 연기 기둥처럼

d 거친 들에서 오는 자가 누구인가?

7 a 볼지어다 솔로몬의 가마라

b 이스라엘 용사 중

c 육십 명이 둘러쌌는데

8 a 다 칼을 잡고

b 싸움에 익숙한 사람들이라

c 밤의 두려움으로 말미암아 각기 허리에 칼을 찼느니라

9 a 솔로몬 왕이 레바논 나무로

b 자기의 가마를 만들었는데

10 a 그 기둥은 은이요

b 바닥은 금이요

c 자리는 자색 깔개라

d 그 안에는 예루살렘 딸들의 사랑이

e 엮어져 있구나

11   a 시온의 딸들아 나와서

     b 솔로몬 왕을 보라

     c 혼인날

     d 마음이 기쁠 때에

     e 그의 어머니가 씌운 왕관이 그 머리에 있구나

구조적 분석

그래딜 (Gredhill) 은 시의 첫 번째 순환 (아 1:2-2:7) 과 두 번째 순환 (아2: 8-3:5) 이 예루살렘의 딸들에게 사랑을 미리 깨우지 말라고 간청하는 것으로 끝이 난다고 지적하고 있다.[147] 간청은 사랑의 관계의 완성이 가까운 미래에 기대된다는 의미이기도 한다. 이 의도는 "마음에 사랑하는 자를 만나서 그를 붙잡고 내 어머니 집으로 가기까지 놓지 아니하였노라" (3:4) 라는 소녀의 말에서 드러난다.

간청과 기대는 중심절 아 3:6-5:1로 인도하고 있다. 이 절에서 성숙한 사랑의 관계의 실현은 결혼식 행진 (3:6) 으로 시작해서 결혼식 첫날 밤에 "어머니의 집" 에서 두 연인들의 연합 (5:1) 으로 끝이 난다.[148]

그때 결혼식의 그림은 3:6-11에서 결혼식의 노래로부터 4:1-8의 wasf(소녀의 몸에 찬사를 보내는 시) 와 4:9-11의 찬미의 노래와 마지막으로 완성의 노래 (4:12-5:1) 에서 마침내 클라이막스를 이룬다. 이 마지막 절 (4:12-5:1) 에서 처음에 연인은 처녀인 것 (4:12) 때문에 그녀를 칭찬하고 그 다음에는 맛있는 과실과 이국적인 향수와 향품이 가득한 정원 (4:13-15) 과 같은 것 때문에 찬사를 보낸다. 최종적으로는 신부의 초대 (4:16) 에서 처음으로 그들은 육체

---

147 Gledhill, 아가서, 147
148 "나의 어머니의 집"의 의미를 보려면 아3:4에 대한 우리의 주석을 보라.

적 결합을 한다 (5:1).

그래서 5:1은 이 중심 구절 이전과 이후에 111개의 절을 가지고 있는 전체 시의 강한 강조점일 뿐만 아니라 중심축이기도 하다. 내가 제안한 교차적인 구조에서 논증한 것처럼 중심축 (3:5-5:1) 전의 4개의 절 (1:2-3:5) 과 중심축 이후의 4개의 절 (5:2-8:14) 은 모두 교차적으로 서로 대구를 이루고 있다.

아3: 6-11은 대화나 독백이 아니고 설화체 시이다. 대부분의 주석자들은 화자에 대해서 추론을 하고 있다. 이것은 화자가 연인이 아니고 예루살렘의 딸들도 아니기 때문에 그럴 필요가 없다. 더 큰 절의 문맥에서 보면 결혼식 묘사가 중요한 것이기는 해도 이후에 나오는 결혼식의 첫날밤의 서막에 불과하다. 그래서 저자는 성숙한 사랑의 관계의 최고점으로 독자들을 안내하고 있는 수사학적 도구로써 설화체 시를 사용하고 있다.

아 3:6-11은 "몰약과 유향과 상인의 여러 가지 향품으로 향내 풍기며 연기 기둥처럼 거친 들에서 오는 자가 누구인가" 라는 질문으로 시작한다. 그래딜 (Gledhill) 과 폭스 (fox) 같은 학자들은 아 3:6은 수사학적 질문이며 "who" 가 여기서 누구를 의미하는지를 제시하고 있다. 폭스는 아래와 같이 쓰고 있다.

이것은 현실적인 질문이 아니고 7절도 그 대답이 아니다. 8:4-5에서 간청과 질문의 조합은 질문은 단락으로 시작하지 않고 오히려 간청에 응답하는 것으로 시작하고 있다는 것을 우리에게 보여주고 있다. … 반응은 놀람과 감탄을 표시하는 수사학적 질문이다. 속편을 가진 동일한 질문이 8:5에서 나타나는데 거기서는 명백한 답이 없다. 6:10의 비슷한 구조의 질문을 만나게 된다. ' 아침 빛같이 또렷한 사람은 누구인가….?" 도 역시 감탄을 표시하는 명백한 수사학적 질문이다. 고든 이 질문에 대한 함축적이고 분명한 대답은 사랑받고 있는 그 소녀이다[149]

---

149 폭스, 아가서, 119

현재 저자는 다르게 생각하고 있다. 6:10에서 "아침 빛같이 또렷한 사람은 누구인가…?" 라는 질문은 그 말이 6:4에 대한 양괄대칭구조 (inclusio) 로 쓰이고 있기 때문에 소녀를 의미한다. 사실 우리가 시를 교차적으로 본다면 질문에 대한 대답은 6:11 (다음 절) 이 아니라 6:4 "내 사랑아 너는 디르사 같이 어여쁘고, 예루살렘 같이 곱고, 깃발을 세운 군대 같이 당당하구나" 이다. 더 나아가서 히브리어로 6:10과 6:4의 끝이 정확하게 동일하다. "군대같이 당당하다" 양괄대칭구조 (inclusio) 사이에 있는 것은 소녀의 아름다움의 묘사이다.

그래서, 이 시적인 구조를 염두에 두고 보면 6:10절이 수사학적인 질문인 것처럼 보이지만 본질적으로는 6:4와 양괄대칭구조 (inclusio) 사이의 묘사로 우리의 관심을 이끄는 것은 질문이라고 우리는 말할 수도 있다. 이것은 6:10의 질문과 6:4의 대답과 상호간의 묘사가 구조적으로 의미론적으로 연결되어 있기 때문에 이것은 위의 경우에 해당한다. 질문이 답을 가지고 있을 때 그것은 이제 단순히 수사학적인 질문이 아니다. [150]

주석

위는 3:6절에 적용된다. 그것은 우리 뒤따라오는 사람 즉 사막에서 오고 있는 누군가에게 이끌어 주는 질문이다. 여기에서 사막은 아라비아의 사

---

150 동일한 것이 8:5 "그의 사랑하는 자를 의지하고 거친 들에서 올라오는 여자가 누구인가"에 적용된다 라는 것은 주목할 만한 가치가 있다. 마치 6:10처럼 우리가 동일한 구절 내 다른 시의 행들에서 그 질문을 분리할 수 없기 때문에 그것은 수사학적 질문이 아니다. 그 절은 다섯개의 콜론이 있다. 8:5a,b와 8:5c,d,e를 분리시키고 8:5a,b와 8:4에 연결시키는 것은 임의적인 것이다. 그들 사이에는 어떤 의미론적이고 시적이고 구조적인 연관성이 없기 때문이다. 8:5ab와 3:6ab의 경우에 그들이 후에 오는 구절들의 문맥에서 해석되고 이전 구절들에 비교될 때 양자는 의미론적으로 더 잘 이해된다. 더구나 이전 구절들의 종료(8:4, 3:5)는 자체로 아름다운 종료를 구성한다. 그들이 각각의 절을 종료시킬 때 이들 종료가 의미론적으로 가장 잘 처리된다. 그래서 아8:5a와 아3:6ab은 일부 주석가들이 제시하듯이 다른 구절에서 그것들을 "분리시키는" 수사학적인 질문들이 아니다. 반대로 그들은 다음 구절을 독자에게 지시하면서(황무지에서 오는 어떤 사람이나 어떤 것에 대해서) 그들의 질문을 향하고 있다.

막보다는 목자가 양을 먹이는 팔레스타인의 황무지을 언급한다. 여기서 묘사는 줌렌즈처럼 작용한다. 그것은 사막에서 장면을 줌인한다. 그 장면은 처음에는 모호하지만 줌이 그들에게 다가가면서 더 명백해진다. 그것들이 모호할 때 구경꾼은 "연기 기둥처럼 거친 들에서 오는 자가 누구인가" 라고 묻는다.

여기서 히브리어로 mi는 "누가" 혹은 "무엇" 을 의미할 수도 있다. 현재 작가는 여기에서는 "who" 를 의미한다는데 대부분의 학자들이 동의하고 있다. 왜냐하면 그것이 mi의 정상적인 사용이기 때문이다. 그러나 그 단어는 "what" 의 뉘앙스를 풍길 수 있다. 그것이 "연기 기둥처럼" [151]이란 구절과 더 잘 문법적으로 들어맞기 때문에 그것은 여기에서는 " 두 가지 뜻으로 해석되는 말" 로 수사학적으로 사용되고 있다. 이 특별한 것은 멀리 있는 연기 기둥과 같이 움직이고 있는지 구경꾼이 이상하게 여기고 있는 것처럼 보인다. 그런 현상은 고대에는 일상적인 것이었다. 종종 연기는 멀리 있는 장소에서 일어나고 있는 것을 사람들에게 미리 알려주거나 통지하는 신호로 사용된다.

콜론 3:6c 와 콜론 3:6d는 더나아가 연기 기둥이 어떻게 형성되는지를 설명해주고 있다. 움직일 때 그것은 몰약과 향료 냄새를 내기 때문에 그 물체는 연기기둥처럼 보인다. 연기기둥이 구경꾼 쪽으로 움직이기 때문에 그들은 이 흥미있는 물체가 무엇인지 뿐만 아니라 그들을 향해 달려오는 이 특별한 여인(여기서 히브리어로 "이 "누구" (mi) 인지도 궁금해하고 있다. 그래서 "두 가지 뜻으로 해석되는 말" 의 수사학적 사용과 더불어서 "누구" 는 "무엇" 을 의미할 수 있고, "무엇" 은 "누구" 를 의미할 수도 있다. 이것은 특히 3:7도 그렇다.

---

151 질문이 "who"에 대한 것이고 "what"에 관한 것이 아니라는 자신의 견해를 지지하기 위해서 폭스는 "연기기둥으로"를 "연기기둥처럼"으로 해석하는 MT를 교정하고 있다. 폭스, 아가서, 120을 보라.

3:7은 더 나은 그림을 준다. 연기 기둥이 가깝게 움직일 때 구경꾼은 "볼지어다 솔로몬의 가마라" 라고 갑자기 외친다. 왕의 가마의 행차는 몰약, 유향, 상인에게서 구입한 모든 향기나는 향품과 이국적인 가루의 태우기를 동반한다. 그러므로 왕실의 가마가 황무지로 이동할 때 멀리서 보면 처음에는 연기기둥같이 보이지만 가시범위로 가까이 들어오면 구경꾼들은 갑자기 그것은 왕실의 가마라는 것을 깨닫는다.

이전 구절들의 질문이 기대되는 것처럼 왜 3:7의 대답이 "무엇" 에 대한 것이고 "누구" 에 대한 것이 아닌가? 킬은 훌륭한 설명을 해주고 있다.

이 행은 답을 준다. 사람들이 기대하는 여인 대신에 답은 솔로몬의 가마이다. 어떤 사람은 이 문장에 대해서 물을 수 있다. 그것은 명백한 답을 요구하지 않은 질문 즉 끝까지 긴장 속에서 상상을 유지해야 하는 질문에 답하는 어색한 삽입인가? 혹은 그것은 해결하지 않고 질문을 충분히 날카롭게 하기 위해서 향품의 베일을 올리는 현명한 반응인가? 솔로몬의 가마에 다가오는 이 여인은 누구인가? 그 가마가 솔로몬의 것이라 하더라도 도입질문 (그녀는 누구인가?) 은 거기에 솔로몬이 타고 있다고 생각하도록 허용하지 않는다. 솔로몬 같은 대군주는 아내와 첩들을 직접 선발하지 않고 신부를 불러오고 그녀를 데려오는 (창24을 참조) 호위대를 보내었다. 그 관습에 대한 증거는 그리스문명기 (마카비 1서 9:37) 로부터 청동기시대까지[152] 까지 거슬러올라간다.

현재 저자는 또 다른 질문을 다루고 싶어한다. 왜 아가서의 저자는 이 시기에서 소녀가 아니라 가마를 언급하는가? 첫번째 구경꾼의 눈이 처음으로 마주치는 것은 가마이다. 두 번째는 다음의 주석이 보여주듯이 가마의 묘사를 통해서 결혼의 본질을 표현하려는 저자의 수사학적 전략이기도 하다. 여

---

152 Keel, 아가서, 128

기서 이 연인의 결혼은 왕의 결혼같은 것을 상상하게 한다. 그래서 따라오는 묘사는 사치와 상상으로 가득 차 있지만 주된 목표는 눈을 만족시키는 공을 들인 화려함에 있지 않다. 오히려 신부를 향한 신랑의 넘치는 사랑을 반영하거나 혹은 신랑을 향한 신부의 사랑을 반영하고있다.

저자의 묘사의 전략을 주목하라. 그는 첫째로 호위단 뒤에 오는 가마 자체를 묘사하고 있다. 그것은 "멀리에서 가까운곳" 방식에서 "외부에서 내부로 (from without to within) " 방식으로의 전환이다. 60명의 전사들, 이스라엘의 최고층 귀족들이 가마를 호위하고 있다. 그들 모두는 전쟁을 경험했고 허리에 칼을 차고 다리 옆에 칼을 차고 낮이나 밤이나 위험이나 급습을 철저히 경계하고 있다. Goulder는 마지막 구절 (NIV는 "밤의 두려움" 이라고 번역하고 있는) 은 페스트 (시91:5 에서 처럼) 혹은 달 (시 121:6에서처럼) 일 수는 없다는 사실을 옳게 지적하고 있다. 왜냐하면 이것들에 대해서 검을 쓸 수 없기 때문이다.[153]

이제 초점은 외부에서 내부로 이동하는 마차에 있다. 마차는 레바논의 나무로 만들어져 있다. 그 기둥은 은과 금을 기반으로 만들어진다. 여기에서 가격이 비싸지고 있다. 그것은 "나무" 에서 "은" 그리고 나서 "금" 으로 진보한다. 저자가 집으로 돌아오게 초점은 무엇인가? 실마리는 3:10c-e에 있다. "바닥은 금이요 자리는 자색 깔개라 그 안에는 예루살렘 딸들의 사랑이 엮어져 있구나" Goulder는 이 구절을 다르게 번역하고 있다. "그 깔개위에 금으로 댄 자색 깔개 위에 …시온의 딸은 가죽과 사랑으로 덧대었다." [154] "사랑" (ahabah) 이란 단어는 두 가지 뜻으로 해석되는 말이다. 한 가지 뜻은 내부가 "가죽" 으로 장식되어 있다는 것이다. 또 다른 뜻은 그것은 "사랑" 으로 장식된다는 뜻이다. 저자는 "사랑" (ahabah) 을 세상의 모든 물질을 소유하는 것

---

153 Goulder, Song of Fourteen Songs, 29.

154 Ibid

과 비교할 때 사랑이 결혼에서 가장 필수적인 요소라는 것을 강조하기 원한다. 그래서 그 묘사는 나무에서 은, 금, 자색 (왕실을 위한 색깔)과 궁극적으로는 사랑으로 발전된다. 아가서의 저자는 그러한 사랑을 정의하고 있다. "많은 물도 이 사랑을 끄지 못하겠고 홍수라도 삼키지 못하나니 사람이 그의 온 가산을 다 주고 사랑과 바꾸려 할지라도 오히려 멸시를 받으리라" (아 8:7)

마침내 신랑은 갑자기 마차 앞에 선다. 구경꾼은 신랑을 보게 되어 너무 흥분하고 있다. 그들은 그날의 가장 행복한 사람을 보려고 즉시 다른 하녀들을 부르고 있다. "시온의 딸들아 나와서 솔로몬 왕을 보라 혼인날 마음이 기쁠 때에 그의 어머니가 씌운 왕관이 그 머리에 있구나" (3:11). 여기에 두가지 주요 강조점이 있다. 첫째로 어머니로부터의 공적인 인정이다. 결혼식에서 어머니의 역할은 중요하다. 그녀는 혼인을 축복하고 있다. 그리고 그녀는 신랑과 신부를 남편과 아내로 공식적으로 인정해주고 있다. 비슷하게 신부가 그녀의 어머니의 집으로 신랑을 데리고 올 때 그는 공개적으로 신부의 남편으로 인정된다 (아 3:4에 대한 우리의 이전 주석을 보라).

두 번째 그 사건에 가져온 기쁨. 마지막 두개의 병행 콜론은 신랑의 크고 말로 표현할 수 없는 기쁨을 묘사하고 있다.

3:11   d 혼인(hatunnato) 날(beyom)

11   e 마음이 기쁠(simhat libbo) 때(beyom)에

여기서 beyom이라는 단어의 반복적 사용해서 결혼식을 분명하게 강조한다. 기쁨의 깊은 위치 또한 분명하게 그의 마음 (libbo) 이다. 모든 4개의 히브리어중 마지막 음절의 모음 'ō' 의 반복은 신랑의 이름 솔로몬 (Solomon) 혹은 축복이나 평화를 의미하는 샬롬 (shalom) 을 가리킨다. 음성학적 유사성

을 이용하는 동음이의어 (soundplay) 를 통해 신랑의 기쁨을 높이고 있다. 참된 사랑과 바른 결혼관계의 연합은 젊은 커플의 길고 지속적이며 행복한 결혼을 보증한다.

마지막으로 모든 수사학적 전략은 아름다운 신부가 "누구" 인지에 대하여 구경꾼의 관심을 일으키는 질문으로 시작한다. "무엇" 에 대한 다음의 질문은 그 자체로는 점강법이 아니다. 오히려 거대한 마차의 등장으로 축복받은 결혼의 정수는 미묘하게 드러나고 있다. 그래서 저자는 섬세하게 신부의 잠재적인 공교한 아름다운 모습에서 부패하지 않는 참된 사랑의 아름다움의 극찬으로 이동하고 있다.

고찰

이 노래는 결혼에서 중요한 것 두 가지를 강조하고 있다. 첫째는 결혼의 공식적 위치이다. 결혼은 단지 부와 아름다운 결혼식 예복을 과시하는 행사 혹은 파티가 아니다. 사랑의 기쁨을 친척과 친구와 나누는 시간도 아니다. 그것은 그들이 이제 남편과 아내라는 부부의 공식적 위치를 공개적으로 알리는 사건이기도 하다.

이것은 오늘날 아시아인들 사이에서도 점점 더 유행하고 있는 동거의 관례와 대조적이다. 많은 사람들이 결혼에 실패하였고 그에 따른 이혼율의 증가는 현대 아시아인들을 "실용적인 해답" 으로 몰아가고 있다. 여기서 유명한 비평 "당신이 결국 이혼할 것이라면 왜 결혼합니까" "사랑에서는 무엇이 중요한가? 결혼은 한 장의 서류에 불과하다." 사랑이 결혼에 필수적이라는 것이 사실이지만 "서류" (사실혼 관계) 가 우리의 사랑을 키우도록 자극한다는 사실을 부인할 수는 없다. 공식적인 헌신 없이는 사랑을 포기하기가 훨씬 더 쉽다. 이는 이 노래가 강조하고 있는 두번째인 참된 사랑으로 인도하고 있다.

매력적인 결혼 마차라 할지라도 그 안에 사랑으로 장식되어 있지 않으면 아무것도 아니다. 물질적으로 많은 것을 소유하지 못한 사람과는 결혼할 수 있지만 사랑없이는 결혼할 수 없다. 동남아시아의 말레이시아인의 미식 중의 하나는 "결혼식 빵"을 의미하는 roti khawin이다. 이 빵을 맛있게 만드는 것은 빵 조각 중에 kaya라고 불리는 코코넛 잼이다. Kaya를 바르지 않으면 roti khawin은 평범한 빵과 같다. 아가서는 결혼의 정수로써 사랑을 묘사한다. 왕의 마차 내부의 사랑이라는 장식은 결혼식 빵에 바른 kaya와 같은 것이다. 그것은 더없이 행복한 결혼의 정수이다.

그러나, 참된 사랑이란 어떠한 것인가? 우리가 살고 있는 포스트모더니즘 시대에서 사랑은 감정인 것처럼 보인다. 그리고 그런 사랑은 도덕적 가치나 법적 위치로 묶이기를 싫어한다. 옳고 틀리고가 중요한 것이 아니고 그저 느낌만이 중요하다. 표어는 "나쁜 일이긴 하지만 느낌이 너무 좋아"이다. 이것은 영화 타이타닉에서 잘 그려지고 있다. 주요 등장인물인 잭과 로즈는 며칠 동안 서로를 알게 되었다. 로즈는 이미 배에 함께 타고 있는 어떤 사람과 약혼했다. 그러나 잭과 로즈는 감정이 이끄는 데로 하룻밤을 보냈다.

아가서의 등장인물은 아가서에서 "많은 물도 이 사랑을 끄지 못하겠고 홍수라도 삼키지 못하나니 사람이 그의 온 가산을 다 주고 사랑과 바꾸려 할지라도 오히려 멸시를 받으리라"(8:7)에서 말한다. 그들은 잭과 로즈 처럼 감정에 빠져있다. 그러나 우리 주석에서 이미 본 것처럼 그들은 도덕적 가치를 따르고 있기 때문에 공개적으로 정상적인 식을 통해서 결혼을 한다. 이런 종류의 사랑이야말로 "불의를 기뻐하지 아니하며 진리와 함께 기뻐하고"(고전 13:6)라고 성경에서 보증하는 사랑이다. 그래서 참된 사랑과 법적 사실혼이야말로 행복한 결혼의 두 가지 기본이다. 두 가지 중 한 가지가 없을 때 행복한 결혼은 불가능하다.

찬사의 노래 (4:1-7)

4:1　ɑ 내 사랑 너는 어여쁘고도

　　 b 어여쁘다

　　 c 너울 속에 있는 네 눈이 비둘기 같고

　　 d 네 머리털은 길르앗 산 기슭에

　　 e 누운 염소 떼 같구나

2　 ɑ 네 이는 목욕장에서 나오는 털 깎인 암양

　　 b 곧 새끼 없는 것은 하나도 없이

　　 c 각각 쌍태를 낳은 양 같구나

3　 ɑ 네 입술은 홍색 실 같고

　　 b 네 입은 어여쁘고

　　 c 너울 속의 네 뺨은

　　 d 석류 한 쪽 같구나

4　 ɑ 네 목은 무기를 두려고

　　 b 건축한 다윗의 망대

c 곧 방패 천 개

d 용사의 모든 방패가 달린 망대 같고

5 a 네 두 유방은 백합화 가운데서

b 꿀을 먹는 쌍태

c 어린 사슴 같구나

6 a 날이 저물고

b 그림자가 사라지기 전에

c 내가 몰약 산과

d 유향의 작은 산으로 가리라

7 a 나의 사랑 너는 어여쁘고

b 아무 흠이 없구나

구조적 분석

아4: 1–7에서는 주로 소녀의 신체적인 아름다움을 묘사하고 있다. 주석을 하기 전에 이 절이 전체 아가서에서 차지하는 위치를 알 필요가 있다. 소녀의 아름다움의 묘사 다음에는 소녀가 레바논에서 내려오도록 초대받고 있는 더 짧은 절 (4:8-11) 이 나온다. 역으로 초대는 4:9–11의 서문 역할을 하고 있다. 그 노래는 감탄의 노래이다. 마지막 절은 4:12–5:1로써 첫날밤의 노래 혹은 정원의 노래이다. 표어 kalla (신부) 는 아가서 전체에서 이들 몇 개 절에서만 나타난다는 사실을 주목할 필요가 있다. 그러므로 그 단어가 커플이 남편과 아내가 되었다는 것을 확신할 수 있는 유일한 경우라고 말하는 것이 안전하다.

재미있게도 아5:1 (첫날밤) 이후부터 커플이 남편과 아내로 묘사되어 있는지는 논쟁의 여지가 있다. 현재 작가에게 소년과 소녀는 5:2에서 8:14까지는 남편과 아내로 보여지지 않고 있다. 그들은 결혼한 커플로 묘사되지 않고 있다. 그러므로 결혼의 밤을 제외하고 그들 사이에는 성적인 결합은 없었다.

이것은 놀라운 일이다. 왜 그들은 아5:1 첫날밤의 노래 이후에도 계속 남편과 아내 관계가 아닌가? 적절한 해석이 하나 있다. 본 작가는 아가서의 구조는 연대기적이 아니라 교차적이라고 생각한다. 아5:1이후의 주요절인 아5:12-8:14은 아5:1 이전의 주요 절인 아1:2-3:5 과 병행이다. 이들 두 개의 주요절 사이에는 3:6-5:1이 있다 (첫날밤의 노래로부터 결혼의 노래까지).

3:5-5:1은 전체 아가서의 주축절이다. 이 주축절에서만 커플은 남편과 아내로 묘사되고 있다. 더구나 소녀의 유명한 간청 "예루살렘의 딸들아 내가 노루와 들사슴을 두고 너희에게 부탁한다 사랑하는 자가 원하기 전에는 흔들지 말고 깨우지 말지니라" 는 두 개의 주축절의 전후 (2:7,3:5, 8:4) 에서 나타나고 있다. 그래서 우리가 전체 아가서의 해석에서 일치하기를 바라고 간청이 결혼 전에 섹스를 의미하지 않는다면, 주축 전후절에서 커플의 위치는 동일하게 미혼이어야 한다.

양괄대칭구조 (Inclusio) 는 이 절을 닫아주고 있다. 그것은 "내 사랑 너는 어여쁘고도 어여쁘다" (4:1) 로 시작해서 "나의 사랑 너는 어여쁘고 아무 흠이 없구나" (4:7) 로 끝이 난다. 양괄대칭구조 (Inclusio) 안에는 소녀의 신체적 아름다움에 대한 묘사인 wasf가 있다. 여기에 소년은 신부의 눈과 머리와 이빨, 입술, 뺨, 목, 가슴에 찬사를 보낸다. 재미있게도 이것은 결혼식 첫날밤의 일부분이지만 이 연결부에서 신랑은 여전히 신부의 자극적인 체위에는 접근하지 못한다. 왜냐하면 신부는 여전히 면사포 (4:1c, 3c) 와 목걸이 (4:4c; 4:9c) 와 예복 (4:11c)를 여전히 입고 있기 때문이다. 명백하게 wasf는 연인 (남자 혹은 여자) 의 신체적 아름다움을 묘사하는 사랑시의 특별한 장르이다. 그 말은 wasf에서 언급된 체위를 반드시 보지 않고서도 연인을 찬사하는 것이다.

신부의 아름다움을 칭찬하기

찬사의 노래는 신부의 아름다움에 대한 일반적 선포 "내 사랑 너는 어여쁘고도 어여쁘다" 로 시작하고 있다. 그것은 1:15의 선포와 정확하게 동일한 것이다. 그의 진심에서 우러나온 찬사는 히브리어로 더욱 우아하게 표현되고 있다.

> 오! (hinnak)내 사랑(ra'yati) 너는 어여쁘고도(yapah)
> 어여쁘다(yapah)

서두의 콜론의 끝에 "어여쁘다" 는 신부의 아름다움뿐만 아니라 그 사이에 끼인 '내 사랑' 이란 표현은 우리의 관심을 집중시킨다. 신부는 분명히 그의 찬사의 중심초점이다.

그녀의 눈

이 연결부에서 연인은 신부의 눈을 똑바로 쳐다보고 "너울 속에 있는 네 눈이 비둘기 같고" (4:1c) 라고 찬사를 이어간다. wasf에서 그런 비교는 서양인의 귀에는 낯설게 들린다. 그 말들이 대표적 (representational) 인지 제시적인지 (presentational) 를 결정하는 것은 어렵다. 그러나 비교의 기본적인 의도는 대표성을 띤다고 제시하는 머피 (Murphy) 에게 동의한다.[155]

"네 눈이 비둘기 같고" 라고 연인이 말할 때 "같고" 라는 단어가 여기에서 사용되지 않았기 때문에 반드시 소녀의 눈이 비둘기 같다라는 것을 의미하

---

155 Murphy, 아가서, 159

지는 않는다. (역자 주-한글개역성경에서는 "같고" 라고 번역했지만 NIV에서는 Your eyes are doves" 이다.) 소녀의 눈과 비둘기는 일부 공통 특징이 있다는 것을 단순히 제시하고 있다. 폭스 (fox) 는 "눈과 비둘기의 공통적 요소는 그들의 부드러움과 관대함과 타원형 모양이다" 라고 평하고 있다. [156]

면사포는 결혼식을 위한 것이다. 칼 (carr) 은 "보통 소녀와 여인은 특별한 경우가 아니면 면사포가 아닌 헤드 드레스를 입었다. 약혼 (창24: 65) 과 실제 결혼예식 (창29:23-25) 은 이런 경우에 해당한다." [157] 결혼식 면사포로는 신랑의 사랑을 강하게 자극하는 신부의 부드럽지만 강한 응시를 가릴 수 없다. 4:1의 "내 사랑" 에 대한 더 상세하게 알고 싶으면 아1: 9a의 해석을 보라.

그녀의 머리카락

4:1의 마지막의 두 개의 콜론은 신부의 머리카락을 길르앗산 기슭에 누운 염소떼에 비유하고 있다. 칼 (carr) 은 대부분의 팔레스타인의 염소는 길고 곱슬 검은털을 가지고 있고 길르앗산과 같은 먼 언덕으로 큰 무리의 이동은 전체 언덕가가 살아있는 것처럼 보이게 한다. [158] 그래서 그 모습은 머리로부터 어깨까지 신부의 아름다운 검은 머리카락의 이동과 파동을 나타내고 있다.

그녀의 이빨

4:2에서 시는 신부의 이빨을 묘사하기 위해서 비유로 양 무리를 계속 사용하고 있다. 신부의 이빨은 희고, 세수 후에 희고 깨끗한 양무리 같이 깔끔하게 배열되어 있다. 이들 희게 빛나는 이빨은 완벽하게 대칭적이고 목

---

156 폭스, 아가서, 106
157 칼, 아가서, 114
158 Ibid.,115

욕 이후 쌍으로 오는 양이 한 마리도 잃어버리지 않은 것처럼 빠진 데가 전혀 없다.[159] "쌍둥이"라는 단어는 매우 완벽하게 맺어진 대칭적 이빨을 적절히 묘사하고 있다. 소녀는 그녀의 이빨을 희고 그대로 깔끔하게 보존하려고 했다는 것은 주목할만 가치가 있다. 이것은 고대 근동에서는 치과의사도 치열교정기, 치약이나 다른 치과 세정제가 없었다는 사실로 볼 때 놀랄만한 것이었다.[160]

그녀의 입술과 입

4:3ab는 입만큼 빨갛고 사랑스러운 그녀의 입술을 묘사하고 있다. 히브리어로 "입술"(midbar)는 말할 때 사용하는 신체 기관(organ)을 의미한다. 그것은 여기서는 표현력을 위해서 사용되었을 수도 있다. 그래서, 그래딜(Gledhill)은 "그녀의 입술에서 비둘기의 감미로운 속삭이는 소리가 흘러나온다. 그녀의 말은 그녀의 아름다움과 조화를 이루고 있다."[161] 그러나 저자의 midbar 선택 (입을 나타내는 더 평범한 단어인 pi 대신에) 은 묘사를 위한 것이 아니라 대구의 목적을 위한 것이다. Pi는 하나의 음절이 있기 때문에 다른 콜론에 비교할 때 콜론을 너무 짧게 만드는 것이다. 두개의 병행콜론은 문자적으로 다음과 같이 배열될 수 있다.

네 입술 (siptotayik)은 홍색 실 (kehut hassani) 같고

네 입 (umidbarek)은 어여쁘고 (na'weh)

---

159 "그들 모두"(sekullam)와 "(그들 중 어떤 것도 아닌)잃어버리고 있는"(sakkulah) 사이에서 여기서는 언어 유희가 있다. 이 두 개의 단어는 동일한 어근(skl)이 있지만, 그것들의 의미는 완전히 다르다는 것을 주목하라.

160 Yang Dong Chuan, 아가서의 번역과 주석(대만: Yong Wang Enterprises, 1995), 98을 참조

161 Gledhill, 아가서, 156

"네 입술" 은 "네 입" 과 대조를 이루고 있으며 "홍색실 같은" 은 "어여쁘고" 와 대조를 이루고 있다. 그러므로 두 개의 콜론은 서로 교차적으로 병행을 이루고 있다. 이 기술적인 문학적 구조는 신부의 미소만큼이나 예쁘다. 신부가 웃을 때 그녀의 홍색실 같은 입은 전보다 훨씬 더 매력적으로 보이게 만든다.

그녀의 뺨

연인은 "너울 속의 네 뺨은 석류 한 쪽 같구나" 라고 자신의 신랑을 계속 칭찬하고 있다. 머피 (Murphy) 는 왜 "관자놀이 (temple) " 가 아름다움을 표현하기 위해 선택되었는지를 설명하기 어렵다고 생각한다. 그래서 그는 "관자놀이" 보다는 "뺨" 을 선호한다.[162] 잘려진 석류 한 쪽의 내부 색깔과 같은 아름다운 장미빛 뺨이 강조되고 있다. 뺨의 묘사는 "너울 속의" 라는 구절로 끝이 난다. 표현의 순서를 살펴보면 재미있다.

4:1	a 내 사랑 너는 어여쁘고도
1	c 너울 속에 있는…. 네 눈이
	d 네 머리털은…
2	a 네 이는…
3	a 네 입은…
	b 네 입술은…
	c 너울속에…네 뺨은

우리가 알 수 있듯이 "내 사랑 너는 어여쁘고도" 라는 최초의 일반적 선

---

162 Murphy, 아가서, 155

포이후에 연인은 소녀의 육체적 아름다움을 더 상세히 설명한다. "너울 속의" 라는 구절은 표현의 중심 무대인 것처럼 보인다. 이것은 1:9-11에서도 그의 사랑하는 소녀 친구를 이전에 칭찬했던 것을 생각나게 하고 있다. 그는 또한 그녀의 머리로 시작하고 있다. "내 사랑아 내가 너를 바로의 병거의 준마에 비하였구나" 그 다음에 그녀의 목을 표현하고 있다.

그녀의 목

신부의 목은 다윗의 망대에 비교하고 있다. 여기서 이 직유의 의미는 무엇인가? 다음 콜론 "건축한" (4:4b) 즉 문자적으로 "높이 건축한" 은 우리에게 중요한 실마리를 주고 있다. 그래서 길이나 높이는 여기서 공통적 요소이다. 고대 이집트에서는 긴 목은 기품있고 우아한 것으로 여겨졌고 여인의 아름다움과 고상한 기품을 나타내고 있다.

그녀의 목은 1:10 "네 목은 구슬 꿰미로 아름답구나" 에서처럼 유색 구슬줄로 장식하고 있다. 여기서 그녀의 목의 구슬줄은 다윗의 망대의 벽에 달린 용사들의 수천 개의 방패에 비교되고 있다. 겔27: 11b에 기초해서 폭스 (fox)는 "방패와 갑옷을 장식하기 위해서 그것들을 성벽에 달아놓은 것이다" [163] 라고 적절하게 논평하고 있다. 그래서 신부의 아름다움과 기품에 강조점이 있는 것이다. 그것은 근접할 수 없는 고상한 기품뿐만 아니라 그녀의 키와 위엄도 높이고 있다.

그녀의 가슴

연인은 백합화 가운데서 꼴을 먹는 쌍태 어린 사슴 (4:5) 을 그녀의 가슴에 비유하고 있다. 어린 사슴은 아름다움과 우아함으로 유명한 동물들

---

163 폭스, 아가서, 131

이다.[164] "쌍태 어린사슴"은 구성과 형태에서 대칭이다. "백합화 가운데서 꼴을 먹는 어린 사슴 같은 가슴"으로 저자가 의미하는 바를 정확하게 알아내는 것은 어렵다. 머피(Murphy)는 "가슴을 꽃들 가운데서 코로 냄새를 맡고 있는 어린 사슴의 뒷모습으로 비유할 때와 마찬가지로 많은 탁월한 주석가들조차도 여기서 몰이해적인 직역을 드러내고 있다"[165] 라고 경고하고 있다.

반면에 연인의 입술이 백합화로 언급되는 5:13에 기초를 두고서 일부 주석가들은 여기서 아마 신부 가슴에 친밀한 키스를 했었을 것이라고 생각한다.[166] 그러나 앞에서 본 것처럼 신체 부위에 대해 wasf로 찬사를 보낼 때 반드시 성적인 친밀함으로 추론할 필요는 없다.

백합화 가운데서 평화롭고 우아하게 먹이고 있는 두 마리의 어린 사슴에 대한 회화적인 시각으로 연인은 이 신부의 가슴의 아름다움을 유혹하고 부드러움을 강조하고 있다. 그래서 강력하고 불타는 열정이 천천히 타올라서 그를 압도하고 있다. 그 순간에 그는 그녀의 신체적 아름다움에 찬사 보내기를 멈추고 대신 "날이 저물고 그림자가 사라지기 전에 내가 몰약 산과 유향의 작은 산으로 가리라"(4:6) 라는 그의 불타는 정열을 표현하고 있다.

분명하게 4:6ab는 2:17ab를 반영하고 있다. 4:6ab의 해석을 위해서는 2:17ab 에 대한 과거 주석을 보라. 그러나 4:6cd는 2:17cd와는 다르다는 것을 주목하라. 2:17cd에서 소녀는 연인에게 베데르의 산으로 와서 자신을 만나라고 초대하고 있다. 그러나 여기 4:6cd에서 몰약의 산과 침향의 언덕으로 가고 싶은 열망을 표현하고 있는 것은 남자다. 이들 산들 가운데에는 차이가

---

164 Murphy, 아가서, 159
165 Ibid.
166 Gledhill, 아가서, 157

있는가? 일부 주석가들은 차이가 있다고 생각하지 않는다. 그러나 더 근접한 조사로 차이를 발견할 수도 있다. 처음에는 장르가 다르다. 2:17은 연애에 초대하는 노래이다. 반면 4:5은 결혼식 첫날밤에 육체적 아름다움에 찬사를 보내는 노래인 wasf이다. 두 번째 사용된 단어는 다르다. 2:17에서 베데르의 산이 나타난다. 반면 4:6는 몰약의 산과 침향의 언덕을 언급하고 있다.

일부 주석가들은 "몰약의 산과 침향의 언덕" 은 여기서 신부의 가슴을 의미한다고 제시하고 있다. 이것은 그렇지 않을 수도 있다. 베데르 산은 NIV가 번역한 것처럼 요철모양의 언덕 (rugged hills) 을 아마 말하는 것 같다. "몰약의 산과 침향의 언덕" 은 아마도 전인격적으로 관계하는 성적인 친밀감을 언급하는 것 같다. 이것은 결혼의 노래에서는 몰약의 산과 침향의 언덕이 레바논, 아마나, 스닐, 헤르몬과 표범 산처럼 4:8에서 후에 언급되는 다른 산과 대조적으로 사용되고 있기 때문이다. 4:8의 산들은 소녀의 고귀한 범접할 수 없는 분위기를 의미하고 있다. 그러나 결혼식 첫날밤 여기서 그녀는 그런 고귀함을 치워버리고 신랑이 성적인 친밀감을 누릴 수 있는 몰약의 산과 침향의 언덕이 되고 있다. 머피 (Murphy) 는 "향기나는 산/언덕의 의미는 명확하지 않다. 신체의 특정부위보다는 여인 전체를 의미하는 것 같다.

왜냐하면 그것은 7절의 '어여쁘고' 로 요약해서 결론으로 제시되고 있기 때문이다. 비슷하게 Yang Dong Chuan은 " '몰약의 산' 과 '침향의 언덕' 은 신부의 몸의 비유로써 성적인 결합의 기쁨을 표현하고 있다는 사실을 나타내고 있다" 고 논평하고 있다. [167]

그래서 2:17cd와 4:6cd사이의 차이가 중요하다. 앞에서는 소녀가 데이트를 위해서 초대받았지만 뒷 부분에서 소년은 그의 신부와 사랑을 만들어 보려는 의도를 나타내고 있다. 그 차이는 커플은 올바른 환경에서 올바른 행

---

167 Yang, 아가서, 102

동을 할 수 있는 올바른 위치를 가지는데 매우 민감하다는 것을 보여주고 있다. 여기서 그들이 이미 결혼했기 때문에 성관계는 완전히 합법적인 것이다. 높은 도덕성에 대한 그들의 민감성이 다시 나타내고 있고 노래 전체를 통해서 다시 나타나고 있다.

"내 사랑은 어여쁘고 아무 흠이 없구나" 4:7은 전체 노래의 양괄대칭구조 (Inclusio) 로 작용하고 있다. 양괄대칭구조 (Inclusio) 는 또 다른 높이로 그녀의 아름다움의 찬사를 진척시킨다. 그녀는 어여쁘고 그녀의 아름다움은 흠이 없다. 그녀는 흠이 없기 때문어 완벽하다.

고찰

신체는 하나님의 예술 작품이다. 그것은 하나님의 역사의 창조성과 아름다움을 반영하고 있다. 하나님께서 첫 여인을 창조하셨을 때 하나님께서 여자를 첫 남자에게 인도하셨다. 사람이 "이는 내 뼈 중의 뼈요 살 중의 살이라"고 선포한 것은 매우 놀라운 예술 작품이었기 때문이었다. 예술적인 작품은 감사하고 즐길 수 있는 것이었고 첫 부부는 그것에 대해 "부끄러워하지 않았다"(창2: 25)

이 모든 것은 결혼의 문맥에서 이루어졌다. 예술적인 이해와 포르노, 정열과 색욕, 응시와 추파 사이의 차이가 여기에 있다. 결혼 안에서는 배우자의 육체를 보는 것은 예술적인 감탄이다. 혼외에서 그것은 포르노이다. 결혼관계 내에서 육체에 주목하는 행위는 열정의 표현이다. 관계를 떠나서 그것은 색욕이다. 결혼 내에서 사람은 하나님의 창조 작품을 응시하고 있는 것이다. 결혼이 아니면 그는 여자의 몸에 추파를 던지는 것이다 (예수님의 말씀에 의하면 그는 간음을 저지르고 있는 것이다).

아가서의 부부는 전자에 속한다. 그들의 결혼식 첫날밤에 신랑은 하나님의 예술 작품인 신부에 의해 매혹된다. 아담처럼 그는 "내 사랑아 너는 어여쁘고 어여쁘다" 라고 외친다. 그는 사랑하는 여자의 모든 신체부위 눈, 머리카락, 이빨, 입술, 입, 뺨, 목, 가슴 등 ("나의 사랑 너는 어여쁘고 흠이 없구나" 라는 그의 선언에서 볼 수 있듯이) 에 감사하고 찬사를 보낸다.

그런 인간의 열정은 한 가지 이유 때문에 성경에 포함되었다. 그것은 결혼 내에서 성이라는 하나님의 선물에 대해 감사하기 위해서 포함되었다.

설득과 찬사의 노래 (4:8-11)

4:8　a 내 신부야 너는 레바논에서부터 나와 함께 하고

　　　b 레바논에서부터 나와 함께 가자

　　　c 아마나와

　　　d 스닐과 헤르몬 꼭대기에서

　　　e 사자 굴과

　　　f 표범 산에서 내려오너라

9　　 a 내 누이, 내 신부야 네가 내 마음을 빼앗았구나

　　　b 네 눈으로 한 번 보는 것과

　　　c 네 목의 구슬 한 꿰미로

　　　d 내 마음을 빼앗았구나

10　　a 내 누이, 내 신부야 네 사랑이 어찌 그리 아름다운지

　　　b 네 사랑은 포도주보다 진하고

　　　c 네 기름의 향기는 각양 향품보다 향기롭구나

11　　a 내 신부야 네 입술에서는 꿀 방울이 떨어지고

　　　b 네 혀 밑에는 꿀과 젖이 있고

　　　c 네 의복의 향기는 레바논의 향기 같구나

세심하고 부드러운 신랑

4:6 "내가 몰약산과 유향의 작은산으로 가리라" 에서 본 것 처럼 여기서 열정은 신랑을 압도한다. 그러나 그가 더 긴밀한 친밀함을 가지고 싶을 때 그는 그녀가 여전히 준비가 되지 않았다는 것을 깨닫는다. 그녀는 내성적이고 애타게하며 범접하기 힘들다. 이것은 그녀에게 성관계의 첫 경험이기 때문이기 때문에 그녀는 신체적 및 심리학적으로 준비되는데는 시간이 걸리는 것처럼 보인다.

신랑은 그래도 매우 잘 이해를 하고 있다. 따라서 이 노래는 설득과 찬사의 노래이다.

신랑은 처음에 "내 신부야 너는 레바논에서부터 나와 함께 하고 레바논에서부터 나와 함께 가자 아마나와 스닐과 헤르몬 꼭대기에서 사자 굴과 표범 산에서 내려오너라" (4:8)[168] 라고 신부를 설득한다.

부드러운 설득

그의 설득과 재촉 사이의 긴장 사이에서 신랑의 민감성을 볼 수 있다. 그는 신부를 격려할 뿐만 아니라 재촉하기도 한다. 이것은 4:8 의 두 동사 '오라' 와 '내려오라' 에서만 보인다. 이제 그는 불타는 정열로 거의 소진되고 있기 때문에 뒤의 동사에서 그는 그녀에게 사실 빨리 내려오라고 재촉하고 있

---

168 신부로서 소녀의 위치가 여기서는 강조되고 있다는 것을 주목하라. 이절에서 신부에 대한 히브리어(kallah)는 소녀의 칭호 "나의 신부야"이다. 앞에서 언급한 것처럼, 그 단어는 주축 단원 3:6-5:1에서만 나타난다. 결혼식 노래(3:6-11)에서 결혼이란 단어의 출현과 더불어서 6회 나타난다 하더라도(4:8,9,10,11,12,5:1) 소녀의 위치는 명백하게 전체 주축 단원을 통해서 '신부'이다.

다. 그럼에도 불구하고 그는 그녀에게 혼자 내려오라고 요청하지 않고 그녀에게 두 번 "나와 함께 가자." 재촉하고 있기 때문에 그는 여전히 격려하는 것처럼 보인다. 그는 모든 것이 괜찮을 것이라고 그녀에게 확신시키기 원한다.

그 남자는 신부에게 "레바논에서부터 나와 함께 가자 …아마나… 에서 내려오너라" 라고 간청하고 있다. 8절의 지정학은 상징적으로 이해할 때에만 이해가 된다. 머피 (Murphy) 는 레바논, 아마나, 세느, 헤르몬, 사자와 표범을 언급함을 통해 소녀의 범접할 수 없다는 개념을 강화시키고 있다. 왜냐하면 그 소녀는 거리적으로, 위험에 의해 분리되어 있기 때문이다.[169] 그러나 레바논과 다른 산 사이에는 미묘한 차이가 있을 수 있다. 레바논 외에 산들은 사자 굴과 표범 산과 관련되어 있다. 그리고 그들은 범접할 수 없음을 명백하게 의미한다.

그러나, 레바논은 여기서 다른 함축을 가질 수 있다 (이전에 언급된 의미와는 별도로).

'레바논' (lbn) 의 히브리어 자음은 '유향' (lebonah)의 자음과 동일하다. 후자는 4:6에서 첫 번째로 존재하고 (거기서 신랑은 유향의 언덕으로 가는 것을 결심하고 있다) 4:8 (거기서 신랑은 신부가 레바논에서 그와 함께 내려오도록 초대한다) 에서 나타난다. '레바논' 은 첫날밤의 노래 (4:15-16) 에서 다시 나타나고 있다. 신부는 성적인 결합 (거기서 그녀는 "레바논에서 아래로 흘러내려오고 있는 흐르는 물의 근원인 정원의 샘으로 묘사되고 있다)" 을 위해 준비되어 있다. 거기서 준비되어 있기 때문에 신부는 그녀가 4:16에서 "북풍아 일어나라 남풍아 오라 나의 동산에 불어서 향기를 날리라 나의 사랑하는 자가 그 동산에 들어가서 그 아름다운 열매 먹기를 원하노라" 처럼 신부는 신랑을 하나됨으로 초대하고 있다.

---

169 Murphy, 아가서, 156

추가적인 설득: 신부여 당신은 나를 미치게 하는 군요!

현재 알 수 있듯이 신부는 준비가 되어 있지 않다. 그래서 여기에 추가적인 설득이 필요하다. 4:9–11에서의 찬사의 분출 이후에 여기서 8절이 따라 나온다. 이것은 성적인 결합을 위해서 신부를 감정적으로 준비시킬 뿐만 아니라 유도하고 있다. 그녀의 매력에 신랑은 감탄하지 않을 수 없었다. "내 신부야 네가 내 마음을 빼앗았구나…" 에서 그 영향은 유혹과 같다.

비슷한 표현은 이집트 사랑의 구절과 같은 고대 근동 사랑의 시에서 발견된다. "그녀가 포옹으로 내 마음을 빼앗았다" [170] 그리고 " 내 마음을 뺏은 것은 사실 그녀이다." [171]

킬의 번역은 신랑의 마음을 잘 표현하고 있다.

4:9　　a 내 누이, 내 신부야 네가 [나를 미치게 하는구나]

　　　　b [네 눈으로 한 번 보는 것과]

　　　　c 네 목의 [구슬 한 꿰미로] 나를 미치게 하는구나

10　　　a 내 누이, 내 신부야 네 사랑이 어찌 그리 아름다운지

　　　　b 네 사랑은 포도주보다 진하고

　　　　c 네 [기름]의 향기는 [각양 향품]보다 향기롭구나

11　　　a 내 신부야 [네 입술에서는 꿀 방울이 떨어지고]

　　　　b 네 혀 밑에는 꿀과 젖이 있고

　　　　c 네 의복의 향기는 레바논의 향기 같구나 [172]

---

170 Papyrus Chester Beatty I, group A, no.31; 폭스 번역, 아가서, 52

171 O.Gardiner 304 recto(HO I,38), no.54, 폭스번역, 아가서, 81

172 킬, 아가서, 161

3개의 절들은 3개의 콜론으로 이루어진 절[173]로 9개의 콜론으로 이루어져 있다. 9절과 11절은 병행관계이다. 결과로 10절은 3개 절의 주축을 이루는 절이 된다. 4:9는 신랑을 미치게 만드는 두 가지 일을 드러내고 있다. 첫 번째는 소녀의 눈의 응시이다. 두 번째는 그녀의 목걸이의 빛나는 보석이다. 4:11는 신랑을 미치게 만드는 다른 두 가지 일을 나타낸다. 4:9과 4:11의 첫번째 아이템들은 동일한 성격이다. 그것들은 그녀의 머리와 눈과 입이다. 4:9과 4:11의 두 번째 아이템은 동일한 성격이 있다. 그것들은 그녀가 입고 있는 것들의 일부이다. 신부는 여전히 옷을 입고 있지만 그녀의 키스는 신랑을 미치게 만들고 있다 (4:11에서 나타내는 것처럼).

사랑은 우리를 미치게 한다!

4:10에서 남자는 신부의 키스와 애무가 어떤 포도주보다 더 취하게 한다는 것을 깨닫고 있다. 그런 상황에서 그녀의 향수는 훨씬 더 취하게 한다. 그것은 그를 비틀거리게 한다. 시각과 촉감과 냄새는 신랑을 끌어당긴다.[174] 이것은 1:2,3a 를 상기시킨다. 거기서 소녀는 연인의 키스를 갈망한다. 키스는 그녀를 미치게 한다. "내게 입맞추기를 원하니 네 사랑이 포도주보다 나음이로구나 네 기름이 향기로워 아름답고…" 거의 동일하게 신랑은 주축 구절 "내 누이, 내 신부야 네 사랑이 어찌 그리 아름다운지 네 사랑은 포도주보다 진하고 네 기름의 향기는 각양 향품보다 향기롭구나" 에서 그의 갈망을 표현한다.

이 두 가지 경우, 포도주와 향수에서 동일한 은유가 사용되었다는 것은 놀랄만한 것이다. 이것은 신랑과 신부의 경험이 동일하다는 것을 제시하고

---

173 킬의 3개 구절의 분석을 보라; ibid
174 Gledhill, 아가서, 163

있다. 아1: 2에서 신부를 미치게 하는 정열이 이제 신부를 미치게 하는 것이다. 사랑 외에는 아무것도 보이지 않는다. 결혼식 첫날밤에 신랑이 불타는 정열로 소진될 때 가장 유혹적이고 매력적인 것은 신부의 몸이나 섹스가 아니라 사랑이다. 아가서의 도덕적 시스템에서 사랑 없는 성적관계는 참된 결혼이 아니다. 참된 사랑은 성적결합에 가장 근본적이며 본질적이다.

남자는 그의 아내를 "내 누이, 내 신부야." 라고 부른다. 신부가 처음으로 누이라고 불려지는 때이다. 머피 (Murphy) 는 "형제" 와 "누이" 라는 단어는 애정의 표현[175] 으로 이집트 사랑 시에 자주 나타난다고 지적한다. "나의 신부" 는 히브리어로는 하나의 단어이다. 그것은 전체 아가서에서 6회만 나타난다. "격려와 감탄의 노래" (4:8-11)와 "첫날밤의 노래" (4:12-5:1) 두 곳에서만 중심에 나타난다. 이러한 사실은 그 표현이 육체적 결합이라는 절정으로 끝나는 결혼식 첫날밤만을 위해서만 사용된다는 것을 제시하고 있다.

남자의 "누이" 는 뚜렷하게 그의 설득에 반응하기 시작한다. 4:11ab는 그녀가 그에게 키스를 하고 있다는 것을 알려주고 있다. 키스는 정열적이다. 그 시는 꿀을 떨어뜨리는 소리를 영화같이 생생하게 보여주면서 몇 개의 히브리어 단어의 놀랄만한 압운 ("t" 소리) 으로 정열적인 키스를 그리고 있다.

이 의성어는 1:2를 상기시키며 거기서 강렬한 키스 소리는 동일한 어근 (nsq, "키스") 의 반복으로 표현되고 있다. 여기 4:11ab에서 놀랄만한 압운은 자주 일어난다. 그래서 키스의 비유를 강화하고 있다. 그러한 아름다운 그림은 향기로운 모든 것을 상징하는 레바논의 백향목의 냄새비유로 끝나고 있다. [176]

---

175 Murphy, 아가서, 156
176 Ibid. ,160

고찰

결혼 상담가들은 섹스에 대한 여성의 반응은 남자의 반응과 다르다라고 우리에게 말해주고 있다. 남자들은 여성의 나체를 단순히 보며 빠르게 반응한다. 반면 여자들이 흥분하는데는 시간이 필요하다. 여자는 섹스를 남편과의 관계 중의 일부로 본다. 성적으로 깨어나기 위해서 그녀는 애무가 필요하고 사로잡혀야 한다. 그러므로 남편은 서두르거나 무례하거나 성급해서는 안된다. 그는 성적인 접근을 할 때 섹스를 권리로 요구하고 있는 것이 아니라 사랑의 표현[177] 이라는 것을 입증해야 한다. 이것은 "남편들아 이와 같이 지식을 따라 너희 아내와 동거하고 귀히 여기라"(벧전 3:7) 는 사도 베드로의 충고와 일치한다.

아가서의 신랑은 그러한 세심함과 부드러움을 입증하고 있다. 그들은 이미 결혼했다. 실제 그것은 그들의 결혼식 첫날밤이다. 그가 기다려왔던 밤이다. 그는 열정으로 불타고 있다. 그러나 신부가 성관계를 할 준비가 되어 있지 않다는 것을 발견할 때 그녀를 재촉하지 않는다. 성관계를 요구하는 대신에 그는 그녀를 설득하고 구애한다. 명백하게 그것은 전희의 일부이다. 그리고 그것이 먹혀들어간다. 신부는 그에게 키스하기 시작한다. 그녀가 그에게 너무 정열적으로 키스했기 때문에 시에서 그것을 표현하려면 히브리어의 의성어를 사용해야 했던 것이다.

---

177 Ed Wheat and Gay Wheat, *Intended for pleasure* (Old Tappan: Fleming H. Revell, 1981)81

첫날밤의 노래 (4:12–5:1)

4:12 a 내 누이, 내 신부는 잠근 동산이요

　　　b 덮은 우물이요 봉한 샘이로구나

13　　a 네게서 나는 것은 석류나무와

　　　b 각종 아름다운 과수와

　　　c 고벨화와 나도풀과

14　　a 나도와 번홍화와

　　　b 창포와 계수와

　　　c 각종 유향목과

　　　d 몰약과 침향과

　　　e 모든 귀한 향품이요

15　　a 너는 동산의 샘이요

　　　b 생수의 우물이요

　　　c 레바논에서부터 흐르는 시내로구나

16　　a 북풍아 일어나라

　　　b 남풍아 오라

　　　c 나의 동산에 불어서 향기를 날리라

d 나의 사랑하는 자가 그 동산에 들어가서

e 그 아름다운 열매 먹기를 원하노라

5:1   a 내 누이, 내 신부야 내가 내 동산에 들어와서

b 나의 몰약과 향 재료를 거두고

c 나의 꿀송이와 꿀을 먹고

d 내 포도주와 내 우유를 마셨으니

e 나의 친구들아 먹으라

f 나의 사랑하는 사람들아 많이 마시라

구조적 분석

이 단락 (4:12-5:1)은 전체 아가서의 주축이다. "내 누이" 와 "내 신부" 가 4:12a과 5:1a 양쪽에서 나타난다. (각 첫 구절의 첫 번째 콜론과 마지막 절의 첫 번째 콜론에서) 이것을 통해서 inclusio를 형성하고 있다. 성적인 결합 이전에 신랑은 "내 누이, 내 신부는 잠근 동산이요" (4:12a) 라고 말한다. 성적인 결합이라는 단계에서는 그는 "내 누이, 내 신부야 내가 내 동산에 들어와서" (5:1a) 라고 표현하고 있는것이다. 히브리어로 이 두 개의 콜론 사이에서 대구법은 훨씬 더 놀랄만한 것이다. 그것들은 다음과 같이 배열되어 있다.

4:12   a 내 누이, 내 신부는 잠근 동산이요
5:1   a 내 누이, 내 신부야 내가 내 동산에 들어와서

두 개의 병행 콜론의 첫 번째 두개의 단어는 교차적으로 병행이다. "동산이요" 는 "내 동산" 과 대조적이며 "잠근" 은 "들어와서" 와 대조적이다. 그래서 닫힌 정원에서 정원의 입구까지에는 명백하게 주제의 발전이 나타나고 있다.

주석

섹스의 비유: 정원, 봄과 샘

4:12에서 신부는 "잠근 정원", "덮은 우물"과 "봉한 샘"으로 묘사되고 있다. 이 절에서 "정원"은 단수형으로 4회 (4:12a, 16b, e, 5:1a) 나타난다. "우물"과 "샘"은 "정원"과 동일한 의미로 사용되는 비유이다. 이 모든 단어들은 섹스라는 관점에서 신부의 육체를 표현하고 있다. 잠 5:15–18도 동일한 비유를 사용한다. "너는 네 우물에서 물을 마시며 네 샘에서 흐르는 물을 마시라 어찌하여 네 샘물을 집 밖으로 넘치게 하며 네 도랑물을 거리로 흘러가게 하겠느냐 그 물이 네게만 있게 하고 타인과 더불어 그것을 나누지 말라 네 샘으로 복되게 하라 네가 젊어서 취한 아내를 즐거워하라"

잠언의 문맥에서 '우물의 물', '샘의 물', '샘물 (springs)'과 '도랑물 (streams of water)' 표현 모두는 아내에게 대한 성적인 접근을 의미한다. 부부간의 정절을 지키는 것은 남자에게 주어진 명령이기 때문에 아내라는 "샘물"은 거리로 흘러나가서는 안되고 타인과 나누어서도 안된다. 위의 의미를 고려해 볼 때, 아가서의 신랑은 그녀의 겸손과 성적인 배타성과 무엇보다도 그녀의 처녀성에 대해 신부에게 찬사를 보내고 있다. 그녀는 '봉한 샘'이다. 누구도 그녀에게 접근할 수 없다. 연인은 기운을 차리기 위해 그것으로부터 마시고 싶어한다.

4:13에서 "식물"에 대한 히브리어 (selahayik)는 분명한 의미이다. 그것은 "수로"를 의미할 수도 있다. 여기서 전체 그림은 선택한 과일과 다른 이국적 식물들로 가득 찬 과수원이다. 과수원은 맛있는 과일과 향료와 수로로 물을 공급받는 식물들로 가득 차 있다.[178]

---

178 R.Davidson, 에스겔과 아가서, 131

향기와 향료 : 신부의 성적인 매력

4:13-14에서 향료의 9가지 형태가 언급되고 있다. 폭스는 9개 중에서 오직 3개만이 이스라엘에서 재배된다고 지적하고 있다. 남은 향료는 고가에 먼지역에서 수입되었다. 그래서 폭스 (fox) 는 여기서 언급된 과수원은 이국적이고 귀중한 식물들로 이루어진 상상의 정원[179] 일 수도 있다. 성적인 결합과 이 이국적인 식물들사이의 관계에 대해 Davidson은 "이 모든 향수들 혹은 향료들은 어떤 식으로든 성적인 매력과 연관되어 있다." [180] 고 설명하고 있다.

이 시기에 신부는 정사를 위한 준비가 되어 있다. 그녀가 사랑하는 신랑은 모든 그녀의 성적인 매력 (과일과 이국적인 향료로 묘사된) 을 즐길 준비가 되어 있다. 4:8a,b의 "내 신부야 너는 레바논에서부터 나와 함께 하고 레바논에서부터 나와 함께 가자" 라는 그의 초대에 대한 반응처럼 그녀는 그녀의 사랑받는 신랑과 함께 "레바논에서 내려" 올 준비가 되어 있다. 그래서 그녀는 이제 개봉한 동산 샘이며 생수의 우물이요 레바논에서부터 흐르는 시내로구나 (4:15). 그녀는 더는 범접할 수 없는 존재가 아니다. 그녀는 그녀의 성적인 매력의 "향기" 를 날려줄 바람에게 명령하고 있다. "북풍아 일어나라 남풍아 오라 나의 동산에 불어서 향기를 날리라 나의 사랑하는 자가 그 동산에 들어가서 그 아름다운 열매 먹기를 원하노라" (4:16)

이것은 7:13과 직접적 대조를 명백히 이루고 있는데 거기서 소녀는 연인에게 가까운 미래에 며칠 내 이러한 모든 선택 과실과 향기가 그가 즐길 수 있는것이라고 약속하고 있다. 그녀는 "합환채가 향기를 뿜어내고 우리의 문 앞에는 여러 가지 귀한 열매가 새 것, 묵은 것으로 마련되었구나 내

---

179 폭스, 아가서, 138

180 Ibid. ,132

가 내 사랑하는 자 너를 위하여 쌓아 둔 것이로다" 라고 말하고 있다. 결혼식 첫날밤에 모든 향기나는 과일은 더는 이상 쌓아두는 것이 아니라 이제 그가 즐길수 있다.

연합

첫날밤이 이미 이르렀다. 신랑은 "내 누이, 내 신부야 내가 내 동산에 들어와서 나의 몰약과 향 재료를 거두고 나의 꿀송이와 꿀을 먹고" (5:1a-d) 라고 재빨리 반응하고 있다. 이 구절 내내 "나의" 라는 작지만 중요한 단어가 사용되었다는 것에 주목하라. '내 정원', '내 누이', ' 나의 신부', '나의 몰약', '나의 향료', ' 나의 꿀송이', '나의 꿀', '나의 포도주' 와 '나의 우유'. 이 강조는 성적인 결합은 철저하게 남편과 아내만을 위한 것이라는 것을 강조하고 있다. 제3자를 위한 공간은 없다. 연애시절부터 결혼의 날까지 그리고 결혼 생활내내 사랑과 상호헌신이 있어야 한다. 소녀는 2:16에서 "내 사랑하는 자는 내게 속하였고 나는 그에게 속하였도다" 라고 말하고 있다. 사랑과 헌신은 동전의 양면이다. 그것들은 배타성의 뿌리이자 정절의 기초이다.

"사랑" 에 기초한 남편과 아내 사이의 배타적인 성적 결합은 서로에게 "나의 친구들아 먹으라 나의 사랑하는 사람들아[dodim] 많이 마시라" (5:1e,f)라고 노래 부르는 예루살렘의 딸들의 지지를 받고 있다. 문자적으로 마지막 콜론은 "사랑[dodim]을 깊이 들이키라" [181] 라고 번역될 수 있다. 그래딜 (Gledhill) 은 다음과 같이 적절하게 논평하고 있다.

그들이 행하는 것은 좋고 유익하고 바르고 적절하다. 그것은 사랑의 자

---

181 Murphy는 아가서와 성경의 나머지부분에서 *dodim*은 항상 사랑을 의미한다고 지적한다. Murphy, 아가서, 157을 보라.

연스러운 육체적 완성이다. 자신을 주는 그들의 포기는 전적으로 인정을 받은 것이고 지지를 받는 것이다. 그들의 사랑은 이제 더는 남겨두거나 억제할 필요가 없이 서로를 완전하고 행복하게 즐긴다. 그들은 육체적이고 고조된 감정대로 성관계에 "취할 수" 있다.[182]

고찰

그들의 수년, 수개월 동안 자기 절제와 갈망이 대가를 얻고 있다. 참된 사랑은 첫날밤의 관계로 충만하게 자유와 황홀경을 만끽한다. 사랑의 기쁨은 신혼방을 정원으로 바꾸었다. 에덴에서 남자와 그의 아내는 벗었지만 부끄러워하지 않았다. 그런 수치가 없는 흥분을 아담은 "이는 내 뼈 중의 뼈요 살 중의 살이라 아담과 그의 아내 두 사람이 벌거벗었으나 부끄러워하지 아니하니라" (창 2:24,25) 라고 표현했다. 그러나 아담의 타락으로 그것이 사라지고 수치와 죄의식과 두려움으로 들어왔다 (창3). 그러나 여기서 두 번째 아담 안에서 첫아담의 수치와 죄의식과 두려움이 사라졌다. 태초의 죄가 없을 때의 환의가 회복되었다. 신약의 초반부를 읽어보면 우리는 아가서에서 묘사된 사랑이 그리스도 안에서 구속된 사랑이라고 말할 수 있다. 사실 트리블은 아가서를 "구속받은 연인의 서정시"[183] 라고 적절하게 제목을 붙였다.

십자가에서 그리스도께서는 우리의 영혼을 구속하셨을 뿐만 아니라 사랑의 삶을 포함해서 삶의 모든 다른 면도 구속하셨다. 그리스도의 구속은 수직적인 관계 (하나님-사람)를 회복하셨을 뿐만 아니라 수직적인 관계 (남편-아내) 도 회복하셨다. 그리스도 안에서 우리는 에덴에서의 최초의 친교의 회복을 본다. 즉 하나님과 사람 사이와 남자와 그의 아내 사이의 조화로운 친교의 회복이다.

---

182 Gledhill, 아가서, 167

183 Trible, *God and the Rhetoric of Sexuality*, 144

재미있게도 하나님께서는 호르몬의 작용으로 남자와 여자라는 영적 공동체에 감정적인 교감과 육체적인 표출도 주셨다. 황홀경에서 아내는 "나의 동산에 불어서 향기를 날리라 나의 사랑하는 자가 그 동산에 들어가서 그 아름다운 열매 먹기를 원하노라"(4:16) 라고 초대하고 있다. 사랑에 동일하게 취한 남편도 "내 누이, 내 신부야 내가 내 동산에 들어와서 나의 몰약과 향 재료를 거두고 나의 꿀송이와 꿀을 먹고 내 포도주와 내 우유를 마셨으니"(5:1) 라고 반응하고 있다. 성경은 종종 그러한 경험을 "아는 것" 이라는 단어로 묘사한다. 실제로 성적인 결합은 가장 개인적으로 친밀하게 서로를 알아가는 행위이다. 하나님께서 사랑하는 서로에게 헌신하는 남편과 아내와 같이 적법한 관계에 있는 사람들을 위해 그러한 개인적이고 친밀함 앎을 예비하셨다는 것은 기이한 일이 아니다.

PART **8**

VI절: 5:2–6:3

탐색의 노래 (5:2-8)

5:2 a 내가 잘지라도 마음은 깨었는데

　　 b 나의 사랑하는 자의 소리가 들리는구나

　　 c 문을 두드려 이르기를 나의 누이, 나의 사랑,

　　 d 나의 비둘기, 나의 완전한 자야 문을 열어 다오

　　 e 내 머리에는 이슬이,

　　 f 내 머리털에는 밤이슬이 가득하였다 하는구나

3　 a 내가 옷을 벗었으니

　　 b 어찌 다시 입겠으며

　　 c 내가 발을 씻었으니

　　 d 어찌 다시 더럽히랴마는

4　 a 내 사랑하는 자가 문틈으로 손을 들이밀매

　　 b 내 마음이 움직여서

5　 a 일어나 내 사랑하는 자를 위하여 문을 열 때

　　 b 몰약이 내 손에서,

　　 c 몰약의 즙이 내 손가락에서

　　 d 문빗장에 떨어지는구나

6 　a 내가 내 사랑하는 자를 위하여 문을 열었으나

　　b 그는 벌써 물러갔네

　　c 그가 말할 때에 내 혼이 나갔구나

　　d 내가 그를 찾아도 못 만났고

　　e 불러도 응답이 없었노라

7 　a 성 안을 순찰하는 자들이

　　b 나를 만나매

　　c 나를 쳐서 상하게 하였고

　　d 성벽을 파수하는 자들이

　　e 나의 겉옷을 벗겨 가졌도다

8 　a 예루살렘 딸들아 너희에게 내가 부탁한다

　　b 너희가 내 사랑하는 자를 만나거든

　　c 내가 사랑하므로

　　d 병이 났다고 하려무나

구조적 분석

우리는 아가서의 나머지 부분을 어떻게 해석해야 하는지를 독자들이 이해할수 있도록 돕기 위하여 도입에서 강조했던 것을 반복해서 말하는 것이 필요할 것 같다. 앞에서 본 것처럼 이 주석은 주축 단원 (3:6-5:1의 결혼과 첫날밤) 이후에 나오는 나머지 노래가 결혼 후의 삶을 묘사하고 있다고 생각하지 않는다. 사실 5:1 이후에 발생하는 사건을 해석하는데는 3개의 방식이 있다. 첫째 우리는 모든 사건을 결혼 이후의 실제 사건으로 볼 수 있다. 두 번째로 우리는 결혼 전 즉, 1:2-3:5에 기록된 것들과 동일하게 결혼 이전의 사건으로 볼 수 있다. 세 번째로 5:2-8:14절의 다양한 내용에 따라서 일부는 결혼 이전의 사건으로 일부는 결혼 이후의 사건들로 볼 수도 있다. 우리는 다음 이유로 두 번째 해석을 선택한다.

첫째 아가서 전체에서 주축절 (3:6-5:1) 을 제외하고 두 명의 주인공에 사용된 호칭들은 주축절 전후에 동일하다. 주축절 이후에 관계의 위치에서 변화를 나타내기 위해서 어떤 것이든간에 호칭의 변화가 없다. 이전에 지적한 것처럼 "신부" 라는 호칭은 주축절에서를 제외하고는 아가서에서 어디에서도 나타나지 않는다.

두번째 2:7, 3:5 (결혼 이전에) "예루살렘의 딸들아 내가 노루와… 두고 너희에게 부탁한다" 에서 뿐만 아니라 8:4 (결혼 이후에) 에서도 간청이 나타나지 않는다. 주석을 통해서 우리는 혼전 정사에서 이런 간청을 자기통제와 금욕을 의미하는 것으로 여겼다. 이 해석은 아가서의 구조에 중요하다. 동일한 간청이 3:6-5:1의 결혼과 첫날밤 전후에서 나타나기 때문에 성적결합은 3:6-5:1 전후의 절에는 없다는 것은 매우 개연성이 있다.

세 번째 8:8에서 "작은 누이" 의 출현은 호기심을 자극하는 것이다. 이 "작은 누이" 는 누구인가? 우리는 그 표현이 더욱 더 젊은 나이 때의 아가서의 여자 주인공과 동일한 소녀로 생각한다. 그러므로 아가서는 순차적인 시간의 순서의 구조로 이루어져 있지 않다. 8:8이 아가서의 끝에 해당하기 때문에 그것은 "시간 역순" 을 나타내는 것일 수도 있다.

네 번째 고대 이집트 사랑의 노래에서 남자와 여자 사이의 열정의 그림은 모두 미혼의 젊은 연인에 대한 것이다. 부부 사이의 사랑을 묘사하는 기존의 문헌은 없다. 아가서의 주축절 전후에 친밀감의 그림은 이스라엘 주변의 고대 사랑 시들에 나타나는 공통적인 장르이다. 마지막으로 우리는 도입에서 제안한 구조에 호소하고 있다. 주축절 이후에 4개의 단락은 결혼 이전의 4개 단락과 병행을 이루고 있다. 그러므로 아가서의 마지막 4개 단락에서 묘사된 사건들은 결혼 이전의 사건이라고 말할 수 있다.

당분간 VI단락 (5:2-6:3) 과 IV단락 (3:1-5) 사이의 대구법에 집중해보자. 그것들이 어떻게 서로 병행인지 알아보자. 이 두 개의 단락에는 다수의 병행이 있다. 양쪽 단락은 추구와 발견이라는 동일한 동인이 있다. 양쪽 단락에서 소녀는 밤에 침대에 홀로 있다. 그녀는 거리에 연인을 찾기 위해 밖으로 나간다. 그녀는 순찰자에게 발견되고 마침내 연인이 갑자기 나타난다. 물론 두 개의 단락 사이에는 일부 차이가 있지만 그들은 어떤 식으로든 서로에게 의미론적으로 관련이 있다. 이 단락은 구조적이며 의미론적으로 III단락 (2:8-17) 과 관련이 있다는 것을 주목하는 것도 재미있다. 양쪽 단락은 연인의 방문과 소녀의 거절과 연인의 갑작스런 떠남과 2:16 "내 사랑하는 자는 내게 속하였고 나는 그에게 속하였도다 그가 백합화 가운데에서 양 떼를 먹이는구나" 과 6:3의 "나는 내 사랑하는 자에게 속하였고 내 사랑하는 자는 내게 속하였으며 그가 백합화 가운데에서 그 양 떼를 먹이는도다" 에서 소녀의 결론을 묘사하고 있다. 우리는 현재 단락과 관련해서 III절의 역할과 중요성을 설명할 것이다. 우리가 이 중요한 구절 (6:3) 을 이해할 때 말할 수 있을 것이다.

주석

연인의 예기치 못한 방문

당분간 IV절 (5:2-6:3) 과 IV절 (3:1-5) 사이의 대구법에 주의해서 보자. 양쪽 절은 그녀의 연인이 없을 동안 소녀의 감정을 반영하고 있는 꿈들이다. 5:2 "내가 잘지라도 마음은 깨었는데" 에서 소녀가 밤에 상당히 들뜬 체로 잠들고 있다는 것을 나타내고 있다. 그녀의 마음은 연인에 대한 생각들로 채

워져있다. 아마도 그들은 상당히 오랫동안 서로를 보지 못했다. 그녀는 걱정
이 많고 혼란스러웠다. 갑자기 그 소년은 문을 두드리고 있다.

히브리어로 "두드리다" 라는 단어는 dopeq 이다.[184] 일부 학자들은 그
히브리어는 이 문맥에서 "재촉하다 (urge)" 혹은 "간청하다 (entreat)" 를 의미
할 가능성이 높다고 제시하고 있다.

그러나 "두드리기" 가 문맥에 더 잘 맞아보인다. 연인이 문을 두드릴 때
집안 전체를 깨울 것을 두려워하고 있는 것은 아닌가? 그는 그 문제를 무
시하고 있는 것처럼 보인다. 그는 그녀에게 "문을 두드려 이르기를 나의
누이, 나의 사랑, 나의 비둘기, 나의 완전한 자야 문을 열어 다오 내 머리
에는 이슬이, 내 머리털에는 밤이슬이 가득하였다 하는구나" 라고 간청하
고 있다.

실제로 그녀가 이 늦은 시간에 그에게 문을 열어줘야 하는 긴급하고 중
요한 이유는 없다. 그의 머리와 머리카락은 그가 집에 있었더라면 젖지 않
았을 것이다. 그가 그런 곤란한 시간에 그녀를 보기 위해 멀리에서 올 이유
가 없다. 남자가 이 밤 늦게 그녀를 보기 원하는 이 모든 것 뒤에 감춰진 실
제 이유는 무엇인가? 연인의 사랑스러운 호칭은 그의 실제 동기를 드러내고
있다. 그는 그녀가 너무 보고 싶어서 그의 낭만적인 충동 때문에 이 늦은 밤
시간에 그녀를 보러 온 것이다.

소녀의 주저함

소녀의 반응은 무엇인가? 우리의 이전 주석은 소녀가 성숙하고 높은 도
덕성이 있다는 것을 알려주고 있다. 그녀는 종교적이고 사회적인 규범이 미

---

184 폭스, 아가서, 143

혼 연인들이 늦은 밤에 따로 방안에 같이 있는 것을 허용하지 않는다는 것을 확실히 알고 있다. 그녀도 그를 보기 원하지만 이것은 올바른 때가 아니라는 것을 그녀는 알고 있다. 그럼에도 불구하고 그녀는 그의 마음에 상처를 주고 싶지 않다. 그래서 그녀는 "내가 옷을 벗었으니 어찌 다시 입겠으며 내가 발을 씻었으니 어찌 다시 더럽히랴마는" (5:3) 라고 변명을 하고 있다.

그녀는 이기기 어려운 게임을 하고 있다. 그녀는 그래딜 (Gledhill) 이 암시하듯이[185] 의도적으로 그의 긴급함을 불러일으키지도 놀리지도 않는다. 이것은 장난칠 때가 아니다. 그것은 실제로 매우 늦다. 그녀의 연인이 자신의 어려움을 이해해 주기를 바라고 있다. 그러나 문을 열지 않으려는 그녀의 이유는 연인이 그녀를 보려는 이유에 비해 엉성하다. 그래서 양쪽 이유 모두는 서로에게 실제 이유를 드러내지도 않고 서로 설득되지도 않고 있다.

열정적인 충동으로 그 소년은 들어가려고 애쓰면서 (5:4) 문틈으로 그의 손을 집어넣어서 잠금잠치를 흔들고 있다. 많은 주석가들은 이 절에 다수의 이중의미를 가진 성적함축이 있다고 보았다. 데이비슨 (Davidson) 은 다음과 같이 평하고 있다.

구약 내외부의 문헌의 여러 구절에서 "손" 과 "발" 은 성적 기관에 대한 완곡 어구로 사용되었다. 비슷하게 "문" 이나 "구멍" 로 번역한 단어도 비슷한 함축이 있었다. 4절에서 "내 사랑하는 자가 문틈으로 손을 내밀어서" 는 성관계의 표현일 수 있다. 2,5절에서 "열다" 란 동사와 목적어가 없는 6절도 비슷하게 해석될수 있다.[186]

---

185 Davidson, *Ecclesiastes and Song of Solomon* , 135-136
186 Davidson, *Ecclesiates and Song of Solomon*, 135-36

그래딜 (Gledhill) 은 이런 종류의 해석을 비판한다. 이 해석의 문제점은 우리가 성적함축이라고 보기 시작하면 우리는 모든 곳에서 그것들이 발견될 때까지 더 감춰진 의미를 찾기 시작한다는 것이다. 그런 관점이 언급되고 나면 우리는 방향 감각을 잃고 시의 주제의 흐름을 잃게 되어서 아무 도움이 되지 않는 막다른 골목으로 탈선하게 된다. 그것은 문맥에 어울리지 않게 아가서 전체를 노골적으로 성욕에 초점을 두게 한다.[187]

동일하게 폭스는 "나는 이 이중의미가 이 이야기에 들어맞는다고 생각하지 않는다."[188] 여기에서는 그 단어는 비유적인 의미가 필요가 없는 것 같다. 경험적 법칙으로 그것이 현 문맥과 더 큰 문맥에 맞으면 문자적인 의미로 받아들여야 한다.

실망

연인의 끈질기고 충동적인 행동은 똑같이 소녀에게서도 "내 마음이 움직여서" (5:4b) 라는 동일하게 충동적인 감정을 유발시켰다. 연인처럼 그녀는 더는 자기 안에서 불타는 열정을 저항할 수 없었다. 이제 그녀는 연인이 한 것처럼 동일한 충동이다. 그녀는 문을 열고 싶어한다. 그러나 그녀의 흥분은 차가운 실망으로 바뀐다. 그녀가 문을 열 때 그녀의 연인이 떠났기 때문이다. 그녀는 거의 졸도할 지경이다. 그녀는 낙담해서 "내 혼이 나갔구나" (5:6c). 실제로 실망이 큰만큼 위장된 축복도 크다. 연인들은 성적인 유혹을 피했기 때문에 혼외정사를 벗어나게 되었다.

---

187 Gledhill, 아가서, 179-80
188 폭스, 아가서, 144

거리에서 소녀의 방황

그러나 소녀는 경솔한 결정을 하고 있다. 사회적 관습과 관련없이 그녀는 밤 늦게 연인을 찾기 위해서 도시의 거리와 광장을 방황하면서 도시 주위로 다니고 있다. 공황상태에서 탐색은 열매가 없다. "내가 그를 찾아도 못 만났고 불러도 응답이 없었노라" (5:6d,e) 그녀는 모든 수단을 동원해서 모든 노력을 하지만 그를 발견하지 못한다. 역설적이게도 도시의 파수꾼들도 일상적으로 야밤에 순찰을 하고 있다. 그들은 그녀를 발견한다. 그들은 그녀를 단정치 못한 여인으로 생각한다. 그래서 그들은 나를 만나매 나를 쳐서 상하게 하였고 성벽을 파수하는 자들이 나의 겉옷 (redid) 을 벗겼다. 폭스는 이렇게 했다.

redid는 면사포나 가벼운 외투보다 약간 더 작은 것처럼 보이며 급히 옷 입고 반나체로 도시 주위를 달리고 있는 술람미 여인을 상상해보라. 사랑과 열망에 흥분한 34번의 이집트 소녀는 가슴이 너무 뛰어서 옷도 제대로 차려 입고 나올 수가 없었다고 말하고 있다.[189]

그녀가 병행절 (3:1-5) 에서 묘사되는 것만큼 이번에는 운이 좋지 못하다는 것은 명백하다. 도시 순찰자는 전혀 협조적이지 않다. 이런 이유로 그들에 대해 좌절스러운 언급 "성벽을 파수하는 자들" (5:7e) 이라고 말한다.

도시 소녀들에게 속마음 털어놓기

그녀는 예루살렘의 딸들을 제외하고 찾아갈 사람이 없다. 그녀의 감정은 복잡하다. 그녀는 연인이 자신의 비참함을 알기를 원하지 않지만, 상상 병에 걸렸다는 것은 알기를 원한다. 정신이 나간 것 같고 비참하기도한 사

---

189 폭스, 아가서, 146

건을 당한 그녀의 행동에 대해서 연인이 알게 되는 것은 당황스러울 것이다. 예루살렘의 딸들에게 그녀가 상사병에 걸렸다는 것을 알게 하는 것도 당황스러운 일일 것이다. 그럼에도 불구하고 그녀는 그들에게 간청한다. "예루살렘 딸들아 너희에게 내가 부탁한다 너희가 내 사랑하는 자를 만나거든 내가 사랑하므로 병이 났다고 하려무나" (5:8)

소녀는 정사를 원하는 것이 아니다. 그녀는 그의 사랑 ('ahabah)을 갈망하고 있다. 폭스는 소녀의 복잡한 감정은 이집트 사랑 시의 소녀와 비슷하다고 지적한다. 그녀가 어떻게 마음이 자기 뜻대로 되지 않고 자신을 어리석고 엉뚱하게 만드는지를 시에서 말해주고 있다. 그녀는 자신의 마음에게 "오 나의 마음이여 나를 어리석게 만들지 마라! 왜 너는 미친 것처럼 뛰느냐? 그녀는 자신의 마음에게 이렇기 말하면서 동시에 자신의 당황스러움을 표현하고 있다. "사람들이 '이 여자는 사랑 때문에 맛이 갔어' 라고 나에 대해 말하지 못하게 해줘" [190]

고찰

사랑에 빠진 경험이 있는 사람들만이 사랑하는 사람들의 행동을 이해할 수 있다. 서로 보고 싶어하고 함께 있고 싶어하기 때문에 귀가시간이 없다. 한 커플이 연애 기간 동안 대부분 밤 11시까지는 귀가하려고 했는데 그 이유는 그 시간이 부모가 그들에게 정하준 귀가시간이기 때문이다고 고백하고 있다. 이별이 싫었고 무거운 마음이 되었다. 과거에 한 신학생이 캠퍼스의 문을 넘다가 붙잡혔다. 그는 여자친구의 집에서 너무 오래 꾸물거리다가 캠퍼스 기숙사의 귀가시간을 넘었기 떠문이었다.

---

190 Ibid.,147

아가서의 젊은이는 더 열광적인 것 같다. 그는 사모함에 사로잡혀서 자정을 넘어서 여자친구를 보기 위해서 온다. 여자친구는 파수꾼에게 걸려서 어떻게 해야 할지 몰라하고 있다. 그녀가 결심하고 문을 열 때 연인이 가버렸다. 이번에는 한밤중에 연인을 찾기 위해 밖으로 나가야 할 차례이다. 현자인 아굴조차도 사랑의 고통을 겪었다. 자신의 지혜에도 불구하고 그는 "내가 심히 기이히 여기고도 깨닫지 못하는 것 서넛이 있나니 곧 공중에 날아다니는 독수리의 자취와 반석 위로 기어 다니는 뱀의 자취와 바다로 지나다니는 배의 자취와 남자가 여자와 함께 한 자취며" (잠30: 18-19) 라고 그는 시인하고 있다.

사모하는 것은 낭만적인만큼 변덕스럽기도 하다. 때때로 그것은 오해에 빠지기도 한다. 이것은 사랑에 빠져있는 연인들의 보통 경험이다. 종종 그것은 상대방의 잘못이 아니다. 그것은 상호시점과 상호 기대 차이의 결과일 뿐이다. 아가서의 연인들은 이런 연인들 중의 하나이다. 연인은 여자친구에게 깜짝 만남을 선사하려고 생각했다. 낭만적인 순간을 만들기 위해서 그는 밤의 차가운 이슬을 무시하고 소녀의 가족들을 깨우는 위험을 감수하고 있다. 그러나 그가 경험한 반응은 "내가 옷을 벗었으니 어찌 다시 입겠으며 내가 발을 씻었으니 어찌 다시 더럽히랴마는" (5:3) 이다. 이슬에 흠뻑 젖었기 때문에 그는 문틈으로 손을 집어 넣는다. 그러나 소녀는 여전히 주저하고 있다. 그는 실망해서 떠난다. 누가 연인을 비난할 수 있겠는가?

우리는 소녀를 비난할 수도 없다. 그 시대에 전화와 이메일도 없었다는 것을 기억하라. 사랑에 미친 젊은 소년은 약속없이 나타난다. 그는 가장 예상치 못한, 자는 시간에 문에 도착한다. 고대 팔레스타인에서는 바닥이 더러웠다. 그래서 잠자기 전에 그들은 대게 발을 씻어야 했다. 씻기나 옷 갈아입는 것을 합하면 소녀가 자러 가기 전에 상당히 시간이 걸릴 수도 있다.

일단 침대에서 일어나려면 예상되는 마지막 일은 밖으로 나가서 다시 한번 그 모든과정을 반복해야 한다. 그래서 아마 소녀는 "내가 옷을 벗었으니 어찌 다시 입겠으며 내가 발을 씻었으니 어찌 다시 더럽히랴마는" 라고 주저했을 것이다. 이것은 그녀가 만남에 관심이 없다는 의미가 아니다. 한 걸음 더 나아가 이것은 그녀가 그를 사랑하지 않는다는 것을 의미하는 것도 아니다. 그것은 시기와 준비성의 문제일 뿐이다.

이 문제에 대한 열쇠는 소통과 수용이다. 우리의 시기와 열망이 항상 배우자와 일치할 것이라고 기대하는 것은 비현실적 생각이다. 우리는 다른 생물학적 시계, 다른 취미, 습관, 선호가 있을 수도 있다. 가장 좋은방법은 이들 차이점과 기호에 대해서 서로 대화하면서 차이를 수용하는 것이다.

02
chapter

연결 질문 (5:9)

5:9　a 여자들 가운데에 어여쁜 자야

　　 b 너의 사랑하는 자가 남의 사랑하는 자보다 나은 것이 무엇인가

　　 c 너의 사랑하는 자가 남의 사랑하는 자보다 나은 것이 무엇이기에

　　 d 이같이 우리에게 부탁하는가

주석

도시 소녀의 질문

　예루살렘의 딸들은 소녀에게 미안함을 느낀다. 사랑과 관심이 너무 지나쳐서 그들은 그녀의 연인에 대해 더 많은 것을 발견하려고 한다. 주위에 많은 젊은이들이 있다. 소녀에게 그를 더 사랑스럽고 특별하게 만드는 것은 무엇인가? 그들에게는 소년이 특별한 사람이라는 확신이 필요했다. 그들은 그 다음에 그녀의 요청에 귀를 기울인다. 일부 학자들은 그 질문은 다른 남자들에 비교했을 때 소년의 성적 능력에 대한 것이라고 생각한다. 그러나 또 다른학자들은 다르게 생각한다. 예루살렘의 딸들은 단순히 일반적인 질문을 한 것이었다. 소년을 다른 소년과 구별되게 만드는 매력은 무엇인가? 다음

에 오는 그녀의 대답에서 주요 요소는 사랑이라는 것이 명백해 보인다.

고찰

오해는 우리 대부분이 나쁘게 생각하는것이다. 우리는 그것을 피하려고 최선을 다한다. 그러나 그것이 현실적으로 불가피하다는 것을 알고 있다. 왜 하나님께서는 영적으로 성숙한 연인들 사이에서조차도 죄라는 요인 외에도 오해까지도 일어나게 허용하시는가? 두번째 보면 오해는 그다지 나쁘지 않을 수도 있다. 그것은 "관계 보수 (maintenance)"의 시간일 수도 있다. 그것은 일상에서 발견되지 않는 바람직하지 못한 일들을 청소하는 시간이다.

관계가 진행되며 우리는 서로를 당연하게 여길 수도 있다. 오해가 우리를 깨어나게 한다. 우리는 자신에게 심각한 문제를 던질 수 있게 되는 것이다. 왜 우리는 함께 하는가? 왜 우리는 서로의 개성을 참아야 하는가? 우리는 얼마나 많이 서로의 관계를 높이 평가하는가? 우리가 그 시험을 통과한다고 가정할 때 오해는 우리가 얼마나 서로를 높이 평가하는지 재평가할 기회이다. 서로의 사랑을 재확인할 수 있는 시간이기도 하다.

종종 다른 사람들이 우리의 관계에 대해 질문할 때 시험은 좀 더 강해진다. 이것은 파파라치가 좋아하는 게임이며 유명인들에게는 골칫거리이다. 그러나 보통 사람들은 그런 관심에 면역이 생기지 않는다. 파파라치들은 우리의 개인사에 관심이 없지만 우리의 친척, 동료와 친구들은 관심이 있다. 종종 좋은 의도를 벗어나거나 그렇지 않건 간에 그들은 관계에 대해서 한 두 개의 질문을 던진다. 아가서의 소녀는 거기에 딱 들어맞는 경우이다. 도시소녀들이 소녀의 연인이 거리에서 방황하고 있는 소녀를 떠났다는 것을 알 때 그들은 "너의 사랑하는 자가 남의 사랑하는 자보다 나은 것이 무엇이기에 이같이 우리에게 부탁하는가?" 소녀는 어떻게 그 질문에 대답할까?

연인을 칭찬하는 노래 (5:10-16)

5:10 a 내 사랑하는 자는 희고도 붉어

b 많은 사람 가운데에 뛰어나구나

11 a 머리는 순금 같고

b 머리털은 고불고불하고

c 까마귀 같이 검구나

12 a 눈은 시냇가의

b 비둘기 같은데

c 우유로 씻은 듯하고

d 아름답게도 박혔구나

13 a 뺨은 향기로운 꽃밭 같고

b 향기로운 풀언덕과도 같고

c 입술은 백합화 같고

d 몰약의 즙이 뚝뚝 떨어지는구나

14 a 손은 황옥을 물린

b 황금 노리개 같고

c 몸은 아로새긴 상아에

　　　ㅁ 청옥을 입힌 듯하구나

15　　ㅁ 다리는 순금 받침에

　　　ㅁ 세운 화반석 기둥 같고

　　　ㅁ 생김새는 레바논 같으며

　　　ㅁ 백향목처럼 보기 좋고

16　　ㅁ 입은 심히 달콤하니

　　　ㅁ 그 전체가 사랑스럽구나

　　　ㅁ 예루살렘 딸들아

　　　ㅁ 이는 내 사랑하는 자요 나의 친구로다

주석

소녀의 wasf

　　이제 소녀가 그녀의 연인의 신체적 아름다움에 찬사를 보낼 차례이다. 전에 설명한 것처럼 wasf는 사랑노래의 특별한 장르로써 그 노래를 통해 연인의 육체적 아름다움에 찬사를 브낸다. 그것은 다른사람에게 자신의 사랑을 표현하는 방식이다. 찬사를 받는 신체 부위가 반드시 흠이 없지는 않다. 그러나 그것들은 연인의 눈에는 완벽해 보인다.[191]

---

191 전에 언급한것 처럼 *wasf*는 반드시 연인이 애무를 하고 있다거나 그런 류를 하고 있다는 것을 의미하지는 않는다. 아7: 1-9은 이 개념을 지지하고 있다 소녀는 머리에서부터 발끝까지 찬사를 받고 있다. : 발, 다리, 배꼽, 허리, 가슴, 목, 눈, 코, 머리, 머리카락과 땋은머리 그러나 연인은 그런 부위에 손을 대지 않았다. 나중에 그는 소녀에게 키스하고 가슴에 애무할 수 있기를 바란다(7:7-9). 그가 다양한 신체 부위에 찬사를 보내지만 손을 대지는 않는 것 같다. 찬사는 그의 사랑의 표현이다. 소녀는 지켜졌다. 그녀는 그녀의 정원에 있는 모든 향기와 과일을 연인을 위해서(7:13) 저측하려고 한다. 그녀의 신체는 지금은 아니지만 그를 위한 것이다. 그는 올바른 때를 기다려야 한다. 그날은 결혼식 첫날밤이다.

그의 얼굴

남자친구의 육체적 아름다움에 대해서 소녀는 상체로부터 하체까지 묘사한다. 그녀는 연인에 대한 일반적인 언급으로부터 시작한다. "내 사랑하는 자는 희고도 붉어…" (5:10). 그녀의 연인은 희고 빛난 사람으로 다른 사람들에게 깊은 인상을 주고 있다. 그는 "그의 빛이 붉고 눈이 빼어나고 얼굴이 아름" (삼상 16:12) 다웠던 다윗 왕처럼 건강하게 햇볕에 그을린 잘생긴 사람이기도 하다. 히브리어로 "붉어" 의 뜻은 "빨갛다" 라는 의미이다. 머피 (Murphy) 는 "붉어" 와 "빛나는" 이란 단어와 이 노래의 여러 형용사들이 감정을 표현하는 고유의 능력[192] 이 있기 때문에 모두 다 상징적이라고 제시한다. 그리고 나서 소녀는 연인을 다른 사람과 비교해서 묘사를 계속한다. 다른 사람과 비교할 때 그는 "많은 사람들 가운데 뛰어나다". "많은 사람들" 은 문자적으로 이해되어서는 안된다. 그것은 단순히 "많거나" 혹은 "수많은" 을 의미한다. 그래서 연인은 빛나고 건강하며 잘생긴 외모이다. 소녀의 눈에 그는 단순히 뛰어나다. (1:16, 2:3을 참조하라)

그의 머리와 머리카락

소녀는 "머리는 순금 같고 머리털은 고불고불하고 까마귀 같이 검구나" (5:11) 라고 계속 묘사하고 있다. 최초 콜론은 그의 얼굴과 목에 대한 일반적인 진술이다. 순금은 금에 대한 두 개의 다른 히브리어를 번역한 단어이다. 그 표현들은 고조 효과 즉 빛나고, 금 같은 건강한, 그을린 얼굴에 관심을 집중시키기 위해서 모은 것이다. 그의 머리는 까마귀처럼 검다. 그의 머리털은 고불고불하고 길고 흘러내리는 검은색 머리카락을 표현하고 있

---

192 Murphy, 아가서, 171

다. 11절에서 전체 묘사는 건강하그 밝고 잘생긴 젊은이 (1:16을 참조하라) 에 대한 그림을 그리고 있다. 이것은 소녀의 연인에 대한 깊은 감정의 또다른 상징적 표현이다.

그의 눈

소녀는 5:12에서 연인의 아름다운 눈을 묘사하고 있다. 삼상 16:12에서 다윗의 눈은 비슷한 묘사 즉 붉고 아름다운 눈으로 묘사되고 있다. 폭스는 여기서 눈 묘사는 상상의 그림[193] 이라고 생각하고 있다. 우유로 씻은듯 하고 아름답게 박힌 비둘기의 비유는 정확하게 해석하기 어렵다. 그러나 눈에 대한 묘사가 이 노래에 언급된 다른 모습들에 비해 두 배의 공간이 할당되었다는 것은 놀랄만한 일이다. 연인의 눈은 그녀에게 가장 매력적인 것처럼 보인다. 그와의 포옹에서 그가 사랑의 눈으로 응시하자 그녀는 정신이 아뜩해졌다 (2:4-6을 참조하라).

그의 정열적인 사랑은 눈을 통해 그의 마음속까지 비추어준 것 같다. 이것은 그를 향한 그녀의 깊은 감정의 또 다른 상징적 표현이다.

그의 뺨과 입술

그의 뺨의 묘사는 향수 냄새가 나는 침대의 향료처럼 매우 향기로운 턱수염을 강조하고 있다. 몰약의 즙이 뚝뚝 떨어지는 입술의 묘사는 그의 뺨에 하는 키스를 그녀가 기뻐하고 있다는 것을 강조한다. 여기서 주목할만한 가치가 있다. 포옹을 제외하고 (E:1의 결혼식 첫날밤에) 이 노래와 많은 다른 노래에서 노골적으로 묘사되는 유일한 육체적 접촉은 항상 "키스" 이다 (1:2, 4:11, 7:9을 참조하라).

---

193 폭스, 아가서, 148

그의 몸과 팔다리

머리와 그 매력으로부터 그녀는 하체로 이동하고 있다. 그의 팔은 "황옥을 물린 황금 노리개" 같다.(5:14a,b) 그의 강한 팔은 그의 팔에 차고 있는 한줄의 둥글고 단단한 보석용 원석으로 묘사되고 있는 것 같다. 비유는 그는 남자답고 근육이 발달했다는 것을 보여주고 있다. 그의 배는[194] "아로새긴 상아에 청옥을 입힌듯하다" (5:14c,d) 로 묘사되고 있다. 그녀는 여기서 그의 몸 전체를 묘사하는 것이 아니라 명백하게 가시적인 배를 지칭하고 있다. 여기서 연인의 부드럽고 평평하고 근육질의 배는 부드럽고 평평하고 아로새긴 상아 막대기에 비유되고 있다. 그의 팔처럼 젊은이의 배는 청옥으로 덮여 있고 허리 주위는 청금석으로 덮여 있어서 그를 더욱 매력적으로 만들어준다.

그녀는 이제 다리로 이동하고 있다. "다리는 순금 받침에 세운 화반석 기둥 같고" (5:15a,b) 이 비유는 집회서 26: 18의 여인의 날씬한 다리의 묘사 "은색 기초위의 금 기둥같이 날씬한 다리는 확고한 발과 함께 있다" [195]와 병행을 이루고 있다. 데이비슨 (Davidson) 은 말했다.

"그녀의 비교할 수 없는 연인을 묘사하는데 사용할 수 없는 너무 비싸거나 이국적인 것은 없다" [196] 라고 평하고 있다. 마지막으로 그의 외모는 레바논같으며 백향목처럼 보기 좋다고 (5:15c,d) 비유되고 있다. 그는 레바논의 백향목처럼 크고 강하고 잘 생기고 화려한 남자이다.

5:16ab에서 소녀는 wasf에서 다시 그의 입으로 돌아간다. 그녀는 그의 입을 묘사하고 있다. "입은 심히 달콤하니 그 전체가 사랑스럽구나" 그 묘사

---

194 Ibid.

195 Keel, *Song of Songs*, 205 에서 인용

196 Davidson, *Ecclesiates and Song of Solomon*, 139

는 5:13으로 되돌아가는데 거기서 그의 입술은 몰약의 즙이 뚝뚝 떨어지는 백합화에 비유하고 있다. 그래서 5:16은 키스의 또다른 비유이다. 그의 키스는 맛있고 감미롭다. 심지어는 포도주보다 더 기쁨을 준다. 결혼식 첫날 밤 이전에 그들의 관계의 강조는 항상 잊을 수 없는 감미로운 "키스" 인 것처럼 보인다. 연인은 단순히 사랑스럽다. 그래딜 (Gledhill) 은 아름답게 찬미의 노래를 요약한다.

이 비교할 수 없는 젊은이를 묘사하기 위해서 너무 낭만적이라거나 낭비라고 생각되는 것은 아무것도 없다. 그의 위엄, 그의 화려함은 정말 훌륭한 것이다. 그녀의 성공적인 구두 묘사는 자신과 그녀의 회의적인 동료들을 흔들어놓았다. 그녀의 시적 은유가 "너무 지나쳤" 더라도 그것은 용납이 된다. 결국 그녀는 연인에게 완전히 그리고 되돌릴 수 없을 만큼 마음을 빼앗을 것이다.[197]

고찰

돕슨 (J.Dobson) 에 따르면 남자와는 대조적으로 여성의 성적 메커니즘은 전형적으로 보는 것으로 촉발되지 않는다. 이것은 왜 남자를 "강간" 하려고 한 여성이 거의 없는지를 설명해준다. 그러나 이런 사실은 그들이 매력적인 신체에 관심이 없다는 것을 의미하지는 않는다. [198]

아가서의 소녀는 이것을 예증하고 있다. 연인의 수준에 대한 도시 소녀의 질문에 대한 응답으로 소녀는 wasf (육체적 아름다움을 칭찬) 칭찬하고 있다.

그럼에도 불구하고 여성의 신체에 대한 남성의 인정과 남성의 신체에 대

---

197 Gledhill, *Song of Songs*, 185

198 J.C.Dobson, *What Wives Wish Their Husbands Knew About Women*(Wheaton:Tyndale, 1975)115.

한 여성의 인정 사이에는 차이가 있다. 이것은 아가서 4장에서 연인의wasf
와 이 단락에서 소녀의 wasf를 비교하는 것에서 알 수 있다. 모든 남성들
과 마찬가지로 연인의 wasf는 섹스와 관련된 신체 부위 (문자적이거나 비유적으
로 4:5,12,15 를 참조하라) 의 관심을 포함한다. 소녀의 wasf는 반면에 전혀 그런
관심을 나타내지 않는다. 그녀의 wasf는 그녀가 보는 것보다 연인의 신체
에 대해 그녀가 생각하는 것을 더 표현하는 것이다. 여성에게 남성의 매력
은 그의 육체보다는 오히려 그녀의 마음에 끼치는 영향에 있다. 결혼 상담
가들은 남편들이 자신들이 신체뿐만 아니라 배우자의 마음을 얻도록 권면
한 것[199] 은 놀라운 일이 아니다. 소녀의 마음에 그녀의 연인의 성품과 키는
완벽에 가깝다. 그래서 "내 사랑하는 자는 희고도 붉어 많은 사람 가운데에
뛰어나구나" (5:10) 라고 말한다. 이 찬사는 소녀와 연인 사이의 오해를 고려
할 때 더 진짜로 들린다.

199 Dobson, *Love for a Life Time*(Portalnd:Multnomah,1987)93.

질문과 답변의 결론 (6:1-3)

6:1 a 여자들 가운데에서 어여쁜 자야

b 네 사랑하는 자가 어디로 갔는가

c 네 사랑하는 자가 어디로 돌아갔는가

d 우리가 너와 함께 찾으리라

2 a 내 사랑하는 자가 자기 동산으로 내려가

b 향기로운 꽃밭에 이르러서

c 동산 가운데에서 양 떼를 먹이며

d 백합화를 꺾는구나

3 a 나는 내 사랑하는 자에게 속하였고

b 내 사랑하는 자는 내게 속하였으며

c 그가 백합화 가운데에서 그 양 떼를 먹이는도다

주석

연인의 갑작스런 출현

연인의 육체적 아름다움은 예루살렘의 딸들도 매혹시킨 것처럼 보였다.

그러나 무엇보다도 그들을 감동시킨 것은 실제로 그녀의 견고한 사랑이었다. 그들은 이제 그녀가 연인 찾는 것을 돕기 원한다. "네 사랑하는 자가 어디로 돌아갔는가 우리가 너와 함께 찾으리라"(6:1c,d) 명백하게 연인은 그들에게서 그다지 멀리 있지 않았다.

사랑의 정원에서의 만남

무서운 꿈은 이제 행복한 결말에 도달한다. "내 사랑하는 자가 자기 동산으로 내려가 향기로운 꽃밭에 이르러서 동산 가운데에서 양 떼를 먹이며 백합화를 꺾는구나"(6:2). 이것은 자신들의 사랑의 관계에 대한 그림과 같은 묘사이다. 그것은 꽃밭과 백합화의 침대가 있는 사랑의 정원에 있는 것 같다. 이들 모호한 이미지들 (정원으로 가거나 동산에서 양떼를 먹이며 백합화를 꺽는 것 같은) 은 반드시 성적 관계를 의미하는 것은 아니다. 아가서에서는 더 노골적인 모습들이 성적인 결합을 묘사하기 위해서 사용된다. 그런 모습을 나타내는 유일한 장소는 5:1이다. 그것은 단순히 "양떼를 먹이며 백합화를 꺾는 구나"가 아니라 "내 누이, 내 신부야 내가 내 동산에 들어와서 나의 몰약과 향 재료를 거두고 나의 꿀송이와 꿀을 먹고 내 포도주와 내 우유를 마셨으니"

이 단계에서는 성적인 관계가 없었다는 것은 7:1-5의 또 다른 찬미의 노래에서도 볼 수 있다. 이 구절에서처럼 찬미의 노래는 그 장에서 시작된다. 그것은 그들의 사랑의 관계에서 서로에 대한 상호 열망의 듀엣 이후에 나온다. (7:6-10) 그 듀엣은 강렬한 감정으로 인도한다. 연인은 소녀에게 키스하고 소녀의 가슴에 애무하기 원한다. 그러나 소녀는 키스로만 반응한다 (7:9). 소녀는 그를 시골과 동산과 동일한 포도원으로 내려오도록 초대하고 있다. 그러나 그녀는 결혼을 위해 성을 보존할 것을 결심한다. "합환채가 향기를 뿜어내고 우리의 문 앞에는 여러 가지 귀한 열매가 새 것, 묵은 것으로 마련

되었구나 내가 내 사랑하는 자 너를 위하여 쌓아 둔 것이로다" (7:13)

　　연인 관계의 중심은 섹스가 아니라 6:3에서 더 구체적으로 드러나고 있 듯이 상호간의 깊은 헌신이다. "나는 내 사랑하는 자에게 속하였고 내 사랑 하는 자는 내게 속하였으며 그가 백합화 가운데에서 그 양 떼를 먹이는도 다" 이 절은 2:16 "내 사랑하는 자는 내게 속하였고 나는 그에게 속하였도 다" 와 유사하다. 우리가 볼 수 있듯이 6:3는 2:16의 순서와 반대이다. 역순 은 소녀에 대한 점진적인 헌신을 제시하고 있는 것이다.　2:16에 반하여 소 녀는 그의 소유가 되기 이전에 연인이 먼저 그녀의 것이 되기를 원하고 있 다. 6:3a에서 소녀는 먼저 연인에게 자신을 기꺼이 헌신하고 있고 연인도 똑 같이 그녀에게 헌신하고 있다고 믿고 있다.

　　상호 헌신의 기초위에서 그들은 사랑의 동산에서 사랑의 관계를 즐기고 있다. 그는 백합화 가운데서 양떼를 먹이고 있다. (6:3b)

　　백합화가 그녀의 입술을 의미한다면 그녀는 이제 연인의 감미로운 키스 를 또 다시 즐기고 있는 것처럼 보인다. 그 사랑은 포도주보다 더 기쁘다. (1:2을 참조하라) 다른 말로 연인은 "정원" 에서 친밀한 관계를 이제 즐기고 있 다. 나중에 다음의 찬미의 노래는 사랑의 정원에서 일어나고 있다는 것을 부연할 것이다. 사랑의 정원에서 연인은 또 다시 그의 사랑을 표현하고 소 녀의 육체적 아름다움에 찬사를 보낼 것이다. (6:4-10)

고찰

　　아무도 그와 그의 배우자가 완전한 사생활을 즐길 수 있는 정원을 줄 수 는 없다. 분명히 땅이 부족한 도시에서는 아니다. 그러나 그것은 이 노래로 즐기는 것을 그들이 즐길 수 없다라는 것을 의미하지는 않는다. 필요한 모든 것은 약간의 낭만적인 불꽃과 창조성이다. 커플들은 상상에서 자신만의 "정원”을 창조할 수 있다. 낭만과 상상의 능력으로 그들은 작은 촛불 식사 혹은 집에서 떨어진 짧은 휴가를 사랑의 정원의 경험으로 바꿀 수 있다. 이것은 우뇌만을 사용하고 하나님께서 좌뇌도 창조하셨다는 것을 잊고 있는 사람들에게는 정말 어려운 일이다. “오직 우뇌” 사고방식에서 자유할 수 있는 사람들만이 어떤 실재는 상상속에서 경험할 수 있다는 것을 발견할것이다. 사랑도 그것들 중의 하나이다. 어쨌든 사랑은 그다지 논리적인 것은 아니다.

사랑의 정원의 경험은 상상뿐만 아니라 시간도 필요하다. 연인은 분주한 도시 생활에서 쉬면서 함께 시간을 보낼 필요가 있다. 이것은 생존경쟁에 붙들려 사는 사람들에게는 대단한 도전일 수 있다. 그러나 관계를 소중히 하는 사람들은 그것을 기꺼이 조정하려고 한다. 그래서 그들은 이 작은 안식 (retreat) 이 매우 할만한 가치가 있다는 것을 발견하고 있다.

9
PART
VII절: 6:4–13

감사와 칭찬의 노래 (6:4-10)

6:4   a 내 사랑아 너는 디르사 같이 어여쁘고,

       b 예루살렘 같이 곱고,

       c 깃발을 세운 군대 같이 당당하구나

5   a 네 눈이 나를 놀라게 하니

       b 돌이켜 나를 보지 말라

       c 네 머리털은 길르앗 산 기슭에 누운

       d 염소 떼 같고

6   a 네 이는 목욕하고 나오는

       b 암양 떼 같으니

       c 쌍태를 가졌으며

       d 새끼 없는 것은 하나도 없구나

7   a 너울 속의 네 뺨은

       b 석류 한 쪽 같구나

8   a 왕비가 육십 명이요

       b 후궁이 팔십 명이요 시녀가 무수하되

9 　a 내 비둘기, 내 완전한 자는 하나뿐이로구나

　　b 그는 그의 어머니의 외딸이요

　　c 그 낳은 자가 귀중하게 여기는 자로구나

　　d 여자들이 그를 보고 복된 자라 하고

　　e 왕비와 후궁들도 그를 칭찬하는구나

10 　a 아침 빛 같이 뚜렷하고

　　b 달 같이 아름답고 해 같이 맑고

　　c 깃발을 세운 군대 같이 당당한 여자가 누구인가

구조적 분석

우리는 주축절 (3:6-5:1) 전후의 주요 절은 교차적으로 서로 대구를 이룬다는 것을 이 주석의 나머지 부분에서 계속 보여줄 것이다. 앞에서 살펴본데로 단락VI (5:2-6:3) 과 단락IV (3:1-5) 은 서로 대구를 이루고 또한 단락IV (5:2-6:3) 은 단락III (2:8-17) 에 구조적이며 의미론적으로 연결되어 있다. 단락VI (5:2-6:3) 은 그가 동산의 백향목 가운데서 양떼을 먹일 때 커플들이 서로 만나고 소녀를 연인이 칭찬하고 있는 인정과 찬사의 노래 (6:4-10) 인 VII절로 이어진다는 사실은 주목할만한 가치가 있다. 유사하게 III절 (2:8-17) 은 VII절 인정과 찬사의 노래로 인도하고 있다. 그러므로 III절과 VI절은 VII절로 이어진다. 왜냐하면 III절과 VI절 양쪽다 동일한 내용이 있기 때문이다. 즉 소년이 방문해서 소녀에게 만나주도록 간청하고 있다. 소녀는 거절하고 마침내 그가 떠난다. 그러나 그 이야기는 여기서 끝나지 않는다. III절과 VI절에서 소녀는 남자친구에게 돌아오라고 간청하고 그녀는 정원에서 낭만적인 만남을 위해 자신을 헌신하고 있다. 다음의 비교가 더 좋은 그림을 줄수도 있다.

VI절

소년의 방문(5:2)

소녀를 보려는 소년의 간청/청탁(5:2)

소녀의 거절(5:3)

소녀의 헌신과 백향목의 낭만적인 먹이기(6:3)에 대한 소원

III절

소년의 방문(2:8-9)

그녀를 보려는 소년의 초대(2:10-13)

소녀의 거절(2:15)

소녀의 헌신과 백향목의 낭만적인 먹이기(6:3)에 대한 소원

VII절

낭만적인 만남과 인정의 소원의 성취(6:4-13)

우리가 볼 수 있듯이 마치 III절과 IV절이 그렇듯이 VI절과 VII절 자체가 순환한다. 이 두 개의 순환들은 교차적으로 서로 대구를 이룬다. 그래서 IV절 (3:1-5) 은 VI절 (5:2-6:3) 과 대구를 이루고 III절 (2:8-17) 은 VII절 (6:4-13) 과 대구를 이룬다.

재미있게도 VII절과 VI절의 순서가 바뀌어야 한다면 VII절 (6:4-13) 은 IV절 (3:1-5) 과 대구를 이루지 않고 순차적으로 VI절은 VII절에 따라 나오지 않을것이다. 더구나 전체 아가서의 구조속에서 VII절을 그것이 대체하기 때문에 VI절은 III절과 대구를 이루지 않으며 III절의 순서를 따르지 않을것이다. 그래서 VI절과 III절에 따라나오는 VII절(6:4-13)의 아름다운 순서도 완

전히 망가질 것이다.

더 나아가 대구법의 또 다른 중요한 특징도 알 필요가 있다. VII절에 선행하는 VI절의 순서는 전체 아가서에게 결정적이다. 그것들이 역순이거나 노래의 다른 부분에 집어 넣으면 아가서 전체의 병행구조의 아름다움이 망쳐질수도 있다. "스토리"로 보면 소녀의 간청과 낭만적인 만남의 소망에는 여전히 대답이 없었다. 그러므로 VI절의 현재 위치는 두 가지 목적으로 작용한다. 첫째는 그것은 IV절에 대구로 작용하는 것이다. 두 번째는 III절과 아름답게 연결되어 있어야 한다. VI절과 III절은 결과적으로 VII절의 인정과 찬사의 노래인 사랑의 정원에서의 wasf로 인도한다. 이 아름다운 구조의 영향이 데이비슨 (Davidson) 의 평에 반영되어 있다.

5:2에서 그녀의 괴로운 생각으로 시작한 꿈은 행복한 결말을 보았다. 그녀는 연인에 대해 확신하고 있다. 그녀가 내 사랑하는 자는 내게 속하였고 나는 그에게 속하였도다 (2:16) 에서 말로 자신들의 관계를 묘사했던 것처럼, 이제 그녀는 '나는 내 사랑하는 자에게 속하였고 내 사랑하는 자는 내게 속하였으며' (6:3) 에서 역순으로 동일한 주제 위에서 변화를 주고 있다. 꿈에서 그녀는 자신의 잃어버린 연인을 발견하려고 착수했다. 그녀는 '여행' 이 연인과의 만남에서 끝이 난다는 것을 발견했다. 소녀의 꿈은 그녀와 연인을 하나되게 하는, 끊을 수 없는 관계의 선언으로 최고조에 도달했다. 그녀의 연인은 처음에는 이제 사랑하는 자의 비교할 수 없는 아름다움이라는 주제로 돌아와서 반응하고, 그 다음에는 그가 그녀에게 관심을 갖게해서 (vv.11-12) 그를 사로잡는 힘을 시인하며 반응하고 있다.[200]

그래서 6:4-10절의 단어들은 병행절 (2:16) 의 끝뿐만 아니라 이전 절 (6:3) 의 끝에 있는 소녀의 확언에 대한 연인의 반응이다.

---

200 Davidson, *Ecclesiates and Song of Solomon*, 140-141

주석

소녀의 아름다움에 대한 연인의 찬사

6:4에서 "내 사랑아 너는 디르사 같이 어여쁘고, 예루살렘 같이 곱고, 깃발을 세운 군대 같이 당당하구나" 라고 연인은 말하고 있다. "내 사랑아" 호칭의 의미와 함축을 알기 위해서 1:9의 주석을 참고하라. 그 소년은 사랑하는 자의 아름다움을 디르사와 예루살렘의 산들의 아름다움에 비유하며 찬사를 시작한다. 디르사는 다윗 왕조의 분열 이후 이스라엘 북 왕조의 최초의 수도였다. 디르사는 거대한 자연스러움과 전원의 아름다움의 장소로 묘사되었다. 예루살렘은 다윗 왕조의 수도였다. 시50: 2에서 예루살렘은 "온전히 아름다운" 으로 묘사되고 있다. 그래서 연인은 여자친구의 인상적인 아름다움의 장대함과 위엄과 고상함을 예증하기 위해서 두 개의 크고 웅장한 장소를 사용하고 있다.

그녀는 사랑스럽지만 당당하다. 놀랍지만 애교가 있다. 그녀는 "깃발을 세운 군대 같이 당당하구나 (magestic as troops with banners)" (6:4c, 6:10c). NIV 는6: 4c와 정확하게 동일한 6:10c를 "깃발을 세운 군대같이 당당하구나 (magestic as stars in the procession": 역자 주- 6:4c와 6:10c는 NIV에서는 다르게 쓰지만 한글개역개정성경에서는 동일하게 번역하고 있음) 로 옮기고 있다. 그러므로 이 두 개의 콜론 (6:4c, 6:10c)는 인정과 찬사의 노래 전체의 틀이 되는 양괄대칭구조 (Inclusio) 를 형성한다. 사실 눈을 만족시키 것 이상이 양괄대칭구조 (Inclusio) 에 있다. 6:10a의 질문 "아침 빛 같이 뚜렷하고… 누구인가" 는 따라오는 절들에 대한 대답을 인도하는 것이 아니라 이 노래의 최초의 콜론인 6:4a "내 사랑아 너는…어여쁘고" 에 대한 대답으로 인도하고 있다. 이것은 자체로 홀로 서는 수사학적 질문이 아니라 독자들의 관심을 끌고 그녀의 놀라운 아름다움을 강조하기 위한 수사학적 장치로써 여기서 사용되고 있다.

6:10에서 소녀는 "아침 빛 같이 뚜렷하고 달 같이 아름답고 해 같이 맑고"로 묘사되고 있다. 그녀는 달과 하늘에 음성학적으로 배열된 태양과 별들처럼 엄청나게 인상적으로 아름답다. 그녀의 아름다움은 중국 동화에서 하늘에서 내려오는 천상의 아름다움의 위엄있는 공현절과 같다. 그녀의 놀랍고 엄위로운 아름다움의 묘사는 "디르사 같이 어여쁘고, 예루살렘 같이 곱고"의 시작절에서 그녀의 장엄과 위엄한 아름다움의 묘사를 강화시키고 있다. 땅의 화려함과 하늘의 영광 사이의 얼마나 어울리는 대조인가!

마지막으로 그녀에 대한 놀랍고 웅장한 아름다움의 묘사는 "깃발을 세운 군대 같이" (전체 노래의 최초와 결론 구절들 6:4, 6:10에 나오는) 비유의 반복적 사용으로 확실하게 결론 내리고 있다. "깃발을 세운 군대"의 번역은 문제가 있다. 그 말의 히브리어 dagal 는 "보기"를 의미하며 아카드의 동일 어원인 dagalu로 가장 잘 설명된다.[201]

그래서 여기 문맥에서 그것은 '광경' 엄숙한 경외심에 붙드린 시각'이라는 함축이 있다.[202]

그녀의 눈

6:5 와 4:1-2 사이에는 약간의 유사성이 있다는 것에 주목하라. 양쪽은 일반적으로 소녀의 외모의 아름다움의 찬사로 시작해서 머리카락 묘사로 끝이 난다. 중간에는 그녀의 매력적인 눈의 묘사가 있다. 4:1에 소녀의 눈은 비둘기에 비교되고 있다. 6:5에는 그녀의 눈으로 비교가 이루어지고 있지만 그녀의 눈의 영향이 생생하게 그려지고 있다. "네 눈이 나를 놀라게 하니 돌

---

201 폭스, 아가서, 152
202 Gledhill, 아가서, 192

이켜 나를 보지 말라" 그녀가 눈을 그에게 둘 때 소년은 그녀의 눈의 매력에 거의 저항할 수 없다. 그녀의 놀라운 응시와 합쳐져서 그녀의 웅장한 외모는 그를 떨게 한다. "네 눈이 나를 놀라게 하니 돌이켜 나를 보지 말라" 라고 그는 말한다. 이것은 그녀의 아름다움의 또 다른 측면이다.

그녀의 머리카락, 이빨과 뺨

연인은 6:5c &d 의 "네 머리털은 길르앗 산 기슭에 누운 염소 떼 같고"에서 계속 묘사하고 있다. 이것은 4:1의 반복이기 때문에 4:1에 대한 이전 주석을 보라. 기본적으로6:6-7은 4:2-3 "네 이는 목욕장에서 나오는 털 깎인 암양 곧 새끼 없는 것은 하나도 없이 각각 쌍태를 낳은 양 같구나 네 입술은 홍색 실 같고 네 입은 어여쁘고 너울 속의 네 뺨은 석류 한 쪽 같구나"의 반복이다. 4:2-3에 대한 이전 토론을 보라. 전체 아가서를 통해 반복적인 사용은 계속 한 가지 주제를 강화시키고 있다. 그것들은 한 작품을 구성하는 구성품들이다.

"당신은 모든 사람중에 가장 아름답다"

6:8과 6:9에서 소녀는 60명의 왕비와 80명의 후궁들과 무수한 시녀들과 비교된다.

그 숫자들은 여기서 수학적인 의미보다는 증가하는 숫자라는 의미가 있다. 대조적으로 왕비, 후궁, 시녀들의 언급은 감소의 의미가 있다. 전체적으로는 한사람과 다른 배경과 위치의 수많은 사람들사이에는 첨예한 대조의 그림을 주도록 비교되고 있다.

9a-c절 "내 비둘기, 내 완전한 자는 하나뿐이로구나 그는 그의 어머니의 외딸이요 그 낳은 자가 귀중하게 여기는 자로구나" 의 시작에서 정반대의

비교 접속사인 but 의 사용을 통해 대조의 주요 핵심"을 드러내고 있다. 소녀은 그녀에게 "왕비"나 "후궁"이나 "시녀"(위치와 관련이 있는)라고 부르지 않고 "내 사랑, 내 완전한 자"와 "낳은 자가 귀중히 여기는 자"(애정과 감정과 관련이 있는)라고 부른다. 숫자로 보면 그녀는 "하나뿐인" 존재이다. 위치로 보면 왕비, 후궁, 시녀와 다른 누구도 소녀와 비교되지 않는다. 연인은 2:2에서 "여자들 중에 내 사랑은 가시나무 가운데 백합화 같도다"라고 말하고 있다.

이런 관점에서 우리는 2:2의 비교를 확대해서 소녀와 비교했을 때 왕비조차도 가시나무같을 것이다. 집에서 그녀는 자매들 가운데 뛰어나서 부모님의 특별한 애정의 대상이 되고 있다. 연인에게 그녀는 탁월한 존재이다. 폭스는 "주위에 수많은 왕비와 귀부인들이 있지만 나의 사랑하는 자는 하나밖에 없는 존재이다. 그들 중 누구도 그녀와 비교할 수 없으며 더 나아가 심지어 그들도 그녀의 위엄을 인정한다."[203]

왜 그녀는 그에게 그렇게 유일하며 특별한가? 그는 그녀를 "내 비둘기"요 "내 완전한 자"라고 부른다. 비둘기는 사랑의 표식이다. "나의 비둘기"는 소녀에 대한 깊고 변하지 않는 사랑을 전달한다. "나의 완전한 이"는 높은 도덕성과 좋은 성품에 대한 깊은 찬사를 전달하고 있다. 연인의 감탄은 우리에게 아가서의 시작부에서 소녀의 감탄을 상기시켜주고 있다. 거기서 그녀는 "내게 입맞추기를 원하니 네 사랑이 포도주보다 나음이로구나 네 기름이 향기로워 아름답고 네 이름이 쏟은 향기름 같으므로 처녀들이 너를 사랑하는구나"(1:2-3)라고 말하고 있다.[204] 양쪽 경우에 그들은 섹스가 아니라 서로를 보고 싶어한다. 왜냐하면 그들은 서로를 깊이 사랑하고 있기 때문이다. 높은 도덕성과 좋은 성품을 그들 양쪽이 소유하고 있기 때문이다.

---

203 폭스, 아가서, 153
204 1:2-3의 우리 토론을 보라.

소녀는 연인에게 귀중할 뿐만 아니라 그녀를 낳은 사람 즉 그녀의 어머니의 보석이다. 그녀의 덕과 결합하면 그녀의 아름다움은 그녀를 보는 모든 사람들이 찬사를 보낼 수밖에 없게 한다. "아침 빛 같이 뚜렷하고 달 같이 아름답고 해 같이 맑고 깃발을 세운 군대 같이 당당한 여자가 누구인가" (6:10) 이절의 찬사와 시작절은 양괄대칭구조 (Inclusio) 를 형성한다. 양괄대칭구조 (Inclusio) 로써 절을 만들고 하나로 해석된다. 그러므로 6:10에 대한 주석을 위해서는 이전의 6:4의 토론을 보라.

고찰

소녀가 누구를 닮았는지 우리는 정확하게 모른다. 그러나 연인의 초상화는 그녀의 아름다움에 대한 예슬적인 표현이라는 것을 깨닫기 위해서 시가 필요한 것은 아니다. 이 예술적인 표현과 실제 사이에는 틀림없이 차이가 있다. 다른 말로 하면 표현이 실제 사람과 정확하게 동일할 수는 없다. 이것은 어떤 예술적인 표현의 특징이다. 이것은 사진에도 적용된다. 어떤 카메라도 모든 실물의 세부사항과 색깔을 현실적으로 담아낼 수 없다. 현 상황에서는 그 노래의 초상화는 연인의 눈에 소녀가 어떻게 보여지는지에 대한 것이다.

보이는 데로 그것은 아름다움이다. 정확하게 말해서 그가 그것을 느낄 때 그것은 아름다움이다. 그것을 주관성이라고 부르고 이 소녀 친구에 대한 하늘의 초상화는 진짜 찬사로부터 나온다. 꾸며내고 있는 것이 아니다. 그는 단순히 그것을 경험하고 있다.

그런 감탄은 단지 인간 경험의 일부일 뿐 아니라 인간의 필요이기도 하다. 너무 필요해서 사람들은 그것을 사려고 한다. 고대에는 부유하고 권력 있는 사람들은 그들이 고용한 가수와 댄서를 통해 그런 천상의 아름다움을 조금이라도 보려고 노력했다. 오늘날 그것은 MTV와 팝 콘서트에서 찾고 있다. 종종 현대 청취자에게는 연예인들의 음질이나 노래기술이 관계 없다. 그들이 찾는 것은 다른 것이다. 연예인들의 외모, 젊음, 우아한 움직임, 음악과 조명의 조합은 약간의 매력적인 효과를 내고 결과적으로 그들은 실제보다 더 예뻐 보이게 된다. 아가서의 소녀의 천상의 초상과 MTV 효과 사이의 차이는 전자는 관계에서 오지만 후자는 아니다. 전자는 소녀를 사모하고 사랑할 사람으로 보지만 후자는 추파의 대상이다.

백일몽의 노래 (6:11-13)

6:11 a 골짜기의 푸른 초목을 보려고

      b 포도나무가 순이 났는가

      c 석류나무가 꽃이 피었는가 알려고

      d 내가 호도 동산으로 내려갔을 때에

12   a 부지중에

      b 내 마음이 나를 내 귀한 백성의 수레 가운데에 이르게 하였구나

13   a 돌아오고 돌아오라

      b 술람미 여자야 돌아오고 돌아오라

      c 우리가 너를 보게 하라

      d 너희가 어찌하여 마하나임에서 춤추는 것을 보는 것처럼 술람미 여자를

보려느냐

주석

또 다른 정원 장면

6:11과 6:12의 화자는 누구인가? NIV에서는 화자가 소녀이다. 그러나

Gledhill는 가버린 장소에서 돌아오라는 명령을 받고 있는 6:13의 단어들은 명백하게 그녀를 지칭하고 있기 때문에 화자는 반드시 소녀이어야 한다고 바르게 주장하고 있다. 거기서 그는 6:11은 견과나무의 숲으로 소녀의 출발을 가장 자연스럽게 묘사하고 6:13는 그녀가 거기에서 돌아오라는 요청을 받고 있다는 것을 나타낸다고 알려주고 있다.[205]

소녀가 화자이고 그녀가 정원으로 갈 것이기 때문에 "정원" 은 그녀의 신체와 아무 관련이 없다. 그것은 문자적인 정원을 언급할 것이다. 그녀는 견과나무의 숲으로 내려간다. 거기서 만약 포도나무가 싹이 나거나 석류가 만발한지를 보려고 그녀는 계곡에서 새로운 성장을 찾고 있다. 그녀는 백일몽의 상태에 있다. 그녀가 연인의 찬사를 방금 들었기 때문에 행복한 분위기에 있다. 그녀가 아름다운 자연을 자신이 즐기고 있는 것을 상상한다. 만약 우리가 그 절을 비유적으로 취급해야 한다면 만약 포도와 석류 (그들의 관계를 언급하는 것) 가 싹이 나고 만발한지를 본다는 것은 계곡에서 새로운 성장을 그녀가 검사하고 있다는 것을 의미할 것이다.

상상의 비행

그녀가 이런 흥분의 상태에 있기 때문에 그녀의 상상은 미쳐 날뛰고 있다. 갑자기 그녀의 상상은 왕의 마차로 그녀를 데리고 간다. 일부 질투하는 구경꾼을 뒤로 한 채 그녀의 "기사" 는 그녀를 왕의 기마에 태웠다. 사랑에 빠졌을 때 사랑스러운 상상이 많아진다. 그것은 대게 관계의 기복을 반영한다. 백일몽이 비현실적이라도 참된 사랑에 기초한 감미로운 상상은 그들의 더없이 행복한 관계를 나타낸다. 그런 상상은 이미 건강한 관계를 부요하게 한다. 그러나 참된 사랑이 없는 상상은 현실이 다가올 때 무너질 것이다.

---

205 Gledhill, 아가서, 199

술람미여인

예루살렘의 딸들[206] 이나 구경꾼들은 "돌아오고 돌아오라 술람미 여자야 돌아오고 돌아오라 우리가 너를 보게 하라" 라고 빠르게 외치고 있다. "돌아오라" 는 여기서 4회 반복되고 있는 긴급한 외침이다. 그것은 그녀를 보려는 구경꾼의 가장 간절한 소원을 나타내고 있다. 그들의 동기는 아마도 호기심일 것이다. 그들은 아름다운 술람미 여인을 그저 보기 원하는 것이다.

"술람미여인" 이란 표현은 소녀가 자신을 표현하기 위해 사용하고 있다. 그래서 구경꾼과 소녀는 둘 다 이 중요한 호칭에 일치한다. 그것은 수 19: 18에서 언급된 마을인 수넴과 같은 지정학적 명칭이거나 솔로몬이란 명칭의 여성형이거나 풍요신이자 전쟁의 여신인 shulamanitu의 명칭일 수도 있다.[207] 그 단어의 히브리어 어근은 slm이기 때문에 그것은 "평화", "온전함" 혹은 "행복" 이라는 의미인 명사 selom에서 아마도 유도된 것 같다.

8:10에서 소녀는 자기 자신을 사랑하는 사람에게 평화 (shalom) 와 행복을 가져다 주는 사람으로 묘사하고 있다. 그들의 사랑의 관계가 "평화" 로 축복받을 것이라는 그녀의 확신을 이 달이 표현하고 있기 때문에 소녀는 자신을 이 이름으로 부르고 싶어한다. 술람미 여인에게 참된 사랑과 덕과 평화는 연애 시기에 성관계보다 더 중요하다.

술람미 여인과 마하나님의 춤

13절의 "마하나임" 의 의미는 확실하지 않다. 그 말은 트랜스 요르단 (창 32:2) 의 한 장소를 의미하거나 "두 개의 캠프" 를 의미할 수도 있다. 그 말은 소녀의 행동의 리듬에 박수를 치고 발을 구르고 노래하고 있는 사람들의 긴

---

206 Murphy, 아가서, 181
207 Gledhill, 아가서, 202; Carr, *Song of Solomon*, 188도 보라.

두개의 줄 사이에서 소녀가 춤추고 있는 전형적인 중동의 춤이라는 의미일 수도 있다.[208] 그러나 소녀는 여기서 춤을 추지 않을 것이다. (6:13) 그녀는 예루살렘의 딸들이 요청한 데로 돌아오기를 거절하고 있다. 그녀는 심지어 돌아오는 것의 당위성을 그들에게 질문하고 있다. 결과로 춤추는 동안 마치 그녀가 그녀의 아름다움과 은혜와 외모로 그들을 즐겁게 해주는 구경꾼들 앞에서 춤추고 있는 평범한 댄서인 것처럼 (as if) 그들은 그녀의 아름다움을 적절하게 볼 수 있다. 접속사 (as if) 는 그녀가 춤추고 있지 않다는 의심할 여지가 없는 사실을 전달한다. 그녀는 많은 구경꾼 앞에서 그녀의 아름다움을 과시하는데 빠지려는 유혹을 극복하면서 자신의 연인과 함께 거하기를 선택하고 있다. 그녀의 이름이 술람미 여인이라는 것이 놀랄만한 일이 아니다. 그녀는 건강하고 축복받은 사랑의 관계를 개발하기 위해서 자기 영광 앞에 사랑을 둔다.

고찰

하나님께서 창조하신 모든 선한 것들을 남용하기 쉽다. 육체적 아름다움도 그것들 중의 하나이다. 그것은 남자가 즐길 수 있는 것으로 만들어졌으나 여성 스스로를 상품화 했다. 그들은 자신들의 예쁜 신체 부위를 "자산"이라고 부른다. 실제로 그렇다. 이들 여인은 부와 화려함를 꿈꾼다. 꿈을 실현하기 위해서 그들은 자신들의 "자산" 을 선전한다.

고대에 우리는 남자들, 대게 왕이나 부유하고 권력있는 사람들 앞에서 자신들의 "자산" 을 과시하고 있는 댄서들을 알고 있다. 역사는 그런 유희는 값비싼 것이라는 것을 보여준다. 1세기 팔레스타인에서 살로메의 화려한 춤은 헤롯 대왕을 매혹했고 그것은 사도요한 (마 14:6-11) 의 머리만큼의 비용이

---

208 Ibid.,203

들었다. 고대 중국에서 당 현종 (Tang Xuen Zong) 황제 (AD 685-762) 는 양규비 (Yang Gui Fei) 의 춤에 매혹되었고 나중에 왕조를 잃어버리는 대가를 치루었다.

요즘 시대에 영화 예술인과 모델은 그들의 "자산" 으로부터 수백만 달러를 벌고 있다. 그들은 너무 귀중해서 일부 모델이나 그들의 소속사는 그들에게 보험을 들어야 한다. 그들은 미디어의 관심사이기도 하다. 최근에 미국의 유명한 한 잡지는 표지모델을 빼버렸다. 나중에 4.5kg 나 더 살이 쪘기 때문이었다. 싱가포르에서는 누드로 남자를 유혹하는 방법과 성형수술에 대하여 알려주는 여성 연예인이 신문의 머릿기사를 장식했다.

이것은 아가서가 우리에게 말하는 것과는 멀다. 여성 주인공은 아름답다. 그녀는 꿈도 있다. 그러나 그녀의 꿈은 돈과 화려함을 위해서 성적매력을 과시하는 것이 아니다. 그것을 전통적이라고 하든 구식이라고 하던간에 그녀는 견고한 관계를 원할 뿐이다. 그녀는 "흰 기사" 가 그녀를 마차에 태워 갈 것을 상상하면서 백일몽에 시간을 보내고 있다. 소위 그런 모든 "자산" 은 상업화되어서는 안 된다. 그것들은 자신의 남편될 사람만을 위해서 보존되어야 한다. 왜냐하면 그것들이 처음에 창조된 원래 목적이기 때문이다. 하나님께서 남편과 아내가 서로에게 감사하도록 신체 부위를 창조하셨다. 당신이 그것들을 "자산" 이라고 부르싶다면 그것들은 사적인 "자산" 이며 외부인에게는 입장금지이다.

10
PART

VIII절: 7:1–13

찬사와 감탄의 노래 (7:1-5)

7:1   a 귀한 자의 딸아

     b 신을 신은 네 발이 어찌 그리 아름다운가

     c 네 넓적다리는 둥글어서 숙련공의 손이 만든 구슬 꿰미 같구나

2   a 배꼽은 섞은 포도주를

     b 가득히 부은 둥근 잔 같고

     c 허리는 백합화로 두른 밀단 같구나

3   a 두 유방은

     b 암사슴의 쌍태 새끼 같고

4   a 목은 상아 망대 같구나

     b 눈은 헤스본 바드랍빔 문 곁에 있는

     c 연못 같고

     d 코는 다메섹을 향한

     e 레바논 망대 같구나

5   a 머리는 갈멜 산 같고

     b 드리운 머리털은 자주 빛기 있으니

     c 왕이 그 머리카락에 매이었구나

구조적 분석

이전 주요절 (6:4-13) 의 끝에서 소녀는 구경꾼을 뒤로하고 왕의 마차의 '백기사' 와 함께 간다. 그녀가 떠났기 때문에 소녀가 이제 VIII절 (7:1-13)에서 사랑하는 '백기사' 및 혹은 구경꾼 앞에서 지금 춤추고 있다고 추론하는 것은 근거가 없는 일이다. 그런 가정은 이전의 6:13의 접속사 "마치 처럼 (as if)" 에 대한 우리의 이해와 상충이 된다. 앞에서 설명한 대로 출발 장면은 두 개의 부분 순환절이며 또 다른 두 개의 부분 순환절인 III절 (2:8-17) 과 IV절 (3:1-5) 과 교차 병행인 VI절 (5:2-6:3) 과 VII절 (6:4-13) 로 끝이 난다. 이제 시는 또 다른 두개의 부분 순환절인 VIII (7:1-13) 와 IX절 (8:1-14) 로 시작된다. 순환은 또 다른 두개의 부분 순환절인 I절 (1:2-8) 과 II절 (1:9-2:7) 과 교차적이기도 하다. VIII절은 II절과 병행이며 IX절은 I절과 병행이다. 이 두 개의 마지막 절에 대한 주석의 끝에 우리는 교차적인 대구가 분명하게 일치하지 않다는 것을 보여줄 것이다. 어떤 절의 위치의 변화는 그 노래에 있는 아름다운 대칭을 망치게 될 것이기 때문이다.

구경꾼을 남겨둔 채로 연인들은 이제 자신만의 약간 배타적인 세계에 있다. 소년은 이제 그의 사랑하는 연인을 바라보고 있다. 자연스럽게 그는 사랑하는 자에게 찬사를 보내기 시작한다. 그래서 어떤 의미에서 이 주요절 (VIII절) 과 이전절 (VII절) 사이에는 연속성이 있다. VII절과 VI절은 함께 두 부분의 완전한 설화적 순환을 형성하기 때문에 변환하는 연결은 실제 최소이다.

반면에 현재 절 (VIII절) 은 어떤 의미에서 II절의 사랑 이야기의 계속된 서술이기도 하다. 그러므로 VIII절은 이야기 발전의 면에서 II절에 병행이 된다. II절과 VIII절 사이의 연결을 보기 위해서는 우리는 전자로 되돌아갈 필요가 있다.

II절에서 연인은 작은 정원 안의 배타적인 작은 세계에 놓여 있다. 그들만 따로 있기 때문에 연인은 그의 사랑하는 자의 머리, 뺨, 목과 귀고리의 아름다움에 찬사를 보내고 있다 (1:9-11). 이것 다음에는 1:12-14의 백일몽이 나온다. 그 다음에 상호 찬사와 감탄이 있다 (1:15-2:3). 그 뒤에는 그녀가 사랑하므로 병이 났다는 소녀의 상사병의 묘사가 나온다. 친밀함의 순간에 소년의 왼팔은 그녀의 머리 위에 있고 오른팔은 그녀를 안고 있다. 갑자기 소녀는 흥분에서 깨어난다. 그녀는 예루살렘의 딸들에게 간청한다.

"예루살렘 딸들아 내가 노루와 들사슴을 두고 너희에게 부탁한다 내 사랑이 원하기 전에는 흔들지 말고 깨우지 말지니라" 이것은 긴장감을 창조한다. 3:6-5:1에서 아름답게 묘사되고 있는 것처럼 성적 결합은 결혼식 첫날 밤을 위해서 보존되어야 한다는 것을 그 긴장감이 보여주고 있는 것이다. 그러나 정원 이야기는 어떻게 긴장감을 이어가는가?

명백하게 "정원이야기"는 II절과 병행인 VIII절로 계속된다. 여기서 두 연인들은 그들만의 작고 배타적인 세계인 정원에 다시 놓여 있다. 찬사와 감탄의 노래 주위의 이 시간은 머리와 목에 제한되어 있지 않다. 그것은 발, 다리, 배꼽, 허리, 가슴에서 시작해서 마지막으로 목, 눈, 코, 머리카락, 머리 (7:1-6)로 끝이 난다. 소녀는 소년의 눈에 보기에는 모두 아름답고 상냥하다. 그러나 소녀가 여기서 발가벗었다는 것을 의미하지 않는다. 소년이 찬사를 보낸 신체 부위와의 신체적 접촉이 있다는 것을 의미하지도 않는다.

그럼에도 불구하고 찬사는 그의 성적인 욕망을 다시 빠르게 일으킨다. 그래서 그는 그녀에게 키스하고 가슴에 애무하고 싶다고 표현하고 있다. (7:7-9) 그에 대한 대답으로 소녀는 그가 키스하는 것을 허락한다. "이 포도주는 내 사랑하는 자를 위하여 미끄럽게 흘러내려서 자는 자의 입을 움직이게 하느니라" (7:9). 그러나 그녀는 여기서 가슴에 대해서 아무것도 언급하지 않는다. 이것은 감퇴가 아닌가? 명백하게 아니다. 소녀는 연인에게 포도가 싹이 났고 석류는 만발하고 합환채는 향기를 발산하는지 보기 위해서 시골에 그녀와 함께 가자고 요청하며 연인을 위로한다. 이것은 그들의 관계가 피었고 향기가 나는지 아닌지를 (7:10-13) 그에게 확인해 보라고 요청하고 있다는 것을 의미한다. 12절에서 이 모든 3개의 if는 질문을 강조한다. 우리는 성적 사랑을 위해 성숙한가? 노래에서 섹스를 위해 성숙하다고 간주되는 유일한 때는 결혼식 날이다.

그를 더 위로하기 위해서 소녀는 자신이 그에게 속해 있다는 것을 연인 (7:10) 에게 확신시킨다. 시간이 되었을 때 그녀는 그에게 그녀의 성의 모든 향기를 아끼지 않고 줄 것이다. 이것이 II절의 성과 비교해서 발전된 것이다. 왜냐하면 II절은 섹스를 위해 때가 되지 않았다는 간청으로 끝이 나기 때문이다. 그러나 VIII절은 간청으로 끝이 나지 않는다. 오히려 약속과 그녀가 모든 자신의 향기를 연인만을 위해서 비축했고 그들의 사랑이 무르익었을 때 그에게 줄 것이라는 확신으로 끝이 난다.

위 관찰을 요약해보자. 우리가 볼 수 있듯이 II절 (1:9-2:7) 과 VIII (7:1-13) 은 서로 병행을 이룬다. II절은 정원에서 찬미와 감탄으로 시작해서 사랑이 익기 전에 성적인 욕구를 깨우지 말라는 소녀의 간청으로 끝이 난다. VIII절은 정원에서의 찬미와 감탄으로 시작해서 그들의 사랑이 무르익을 때 섹스가 가능할 것이라는 약속과 확신으로 끝이 난다.

우리가 볼 수 있듯이 두 개의 병행절 사이에는 아름다운 의미론적 대칭이 있다. 소녀가 성적으로 깰 때 (그녀가 사랑하므로 병이낫을 때) 그녀는 결정적 순간에 즉시 깨어나고 간청을 한다. 소년이 성적으로 깨어날 때 그녀는 그의 육체적인 구애를 분명하게 중지시키지만 동시에 그녀는 그에게 속해 있다는 것을 그에게 확신시키고 사랑의 때가 되면 그에게 자신을 완전히 줄 것이라는 것을 그에게 약속하고 있다. 두 개의 절은 매우 대칭적이어서 아가서에서 아름다운 교차적 구조를 훼손하지 않고서는 그것들을 재배치할 수가 없다.

소녀의 아름다움에 대한 연인의 찬사

이 찬사와 감탄의 노래에서 소년은 처음부터 끝까지 찬사를 보낸다. "귀한 자의 딸아 신을 신은 네 발이 어찌 그리 아름다운가"(7:1a,b) "귀한 자의 딸들아" 라는 호칭은 단지 애정의 표현이 아니라 고결함의 표현이다. 특별히 발, 다리, 허리, 목, 코, 머리카락에 따라오는 묘사는 그녀를 분명하게 특징짓는 고귀함과 고결함의 분위기를 분명하게 반영한다. 그래딜 (Gledhill) 은 여기서 찬사는 주로 시각적 묘사가 아니라 소녀의 아름다움에 대한 연인의 감정적인 반응이라고 제대로 지적하고 있다.[209] 시에서 비현실적인 은유는 소녀를 향한 그의 감정을 묘사하고 있다. 명백하게 그를 가장 자극하는 것은 그녀의 우아함과 고상함이다.

그녀의 발

연인은 그녀의 발로부터 시작한다. 히브리어로 "발" 이란 단어는 여기서 거리 간격인 "한 걸음" 을 의미할 수도 있지만 또 다른 단어이며 아름다운 발의 자격인 "샌달" 은 그 단어의 의미를 한 가지 의미 "발" 로 명백하게 정의하고 있다.[210] 그래서 묘사를 일종의 춤 시나리오와 연결시키는 것은 문맥을 벗어난 것이며 그런 해석은 명백하게 주관적인 가정에 영향을 받고 있다. 데이비슨 (Davidson) 은 "그녀가 그녀의 신체적 매력만을 드러내기 위해

---

209 Gledhill, 아가서, 205

210 Moises Silva, Biblical Words and Their Meaning: An Introduction to Lexical Semantics(Grand Rapids:Zondervan,1983)103; and Andrew Hwang, Linguistics and Interpretation, Biblical Word Study(Taipei:Campus Evangelical Fellowship, 1999)54-64

서 나체로 혹은 투명한 덮개로 된 옷을 입고 춤을 추고 있다는 것은 뒤에 나오는 묘사를 보면 명백하다” 라고 잘못 추론하고 있다.

동일한 가정은 1절의 두 번째 부분의 해석에 영향을 미친다. “네 넓적다리는 둥글어서 숙련공의 손이 만든 구슬 꿰미 같구나” (7:1c,d). 다시 데이비슨 (Davidson) 은 소녀가 춤에서 흔들고 있을 때 그녀의 허벅지의 “곡선” 은 숙련된 기술자의 손에 의해 완벽하게 다듬어진 장신구나 보석류처럼 보인다고 제시하고 있다.[212] 찬사는 사랑하는 자를 향한 소년의 감정의 표현이기 때문에 반드시 그것은 시각적 묘사를 함축하는 것은 아니다. 소년의 비현실적인 상상에서 소녀는 숙련된 조각가의 손으로 완전하게 조각되고 있는 조각상을 닮았다는 것은 훨씬 더 개연성이 있다. 그녀의 곡선 허벅지의 곡선은 세심하고 아름답게 조각된 보석류, 명품을 닮았다.

그녀의 배꼽

연인은 “배꼽은 섞은 포도주를 가득히 부은 둥근 잔 같고” (7:2a,b)라고 계속하고 있다. 배꼽은 둥근 잔이다. 비교의 핵심은 크기가 아니라 완벽하게 “둥근” 모양이다. 두 번째 콜론 “섞은 포도주를 가득히 부은” 은 배꼽의 묘사가 아니라 섞은 포도주가 결코 부족하지 않은 잔의 묘사이다. 섞은 포도주로 가득 채운 잔은 매력적이고 자극적이다. 그것은 명백하게 마시는 것을 말하는 것이다. 잠 23:30-31에서는 “술에 잠긴 자에게 있고 혼합한 술을 구하러 다니는 자에게 있느니라 포도주는 붉고 잔에서 번쩍이며 순하게 내려가나니 너는 그것을 보지도 말지어다” 말하고 있다. 혼합한 번쩍이는 붉은 술을 바라볼 때 그는 자극을 받아 그것에 끌려 정신을 빼앗길 것이다. 배꼽의 자극적인 매력은 그렇기 때문에 여기서 그렇게 강조되고 있다.

---

212 Ibid.,145

그녀의 배

묘사는 허리로 이동한다 "허리는 백합화로 두른 밀단 같구나" (7:2c,d) "배"는 히브리어 단어에 대한 더 좋은 번역이다. 그녀의 배의 색깔은 밀단 같은 황금갈색이다. 그것은 아름다운 백합화의 더미 (화환) 로 둘러쌓여 있다. 히프 주위에 아름다운 꽃들의 화환을 매달아놓은 하와이 숙녀처럼 그녀의 황금갈색 배는 사람의 눈에 훨씬 더 매력적이 되고 있다. 쾌락의 은밀한 기원에 대한 암시를 주며 그녀의 "배" 라는 은밀한 정원에 대한 세밀한 언급이 있다라고 제안하면서 주관적으로 은유를 훨씬 더 확장시킨다면 이것은 분명히 에로틱 노래로 보여질 것이다.[213] 그러한 해석은 부적절하다.

그녀의 가슴

"두 유방은 암사슴의 쌍태 새끼 같고" 이 절은 4:5의 반복이다. 따라서 4:5에 대한 과거 주석을 찾아보라.

그녀의 목, 눈과 코

"목은 상아 망대 같구나 눈은 헤스본 바드랍빔 문 곁에 있는 연못 같고 코는 다메섹을 향한 레바논 망대 같구나" (7:4) 소년의 찬사는 발끝에서 위까지 계속 이어졌다. 그는 그녀의 목, 눈, 코에 찬사를 보내기 시작하고 있다. 그것은 발끝에서 위로 고정적이고 순차적 절차로 진행되고 있지는 않다. 눈들은 코 위에 있지만 그것들은 코를 언급하기 전에 언급되었다. 4:4에서 소녀의 목은 다윗의 망대에 비유되고 있다. 여기서 그것은 상아망대에 비유되고 있다. 다윗의 망대는 이 상아 망대와 다르다는 것은 명백하다. 그래서 강

---

213 Gledhill, *Song of Songs*, 206

조점도 확실하게 다르다. 비교했을 때 상아망대는 부드럽고 그 색깔은 연하지만 외관상으로는 만족스럽다.

망대는 직립일 수 있다. 그러므로 그것은 그녀의 긴 목을 언급하는 것일 수 있다. 그래서 그녀의 목이 상아망대에 비유될 때 그녀의 고귀한 성품이 그녀의 우아함과 당당함과 함께 다시 강조된다. 그래딜 (Gledhill) 은 "이번 강조는 그녀의 구슬모양의 장식의 아름다움이 아니라 그녀의 위엄에 있다. 그녀의 빗어올린 머리카락은 그녀의 "직립의 부드럽고 창백한 목의 길이 즉 상아망대의 크기를 나타낼 것이다." [214]

헤스본의 연못들은 헤스본에 있는 저수지들을 말하는 것이다. 저수지는 움직이는 샘이 아니라 물을 저장하기 위해 딱딱한 바위를 쪼갠 연못이다. 고요함과 투명함과 깊이는 거대한 저수지의 물을 잘 설명해준다. 이 묘사는 다시 한번 고귀함과 고상함의 분위기를 반영해주고 있다. 소년이 그녀의 눈을 들여다 볼 때 그녀의 고요함과 깊음과 평온한 심연은 정말로 그를 매혹시키고 있다. "바드랍빔 문 곁에 있는" 은 연못의 위치를 가리킨다. 바드랍빔은 " 많은 사람의 딸" 혹은 "고귀한 사람들의 딸" 을 의미한다. [215] 그녀의 고귀한 성품이 다시 강조되고 있다.

소녀의 코는 다메섹을 향한 레바논 망대에 비유되고 있다. 레바논산 꼭대기에 있는 것 같은 레바논의 망대는 다메섹을 내려다 보면서 하늘을 향해 곧게 서 있다. 그것은 그녀의 아름다운 외모와 어울리게 그녀의 코의 탁월함을 적절히 묘사하고 있다. 레바논은 산에 있는 향기나는 나무로 유명하다. 더구나 히브리어로 그 단어는 "유향" 과 비슷한 발음이 난다. 이 모든 것들이 기존 고상한 성품을 더 고상하고 우아하게 만들어준다. 그 소년은 그

---

214 Ibid.,206
215 Ibid., 207

의 눈앞에서 당당하게 서 있는 조각품처럼 그녀의 아름다움의 고상한 성품
에 감사하고 있다. 그녀의 목, 귀, 코를 묘사하는데 사용된 은유들은 그녀의
위엄있고 세련된 아름다움에 대한 찬사의 반영이다.

"머리는 갈멜 산 같고 드리운 머리털은 자주 빛이 있으니 왕이 그 머리카
락에 매이었구나" (7:5) 그녀의 머리는 갈멜산 산맥이 팔레스타인[216] 해변의
평원을 내려다 보고 있는 것처럼 포도색광이 나는 머리카락으로 덮여있다.

그녀의 긴 흘러내리는 머리칼은 그녀의 기존 매력적인 고귀함에 세련된
아름다움을 더해주면서 그녀의 머리의 관처럼 머리와 어깨를 아름답게 덮고
있다. 그런 압도적인 아름다운 머리카락은 왕의 마음조차 사로잡을 것이다.

고찰

이 wasf에 대한 고찰을 위해서는 이전의 wasf에 대한 고찰인 찬사의 노
래 (4:1-7) 을 보라

---

216 Davidson, *Ecclesiates and Song of Solomon*, 147

욕망의 노래 (7:6-10)

7:6 ａ 사랑아 네가 어찌 그리 아름다운지, 어찌 그리 화창한지

ｂ 즐겁게 하는구나

7 ａ 네 키는 종려나무 같고

ｂ 네 유방은 그 열매송이 같구나

8 ａ 내가 말하기를 종려나무에 올라가서

ｂ 그 가지를 잡으리라 하였나니

ｃ 네 유방은 포도송이 같고

ｄ 네 콧김은 사과 냄새 같고

9 ａ 네 입은 좋은 포도주 같을 것이니라

ｂ 이 포도주는 내 사랑하는 자를 위하여

ｃ 미끄럽게 흘러내려서 자는 자의 입을 움직이게 하느니라

10 ａ 나는 내 사랑하는 자에게 속하였도다

ｂ 그가 나를 사모하는구나

주석

연인의 흥분과 구애

"사랑아 네가 어찌 그리 아름다운지, 어찌 그리 화창한지" 라고 말하면서 연인은 소녀의 고귀하고 화려한 아름다움에 확실하게 사로잡혀있다. "어찌" 라는 말이 강조를 위해 두 번이나 사용되었다. 대게 소년은 소녀를 ra' yati (내 사랑) 이라고 부르지만 여기서는 그녀를 'ahabah (오 사랑) 이라고 부른다. 여기서 이 말의 뉘앙스를 파악하는 것은 쉬운 일이 아니다. 일부 학자들은 동일 콜론 (7:6b) 내의 "사랑" 과 "즐거움" 이란 단어가 성적 냄새를 풍기기 때문에 'ahabah 가 ra' yati 대신에 사용되고 있다고 제시하고 있다.[217] 그러나 8:7에서 "사랑" 은 예를 들어서 묘사되고 있다. "많은 물도 이 사랑을 끄지 못하겠고 홍수라도 삼키지 못하나니 사람이 그의 온 가산을 다 주고 사랑과 바꾸려 할지라도 오히려 멸시를 받으리라" 앞에서 살펴본 것처럼 "사랑" 은 여기서 참된 사랑을 의미한다.

사랑과 "즐거움" 이란 단어를 함께 보면 7:6b의 "사랑" 은 강렬한 열망일 뿐만 아니라 참된 사랑의 혼합적 의미를 나타낼 수 있다.

7:7-8에서 소녀의 키는 종려나무에 비유되고 있고, 가슴은 열매송이에 비유되고 있다. 그의 성적인 열망이 자극되고 그의 정열 때문에 종려나무에 올라가서 열매에 손을 댄다. 이것은 7:8,9a에서 말한 것처럼 그가 그녀에게 키스하고 그녀의 가슴에 애무하기를 원한다는 것을 의미한다. "네 유방은 포도송이 같고 네 콧김은 사과 냄새 같고 네 입은 좋은 포도주 같을 것이니라" 사과 냄새 같은 콧김과 좋은 포도주 같은 키스는 모두 친밀한 키스와 애무는 예를 들어 설명하는 것이다.

---

217 Ibid., 147

소녀의 거절과 확언

소녀는 소년만큼 성적으로 자극이 되었는가? 소녀는 소년의 욕구를 채워줄 것인가? 소녀는 통제되지 않는 성적인 욕구의 위험성을 매우 잘 이해하고 있다. 주장해온 것처럼 그녀는 자기제어의 여인이다 (아 2:7의 그녀의 간청을 참조하라). 그래서 여기서 그녀의 자연스러운 반응은 "이 포도주는 내 사랑하는 자를 위하여 미끄럽게 흘러내려서 자는 자의 입을 움직이게 하느니라"(7:9b,c). 그녀는 자신의 가슴을 애무하는 것에 대해서는 아무것도 언급하지 않고 있다. 그녀는 그저 그녀가 항상 기대하고 있는 것 (1:2와 5:16을 참조하라) 인 정열적인 키스를 기대하는 것을 표현할 뿐이다.

소녀는 더는 진행되는 것에 대해서 유보적인 것 같다. 만약 그녀가 그가 사랑하는 만큼 사랑한다면 왜 그녀는 자신을 그에게 완전히 주지 않는가? 그녀의 자기절제의 논리적 이유는 다음 노래에서 나타나고 있다. 그러나 그녀가 자신의 보류적 입장을 그에게 설명하기 전에 그녀는 그에게 상호간의 교감을 확인시켜주고 싶어한다. 그가 그녀를 바라는 만큼 그녀도 그를 깊이 사랑하고 있다. "나는 내 사랑하는 자에게 속하였도다 그가 나를 사모하는구나"(7:10) 소년에게 얼마나 큰 위로인가! 이 문맥에서는 욕구란 누군가에 대한 지배욕이 아니며 그것은 당신이 사랑하는 누군가도 바라고 있는 기쁨을 공유하는 것을 의미한다. 참된 사랑이 없는 욕구는 관계를 파괴하는 것일 수 있다. 성적 욕구에 기초한 정열이라면 오래 지속되지 않을 것이다. 소녀는 그 사실을 매우 잘 알고 있다. 그러므로 이 욕망의 노래 (7:6-10) 는 이제 유보의 노래 (7:11-13) 로 이어진다.

고찰

연애에 있어서 성적 자극과 자기통제 사이에는 많은 긴장감이 존재한다고 말해왔다. 우리는 현재 노래에 대해서 한 가지 의견만을 말할 것이다. 이 욕망의 노래가 오늘날 쓰여졌다면 아시아의 대부분의 검열당국이 그것을 금지했을 것이다 (사실, 아가서에서 명백한 성적인 시들도 금지되었을 것이다.). 그러나 이 노래는 하나님의 "검열" 을 통과했고 성경에 실렸다.

그럼에도 불구하고 비난을 피하기 위해서 노래를 정교하게 다루도록 하자. 고돈 윙 (Gordon Wong) 은 어떤 구약의 본문들에 오면 우리 자녀들을 감독할 필요가 있다고 그의 세미나에서 제안했었다.[218] 나는 이것을 목록에 포함시키자고 제안하는 바이다. 그것을 PG라고 평가할수도 있다. 그것은 부모지침서 (Parental Guidance) 혹은 목회지침서 (Pastoral Guidance) 일 수도 있다. 아가서 전체의 일차적인 목적은 하나님의 매개변수 (즉, 결혼) 내에서 인간의 사랑에 대한 적절한 묘사와 가르침을 제공하는데 있다는 것을 기억하라. 혹자는 아가서를 성경적인 섹스 교육의 일부라고 여길 수도 있다. 그리스도인 상담가이자 작가인 팀 라에이 (Tim Lahaye) 는 "도덕적 원칙없이 섹스교육을 하는 것은 불위에 가솔린을 붙는 것 같다." [219] 일반적으로 섹스 교육처럼 오용을 방지하기 위해서도 적절한 지침서가 필요하다. 아가서의 핵심은 충동의 한가운데에서 확실한 한계오 어떤 정도의 자기통제 안에서 섹스를 즐기기와 올바른 환경에서의 섹스 다루기를 가르치는 것이다.

---

218 Gordon Wong, "무자비한 대학살: 구약에서 정복과 살인 명령 이해하기," Institute of Leadership Development Seminar with the Eagles Communications, 2000년 10월 10일. 싱가폴

219 T.Lahaye and Beverly, 결혼(Grand Rapids:Zondervan, 1976)47-48

03
chapter

유보의 노래 (7:11-13)

7:11 a 내 사랑하는 자야 우리가 함께 들로 가서

b 동네에서 유숙하자

12 a 우리가 일찍이 일어나서 포도원으로 가서

b 포도 움이 돋았는지,

c 꽃술이 퍼졌는지,

d 석류 꽃이 피었는지 보자

e 거기에서 내가 내 사랑을 네게 주리라

13 a 합환채가 향기를 뿜어내고

b 우리의 문 앞에는 여러 가지 귀한 열매가

c 새 것, 묵은 것으로 마련되었구나

d 내가 내 사랑하는 자 너를 위하여 쌓아 둔 것이로다

주석

소녀의 제안과 약속

대게 그녀가 연인의 찬사와 감탄으로 깊이 감동을 받았을 때가 있기 때문에 소녀 편에서는 상상의 비약도 있다. 앞에서 언급한 것처럼 연인은 육체

적 친밀감을 더 요구하고 있다. 소녀는 그에게 들로 가서 동네에서 유숙하자고 요청하고 있다. 여기에는 "야누스 대구법" 이란 것이 있다.[220] keparim 은 들에 있는 '동네' 혹은 '헤나 덤불 (henna bushes)' 을 의미할 수 있다. 그래서 첫 번째 의미는 "야외" 를 되돌아보고 두 번째 의미는 "포도밭" 을 앞서 내다본다.[221]

여기서 소녀는 계획이 있다. 그녀는 환경을 만들고 기대를 만들어줄 뿐만 아니라 제안과 약속을 하고 있다. 동네에서 유숙하는 목적은 일찍 일어나서 다음날 포도원으로 가서 포도 움이 돋았는지, 꽃술이 퍼졌는지, 석류 꽃이 피었는지를 보기 위해서이다. 포도밭의 포도와 석류는 그들의 관계를 의미한다. 이 은유는 6:11에서 이미 나왔었다.[222] 유일한 차이는 6:11에서는 소녀가 개인적으로 "사랑" 이 때가 되었는지 보기 위해서 내려갔지만 여기 7:12에서는 소녀가 연인에게 그들의 "사랑" 이 때가 되었는지를 보기 위해서 함께 가자고 초대하고 있다는데 차이가 있는 것이다.

12절의 3개의 if (히브리어로 'im) 는 그녀가 설정한 중요한 "조건" 을 강조하고 있다. 그녀는 그들의 관계가 싹이 나거나 만발할 때에만 그에게 자신을 줄 것이다.[223]

위의 생각은 다음 구절이 지지한다. "합환채가 향기를 뿜어내고 우리의 문 앞에는 여러 가지 귀한 열매가 새 것, 묵은 것으로 마련되었구나 내가 내 사랑하는 자 너를 위하여 쌓아 둔 것이로다" (7:13). 합환채 향기는 소녀의 성징을 말하며 그것은 그가 즐길 수 있는 여러 가지 귀한 열매가 있다 (4:13-14를 보라). 그녀의 성이 줄 수 있는 모든 기쁨과 흥분은 다른 사람을 위해서 보관한 것이 아니라는 것을 그에게 확신시키고 있다. 이것은 그에게

---

220 야누스 대구법이나 말장난은 두 개의 방향을 향하는, 의도적으로 모호한 단어를 사용한다. 폭스, 아가서, 113를 보라.
221 Ibid. ,164
222 이 은유의 토론을 위해서는 6:11의 주석을 보라.
223 히브리어 본문에서는 한 개의 'im(if)만 있지만 그 구문은 여기에는 3개의 "ifs"를 의미한다.

뿐 아니라 그녀에게도 강력한 욕망과 기대를 창조하고 있다. 그녀는 그녀가 온 세상에 공개적으로 자신들의 관계를 알릴 수 있는 사랑의 날을 갈망하고 있다. 이 주석에서 앞서 지적한 대로 참된 사랑은 개인적일 뿐 아니라 공적이기도 하다. 참된 사랑은 공개되어서 전체 가족이 수용할때만이 때가 된것이다. 후에 나오는 노래는 참된 사랑에 대한 이런 이해를 지지한다. 마음에 있는 커플의 강력한 기대로 우리는 이제 전체 아가서의 최종절인 IX절에 도달하고 있다.

고찰

소녀의 자기제어와 연인의 구애에 대한 그녀의 반응은 제롬 (초기 교회 교부) 이 주장한 것처럼 로맨스가 그저 동물적 행위에 불과한 것이 아니라는 것을 나타낸다.[224] 자유주의자들이 목마름과 기아와 함께 육체적 필요로 여기는 것도 아니다. 그것은 사랑의 관계라는 복합 예술의 일부이다. 우리의 해석이 정확하다면 아가서의 소녀는 이 기술에 매우 능숙한 여인이다 (혹은 아가서의 저자가 그녀를 그렇게 보이도록 만들었거나). 그녀는 기교적이고 예술적인 방법으로 연인의 구애에 대해 어떻게 단순하게 '아니오' 할 수 있는지를 보여주고 있다. 그녀의 반응은 설득적이며 동시에 약속으로써의 거절이다. 연인이 현명하고 진정으로 그녀를 사랑한다면 그는 그녀의 기술에 감사하는 법을 배워야한다. 여인에게 이것은 로맨스의 일부이다. 자신의 배우자를 진정으로 사랑하는 사람은 단순히 성적 흥분을 찾기보다는 매순간 그녀에게 "동의" 할 뿐만 아니라 그것을 즐길 수 있어야 한다. 돕슨 (J.Dobson) 은 "여러분은 서로 즐길 시간이 있다. 너무 많이나 너무 일찍 요구하지 마라."고 말했다.[225]

---

224 H.N.Wright, *Romancing your marriage* (Ventura:Regal, 1987)212
225 Dobson, *Lover for A Lifetime*, 93

11
PART

IX절: 8:1–14

구조적 분석 (8:1–14)

아가서의 이 마지막 부분에 대해 일관된 주제를 결정하기는 매우 어렵다. 머피 (Murphy) 는 말했다. "본문의 연속성과 고유성은 8:5–14에서 파괴되는 것처럼 보이는데, 그곳은 공통점이 없는 시나 시의 일부의 집합일 수도 있다." 고 말했다. 5개의 분리된 단원이 별개일 수도 있다. 5절; 6–7; 8–10; 11–12; 13–14. 그러나 머피 (Murphy) 는 이 중요한 절의 연속성과 고유성에 대한 중요한 실마리를 남기고 있다. "이것들은 아가서의 이전 부분에서 나타나고 있는 많은 행들의 울림들을 포함한다" [226]

언급한 단원들은 아가서의 앞 부분들의 행들의 반복이 아니다라는 것을 보여주려고 노력하고 있다. 오히려 이 마지막 절은 전체 절의 주제의 진행이 I절의 주제의 진행과 교차적 병행으로 구성되어 있다. 따라서 많은 학자들이 외치듯이 8:1–4은 여러 가지 관련없는 조각들로 이루어진 명시집이 아니다. I절과 교차 병행의 문맥으로 읽혀질 때 그것은 오히려 촘촘한 니트이자 일관성이 흐르는 부분이다.

마지막 부분의 구조와 주제에 관해서 데이비슨 (Davidson) 은 책의 나머지 특별히 8:8이하에서부터 끊없는 논쟁의 주제가 되고 있다는 것을 언급하고 있다. 데이비슨 (Davidson) 이 딜레마에 대한 해결책에 관해서 다른 학자

---

226 Murphy, 아가서, 195

를 따라서 말했다. "여기서 택한 견해는 8:5이하에서 우리는 연극이나 뮤지컬의 끝의 커튼콜 (curtain call) 과 같은 것을 목격하고 있다는 것이다. 주요 등장인물들이 한 사람씩 무대 앞으로 나와서 절하고 특징적인 행동이나 몇가지 잘 선택한 말로 전에 있었던 일을 회상한다." 227)

도입에서 주장한 것처럼 아가서의 장르는 드라마가 아니다. 그래서 우리는 데이비슨 (Davidson) 의 견해가 최종 부분에서 주요 등장인물의 출현에 대한 적절한 대답이라고 생각하지 않는다. 아가서는 시이고 예술적으로 씌여진 사랑노래이다. 그것의 다양한 절들은 서로에게 교차적으로 평행이다. 이 주석은 3:6-5:1 (V절) 은 전체 아가서의 주축 부분을 형성하고 있다는 것을 보여주었다. 그리고 주축절 전후의 다른 절도 서로 교차 평행이다. 이제 우리는 현재절 (IX절, 8:1-14) 은 I절 (1:2-8) 과 병행이라는 것을 보여줄 것이다.

두 개의 병행절에는 키워드와 동인들의 조직적인 발전이 있다. 그리고 동인들은 서로 발전적으로 대조적이어서 연속적인 전체를 형성하고 있다. 이것은 다음과 같이 증명된다. I절은 IX절의 5개의 노래와 3개의 노래로 구성된다. I절의 첫번째 노래는 IX절의 최초 두 개의 노래와 병행이다. I절의 두 번째 노래는 IX절의 세 번째와 네 번째 노래와 병행이다. 마지막으로 I절의 세 번째 노래는 IX절의 다섯 번째 노래와 병행이다. 겉으로 보기에 관련없는 분절을 연속적인 하나의 전체로 만들어 주는 병행 주요단어와 동인은 아래 목록에 나온다.

I절	II절
아 1:2-4	아 8:1-4과 아 8:5-7
2절 키스, kisses (nasaq)	1절 kisses (nasaq)
2,4절 포도주(miyyayin) 보다 더욱	2절 포도주(miyyayin)로부터
4절 이끌어 들이시니 (boʼ)	2절 이끌어 (boʼ)
3,4절 사랑 (ʼahab)	4,6,7절 사랑(ʼahabah)

언급된 이 두 개의 절에서 아가서의 동인들 또한 긴밀하게 발전적으로 연관되어 있다. I절의 노래는 갈망의 노래이다. 소녀는 그녀의 사랑하는 연인의 키스를 갈망한다. 왜냐하면 그의 사랑은 포도주보다 낫기 때문이다. 그녀는 연인이 그들이 함께 친밀함을 즐길수 있는 개인적인 방으로 그녀를 데리고 가줄 날만을 갈망하고 있다. 이 노래에서 그들의 관계는 동료들에게도 잘 받아들여진다.

IX절의 노래들은 갈망의 노래이기도 하다. 오빠의 키스를 부끄러워하지 않듯이 소녀는 연인에게 공개적으로 키스받을 수 있기를 원한다. 그녀는 그에게 향기로운 술을 그에게 줄 수 있고 가족의 반대없이 친밀함을 즐길 수 있는 어머니의 집으로 연인을 데리고 올 수 있는 날을 갈망하기도 한다. 그녀는 언젠가 그들의 사랑의 관계가 가족들에게 받아들여질 것을 바란다. 가족들, 특별히 그녀의 어머니가 그들의 관계를 승인하는 이유 중 하나는 단순하지만 중요한 한 마디의 단어 "사랑"(' ahabah) 으로 요약된다.

우리가 볼 수 있듯이, I절과 IX절은 반복적이라 할지라도 관련 사상의 발전이 있다. 전자에서는 그들의 사랑은 상호 갈망과 동료들의 승인으로 시작된다. 후자에서는 사랑이 더욱 강렬한 갈망과 가족 승인으로 최고조에 달한다. 상호 매력의 성격에서 발전도 주목하라. 육체적 매력 (1:2-4에서 dodim) 에서 성품 매력 (8:6,7에서 ahabah까지), 육욕에서 영적인 것까지. 이 모든 것은 신실함, 헌신과 사회적 책임성으로 자라는 사랑을 나타낸다.

I절 (1:5-6) 의 두 번째 노래는 IX절의 세 번째와 네 번째 노래 (8:8-10, 11-12) 에 병행이다.

---

227 Davidson, *Ecclesiates and Song of Solomon*, 151

I절	IX절
아 1:5-6	아 8:8-10과 아 8:11-12
6d절 문자적인 의미(kerem)의 '포도밭'	11절 문자적 의미로 '포도밭' (kerem)
6e절 비유적인 의미로 '나의 포도주' (karmi)	12절 비유적 의미(karmi)로 '나의 포도밭'
6e절 나의 것(selli)	12절 나의 것(selli)
6e절 tend(natar)	12절 지키다(natar)

주요 단어들의 흔한 반복은 I절의 마지막 두 개의 콜론 1:5-6과 IX절의 8:8-12의 두 개의 마지막 절에서 집중되어 있다는 것을 주목하라. 이것은 매우 중요하다. 그것은 어떤 의미로든 이들 반복적인 주요 단어들 이전의 구절들과 콜론들은 중요하지 않다는 것을 의미하지는 않는다. 반대로 우리는 이전 콜론과 구절들의 문맥이 없으면 병행 주요단어들의 중요성을 알 수가 없다. 1:5-6에서 소녀는 연인과의 관계를 발전시킬 자유를 빼앗기고 있다. 왜냐하면 그녀의 오빠들이 그녀가 사랑하기에는 너무 어리다고 여전히 생각하고 있기 때문이다. 그러므로 그들은 그녀가 포도밭 (문자적 의미로) 을 지키도록 해서 문제를 일으키지 못하도록 했다. 8:8-10에서 소녀는 처음에 미성년 자로 보인다 (8:8b "아직도 유방이 없구나" 를 주목하라). 그녀의 오빠들은 그녀가 사랑에 빠질 때 그녀에게 무엇을 해야 하는지 숙고하고 있다. 그들은 규칙을 만들었다. 그녀가 여전히 너무 어리다면 그들이 그녀를 보호할 것이고 그녀가 성숙하다면 그들은 그녀에게 완전한 자유를 줄 것이다.

나중에 우리는 다 자라서 신체적으로 (8:10b, "내 유방은 망대 같으니") 지적으로 정서적으로 (8:10c,d, 그러므로 나는 그가 보기에 화평을 얻은 자 같구나) 성숙한 소녀를 발견한다. 그래서 그녀는 완전한 자유를 얻는다. 그녀는 이제 누구와 사랑에 빠질지를 결정할 수 있다. 이 전적인 자유는 그녀에게 자신의 포도밭을 지킬 권리를 주고 있다. 그러나 그녀는 이 자유를 남용하지 않을 것이다. 왜냐하면 그녀는 참된 자유가 무엇인지 바른 개념이 있기 때문이다. 참된 자유는 도덕적 신념으로 제한된다. 신념들은 책임성, 신실성, 자비, 헌신, 신뢰할만함, 진짜 사랑과 같은 높은 도덕적 가치들로 인도된다.

여기서 I절과 IX절 사이의 점진적인 대조의 정점에 도달한다. I절에서 그녀는 그녀의 오빠들의 포도밭 (문자적 의미) 을 지켜야 하지만 그녀가 자신의 포도밭 (상징적인 의미) 은 지키지 않고 있다. IX절에서 그녀는 어떤 포도밭도 심지어는 솔로몬의 포도밭조차도 지켜야 할 필요가 없다. 왜냐하면 그녀는 이제 자신의 포도밭 (상징적인 의미) 을 돌보고 있기 때문이다. 상징적인 의미에서 포도밭은 그녀의 육체와 성을 포함하는 소녀 전체를 의미한다.

I절에는 첫 번째 노래에서 두 번째 노래로 주제의 발전이 명백하다. 오빠들은 사랑에 대한 소녀의 갈망을 막고 있다. 왜냐하면 그녀는 너무 여전히 너무 어리기 때문이다. 결과로 그녀는 자신의 포도밭을 지킬 자유가 없다. IX절에서 최초 노래에서 두 번째 노래로의 주제 발전도 명백하다. 사랑에 대한 소녀의 갈망은 그녀가 성인이 되었기 때문에 승인를 얻는다. 그러므로 그녀는 이제 자신의 포도밭을 지킬 수 있다. 그래서 우리는 소녀가 부끄러워하지 않고 공개적으로 연인과 키스할 수 있다고 말할 수 있다. 이것은 그들의 관계를 최소 두 가지 이유로 가족들이 잘 수용했기 때문이다.

첫 번째는 그들의 관계는 참되고 성숙한 사랑 (' aha bah) 이다. 두 번째 그녀는 성인이 되었다. 위의 분석어 근거해서 우리는 작은 소녀의 출현과 그 이후의 성숙 (8:8d이후) 은 분절의 보간 (interpolation) 이거나 억지 해석이 아니라 1:5이하의 노래와 평행인 아름다운 단일화된 구문이다.

I절 (1:7-8) 의 세 번째 노래는 X절 (8:13-14) 의 다섯 번째 노래에 평행이다. 오직 하나의 주요 단어 반복이 있지만 그것은 두 개의 평행노래에서 가

장 중요한 단어이다. 노래를 연결시키는 반복적인 주요 단어는 중요하다. 그래서 다음에 나타나는 두 개의 노래 사이의 주제 대조가 있다.

I절	IX절
아 1:7-8	아 8:13-14
7절d 친구들(haberim)	13절b 친구들(haberim)

"친구들" 은 두 개의 평행 노래 중에서 가장 중요한 주요 단어이다. 1:7-8 에서 소녀는 황무지에서 그녀와의 만남에 대한 그녀 가족의 반대를 무시하고 있다. 그녀는 친구들 (haberim) 의 무리 옆에 베일로 싼 여자들처럼 보이고 싶지 않았다고 연인에게 불평하고 있다. 소녀는 절대적으로 그의 친구들처럼 연인과 함께 있기 원한다는 의미이다. 8:13-14에는 배경의 변화와 역할 교체가 있다. 이번에 만남을 가지기 원하는 것은 소녀가 아니라 소년이다. 사건은 대부분 아마 소녀의 집의 정원에서 일어나고 있다. 소녀는 정원에서 그녀의 친구들과 수다를 떨고 있다.

소년은 황무지에 있고, 그는 그의 친구들처럼 (haberim) 정원에서 그녀와 함께 있고 싶어한다. "내가 듣게 하려무나" (8" 13c)

양쪽 경우에 데이트에 대한 그들의 소망은 모두 허락을 받고 이루어진다. 1:8에서 소년은 그의 사랑하는 자의 요청에 응한다. "여인 중에 어여쁜 자야 네가 알지 못하겠거든 양 떼의 발자취를 따라 목자들의 장막 곁에서 너의 염소 새끼를 먹일지니라". 8:14에서 소녀는 연인의 요청에 역시 응한다. "내 사랑하는 자야 너는 빨리 달리라 향기로운 산 위에 있는 노루와도 같고 어린 사슴과도 같아라" 그래서 두 개의 병행 노래 사이에서 주제의 발전은 상당히 명백하다. 아래에는 1:7-8의 문학적인 형태와 구조와 8:13-14

의 주제 발전 사이에 대조가 나온다.

아 1:7-8	아 8:13-14
1. 연인은 광야에 그의 친구와 함께 있다.	1. 소녀는 정원에 그녀의 친구와 함께 있다.
2. 소녀는 "내 마음으로 사랑하는 자야 네가 양 치는 곳과 정오에 쉬게 하는 곳을 내게 말하라" (1:7)에서 요청하고 있다.	2. 소년은 "내가 듣게 하려므나" (8:13)
3.소녀는 "여인 중에 어여쁜 자야 네가 알지 못하겠거든 양 떼의 발자취를 따라" (1:8)에게 대답하고 있다.	3. 소녀는 "빨리 달리라…노루와도 같고.." (8:14)

　　IX절은 염두에 두고 있는 I절로 구성되어 있다는 위 분석으로부터 우리는 확신있게 결론을 내릴 수 있다. 그러므로 우리가 IX절만 읽을 때 그 구절은 분절처럼 보인다. 그러나 I절의 맥락에서 읽을 때 몇 개의 반복적인 병행 주요 단어와 두 개의 절 사이에는 발전적인 주제 병행이 있다는 것을 재빨리 깨달을 것이다. 이것은 1:2-8와 나란히 읽을 때 IX절 (8:1-14) 는 연속된 전체이기 때문이다.

갈망의 노래 (8:1-4)

8:1 a 네가 내 어머니의 젖을 먹은

 b 오라비 같았더라면

 c 내가 밖에서 너를 만날 때에

 d 입을 맞추어도

 e 나를 업신여길 자가 없었을 것이라

2 a 내가 너를 이끌어

 b 내 어머니 집에 들이고

 c 네게서 교훈을 받았으리라

 d 나는 향기로운 술 곧

 e 석류즙으로 네게 마시게 하겠고

3 a 너는 왼팔로는 내 머리를 고이고

 b 오른손으로는 나를 안았으리라

4 a 예루살렘 딸들아 내가 너희에게 부탁한다

 b 내 사랑하는 자가 원하기 전에는

 c 흔들지 말며 깨우지 말지니라

주석

소녀의 소망

소녀의 갈망에는 두 개의 소망이 있다. 처음에는 그녀는 며칠 후 연인이 가족들에게 받아들여질 것이고 형제들 중 하나처럼 여겨질 것을 바라고 있다. 그리고나서 그녀는 수줍어하지 않고 공개적으로 그에게 키스할 수 있을 것이다. 두 번째 며칠 후 그녀는 첫날밤을 위해 어머니의 집으로 연인을 데려올 수 있기를 바라고 있다. 모든 이런 소망은 NIV의 번역처럼 미래를 가리키고 있다. "네가 오라비 같았더라면…내가 너를 밖에서 만날때에…내가 너를 이끌어…나는 향기로운 술으로 네게…" 그녀의 소망은 아직 현실화되지 않았다는 것을 표현들이 보여주고 있다. 우리가 IX전체절 (아 8:1-14) 을 읽을 때, 첫 번째 소망은 결국 실현되는 것처럼 보인다. 그러나 두 번째 소망, 그녀는 결혼식날 첫날밤을 기다려야 한다.

사랑의 개인적이고 공적인 측면들

I절의 1:2-4과 비교했을 때 우리는 점차적인 주제 병행을 볼 수도 있다. "개인적인" 키스에 대한 갈망에서 "공적인" 키스에 대한 갈망까지. Davidson은 정확하게 말한다. "시골에서 그의 팔에 혼자 있는 것은 충분히 기쁘지만 그녀는 모든 세상이 그것을 알도록 사랑한다고 공개적으로 고백할 수 있을 그 날을 갈망하고 있다. 서로를 향한 사랑은 개인적이지만 모든 참된 사랑이 그렇듯이 그것은 공개적인 인정이 필요하다." [228]

그녀의 연인은 그녀의 실제 오라버니가 되지는 않지만 가족들이 형제 중

---

228 Davidson, *Ecclesiastes and Song of Solomon*, 149

의 하나로 받아들이고 있다. 그런 수용으로 그녀는 공개적으로 그에게 키스하거나 애정을 표현할 수 있을 것이다. 머피 (Murphy) 는 성경에서 공적인 애정의 표현이 사회적으로 수용되는 곳이 두 경우가 있다고 지적한다. 그것은 창 16:8(이삭과 리브가) 와 창 29:11 (야곱과 라헬). [229]

소녀도 연인을 어머니가 자신을 키운 어머니의 집으로 데리고 가기를 바라고 있다. 거기서 그녀는 일부 이국적 향기로운 술을 그에게 주어서 석류에서 즙을 짜게 할 것이다. 전에 논한 대로 키스와 포도주를 여기서 성적인 관계와 필연적으로 연관시킬 필요는 없다. [230] 아가서의 저자는 일관되게 포도주가 언급될 때 마다 성관계를 함축하는 단 하나의 수사학적 표현만을 사용하고 있다. 이전에 논의했던 것처럼 [231] 여기서 주요 단어는 "포도주" 가 아니라 "마시기" 와 먹기" 이다. 예를 들어 결혼식 첫날밤의 성관계에 대하여 사용된 표현들은 "내 누이, 내 신부야 내가 내 동산에 들어와서 나의 몰약과 향 재료를 거두고 나의 꿀송이와 꿀을 먹고 내 포도주와 내 우유를 마셨으니" (5:1a-c) 연인들의 친구의 격려의 표현들 "나의 친구들아 먹으라 나의 사랑하는 사람들아 많이 마시라" (5:1d,e) 도 있다.

"키스" 와 "포도주" 보다는 "키스" 와 "마시다" 의 결합에 강조가 있다는 것을 주목하라. 결합은 'essaqeka' ("내가 입을 맞추어도" 8:1)과 'asqeka' ("나는 네게 마시게 하겠고," 8:2) 의 솜씨 있는 언어유희로 드러나고 있다. [232] 그래서 친밀함에 대한 그녀의 갈망에는 진보가 있다. 그녀는 키스에 대한 갈망으로 시작해서 이제 그녀는 어머니의 집에서 연인과의 성적인 결합을 갈망하고 있다. 그녀는 이전 노래에서 언젠가 연인에게 자신을 주겠다고 약속했

---

229 Murphy, *song of songs*, 188
230 pp.34,35의 도입부와 1:2에 대한 주석을 보라.
231 1:2-4의 주석을 보라.
232 Murphy, *song of songs*, 188

다. "합환채가 향기를 뿜어내고 우리의 문 앞에는 여러 가지 귀한 열매가 새 것, 묵은 것으로 마련되었구나 내가 내 사랑하는 자 너를 위하여 쌓아 둔 것이로다"(7:13). 그녀는 연인이 안아준 때의 공상에 잠기고 있다. "너는 왼팔로는 내 머리를 고이고 오른손으로는 나를 안았으리라"(8:3). 히브리어로 우리는 성관계(8:2)와 공상(8:3)에 대한 욕구가 압운으로 유지되고 있다는 것을 볼 수 있다. 그래딜(Gledhill)은 '아래(tahat)'와 '향기로운 술'(hareqah)처럼 "석류(rimmoni)와 '오른쪽 팔(wimino)'은 비슷한 소리가 난다고 지적하고 있다.[233]

소녀의 간청: 참된 사랑의 표현

이 단계에서 연인이 아직 결혼하지 않았기 때문에 성관계의 시기가 아니다. 따라서 결혼 전에 성적 충동을 자극하는 것은 위험한 일이다. 그래서 소녀는 다시 예루살렘의 딸들에게 관습적인 호소를 하고 있다. "예루살렘 딸들아 내가 너희에게 부탁한다 내 사랑하는 자가 원하기 전에는 흔들지 말며 깨우지 말지니라"(8:4).[234] 그러나 8:4과 2:7사이에는 두 개의 약간의 변화가 있다. 첫째 8:4에는 "노루와 들사슴을 두고"가 빠져 있다. 두 번째는 8:4의 부정의 mah("하지마라")는 2:7에서 'im("만약")을 대신하고 있다. 그래서 그녀는 간청에서 금지로 바꾸고 있다. 간청 대상의 언급 금지에는 장소가 없기 때문에 변화가 필요하다.[235]

자신만의 포도밭을 지키는 소녀에게 완전한 자유를 주는 주요 이유는 그녀의 육체적 성숙함과 적당하게 억제하는 그녀의 능력에만 있는 것은 아니

---

233 Gledhill, *song of songs*, 216

234 더 자세한 이 구절의 논의를 위해서 2:7의 주소을 보라.

235 Murphy, *song of songs*, 184; pope, *song of songs*,661도 보라.

다. 무엇보다 더 중요한 것은 연인들이 참되고 성숙한 사랑 (' ahabah) 이 무엇인지를 안다는 사실이다. 그것은 완전한 책임감이 있는 사랑, 절대적 신의와 전적인 헌신이다. 그래서 위에서 지적한대로 I절과 IX절로부터 관계의 발전이 있다. "육적인 사랑 (dodim) 에 기초한 상호 애정" 에서 "성숙한 사랑 (' ahabah) 에 기인한 상호애정" 으로의 발전한 것이다. 시는 다음 3개의 구절 즉 참된 사랑의 노래 (8:5-7) 에서 명쾌하고 동적인 비유를 가진' ahabah 의 성격을 생생하게 그리고 있다.

고찰

이 노래는 성에 대한 성경적인 묘사를 나타내고 있다. 솔직함과 주의깊음과 직선적임과 함축성. 소녀는 연인의 키스를 갈망하지만 그녀는 그것을 합법적으로 하기를 원한다. 그녀는 관계를 배타적으로 유지하지만 그녀는 공개적으로 애정을 표현하고 싶어한다. 그녀는 연인의 구애를 거절하지만 연인의 팔에 있는 공상을 하지 않을 수 없었다. 사랑의 세계는 실로 역설이다. 그것은 제한이 있기도 하지만 자유롭다. 그것은 하늘로부터 오기도 하지만 땅의 일이기도 하다.

참된 사랑의 노래 (8:5-7)

8:5   a 그의 사랑하는 자를 의지하고

       b 거친 들에서 올라오는 여자가 누구인가

       c 너로 말미암아 네 어머니가 고생한 곳

       d 너를 낳은 자가 애쓴 그 곳

       e 사과나무 아래에서 내가 너를 깨웠노라

6   a 너는 나를 도장 같이 마음에 품고

       b 도장 같이 팔에 두라

       c 사랑은 죽음 같이 강하고

       d 질투는 스올 같이 잔인하며

       e 불길 같이 일어나니 그 기세가

       f 여호와의 불과 같으니라

7   a 많은 물도 이 사랑을 끄지 못하겠고

       b 홍수라도 삼키지 못하나니

       c 사람이 그의 온 가산을 다 주고

       d 사랑과 바꾸려 할지라도

       e 오히려 멸시를 받으리라

낭만과 모성애

8:5의 질문 "거친 들에서 올라오는 여자가 누구인가…?" 는 3:6의 질문과 비슷해 보인다. 양쪽 경우에 예루살렘의 딸들은 그 질문을 했었다. 그러나 대답은 달랐다. 8:5 질문의 대답은 "거친 들에서 올라오는" 소녀이다. 반면 3:6에서 대답은 솔로몬의 가마의 행진이다. 8:5과 3:6사이에는 또 다른 유사성이 있다. 양쪽 경우에 질문은 그 질문과 직접적인 연관성이 없는 새로운 주제를 가진 새로운 단락으로 이어진다. 이 경우에 대답은 연인의 어머니와 관련이 있다.

소녀는 "사과나무 아래에서 내가 너를 깨웠노라" 라고 말하고 있다. 히브리어로 "너" 는 남성 이다. 그러므로 그것은 연인을 의미한다. 일부 학자는 그것을 여성으로 교정하고 있지만 그런 교정은 본문에서 지지를 찾지 못한다. 젊은 연인은 이제 사과나무 아래에 있고 연인은 소녀의 다리에 머리를 두고서 거친 들에 누워 있다는 것은 가능하다. 소년이 거기서 즐기고 있을 때 소녀는 부드럽게 그를 깨우고 있다. 무엇인가가 그녀의 마음을 빼앗고 있다. 무엇이 그렇게 중요해서 그녀는 그런 중요한 순간을 중단할까?

대답하기 전에 그녀는 우회로를 만드는 것처럼 보인다. 소녀는 5d,e에서 "네 어머니가 고생한 곳 너를 낳은 자가 애쓴 그 곳" 을 말하고 있다. 그 교훈의 요점을 이해하는 것이 쉽지는 않지만 그것은 반드시 소녀가 다음 두 절에서 전하는 당면한 뉴스들에 긴밀하게 관련성이 있어야 한다. 여기서 그것은 젊은이의 생일에 대해서 말하고 있다. 그러나 초점은 그에게 있지 않다. 오히려 그것은 그의 어머니의 임신과 고통스러운 출산에 있다.

사과나무의 언급은 일부학자가 주장하듯이 섹스와 관련이 있지 않다는 것을 주목하라.

그런 견해는 현재 본문의 문맥 즉 출산의 고통의 언급에서는 완전히 부당하다. 고통스러운 출산의 언급은 "사랑"의 엄숙한 성격을 나타낸다. 고대의 여인에게 가장 위대한 임무는 참을 수 없는 고통이지만 남편을 위해 자녀를 가질 수 있었다는 것이다. 그런 용기의 이유는 한 단어로 요약될 수 있다. "사랑" 그 용기는 자녀와 남편을 위한 그녀의 사랑에서 나온다. 출산의 고통을 기꺼이 감당하려고 하는 소녀는 그녀가 진정으로 사랑하는 사람과 결혼하고 있다는 것을 확신하고 싶어한다.

사랑의 역설

그래서 소녀는 "너는 나를 도장 같이 마음에 품고 도장 같이 팔에 두라 사랑은 죽음 같이 강하고 질투는 스올 같이 잔인하며 불길 같이 일어나니 그 기세가 여호와의 불과 같으니라

많은 물도 이 사랑을 끄지 못하겠고 홍수라도 삼키지 못하나니 사람이 그의 온 가산을 다 주고 사랑과 바꾸려 할지라도 오히려 멸시를 받으리라"(8:6-7) 라고 말한다. 고대 세계에서 신분이 높은 사람들은 자신만의 개인적 도장이 있었다. 그것들은 문서를 보증하거나 소유권을 보증하는것이었다. 그것은 오늘날의 카드 서명과 같은 것이었다. 그런 도장은 목 주위 (창 38:18) 에 줄로 연결되거나 손가락 주위 반지로 (렘 22:24) 끼웠다.

6절에서 "팔" 이란 단어는 "손" 이나 "손가락" 을 의미하는 것으로 이해되어야 한다. 그래서 소녀는 그의 도장처럼 연인과 가깝기를 갈망한다. 사실상 그녀는 그의 손이나 그의 목 주위보다는 심장 위의 도장 같을 것이기 때문에 심지어 그의 도장보다도 더 가까울 것이다. 그는 그녀를 마음으로 매우 가치 있게 여기고 마음으로 그녀를 깊이 사랑하기 때문에 그의 마음에

그녀는 귀중한 보석이 될 것이다. 그녀는 "사랑은 죽음 같이 강하고 질투는 스올 같이 잔인하며 불길 같이 일어나니" (8:6c-f) 라고 말한다.

이런 종류의 사랑은 죽음이 그들을 갈라놓을 때까지는 멈추지 않을 것이다. 그러므로 사랑은 죽음만큼 강하다. 그러나 연인의 질투는 스올같이 잔인할 수 있기 때문에 그것은 무자비할 수도 있다. 그가 무덤에 들어가지 않는 한 질투는 결코 사라지지 않을 것이다. 그들이 살아 있는 한 질투는 불같이 타오르며 그들 안에서 강렬한 불꽃같이 타오른다. 그들은 그 대상인 누군가에게 타오르는 불만큼 맹렬하고 파괴적이 될 수도 있다. 그런 사랑은 적절히 다루어지지 않는다면 배타적일 뿐만 아니라 매우 파괴적일 수도 있다.

스네이스 (Snaith) 는 사랑의 무자비한 성격에 대해 다음과 같이 단언한다. " 여기서 그것은 아마도 사랑의 강제력 즉 부드럽게 여겼던 사랑이 무덤이나 죽음만큼 무자비하게 사람을 압제한다고 묘사하는 것 같다." 그러나 또 다른 종류의 사랑의 능력도 있다. 이번에는 시는 불에서 물의 비유로 변하고 있다. 7절에서 "많은 물들" 은 가나안과 바벨론의 신화에서 나온 것을 성경에서 흉내낸 것으로 거센 물의 혼돈을 의미한다. 우주의 깊음의 강력한 홍수조차도 사랑의 힘을 이기지 못한다. 사랑은 너무 강렬해서 어떤 물들도 그것을 끌수도 없고 어떤 강도 그것을 쓸어갈 수 없다.

참된 사랑은 7c,d "그의 온 가산을 다 주고 사랑과 바꾸려 할지라도 오히려 멸시를 받으리라" 에서 말하는 것처럼 돈의 유혹을 포함한 어떤 것도 견딜 수 있다. 그 위에 가격표가 붙어 있는 사랑은 참되고 성숙한 사랑이 아니다. 왜냐하면 참된 사랑은 가격을 매길 수 없고 대체할 수 없는 것이다. 소녀와 연인간의 사랑은 실제로 dodim (육적인 사랑) 에서 ahabah (성숙한 사랑) 으로 진보했다.

고찰

참된 사랑의 이 노래는 우리를 더 깊은 부유함과 사랑의 복합성으로 인도하고 있다. 시는 그것을 묘사하는 매우 다양한 이미지들을 사용하고 있다. 사랑은 그저 낭만적인 만남과 강렬한 키스와 공상이 아니다. 그것은 출산, 모성애, 질투, 죽음, 무덤, 불과 물들도 포함한다.

그러므로 주의 깊게 사랑을 다루어야 한다. 부적절한 처리는 질투와 심지어는 죽음을 가져온다. 적절히 다룬 사랑은 불과 물들을 이길 수 있다. 그것은 고난, 시험, 고통, 문제, 압력, 시련, 어려움들, 유혹, 오해나 어떤 것도 이길 수 있다. 그런 사랑은 실천하려면 하나님의 능력과 높은 도덕성이 필요하다. 그것이 이루어질다면 우리는 dodim에서 ahabah로 이동한다.

행복하고 지속적인 결혼생활은 섹스 (dodim) 에 기초하지 않고 사랑 (' ahabah) 에 기초한다.

성장의 노래 (8:8–10)

8:8 a 우리에게 있는 작은 누이는

      b 아직도 유방이 없구나

      c 그가 청혼을 받는 날에는

      d 우리가 그를 위하여 무엇을 할까

9   a 그가 성벽이라면

      b 우리는 은 망대를 그 위에 세울 것이요

      c 그가 문이라면

      d 우리는 백향목 판자로 두르리라

10   a 나는 성벽이요

      b 내 유방은 망대 같으니

      c 그러므로 나는 그가 보기에

      d 화평을 얻은 자 같구나

주석

소녀의 여성 기질에 대한 형제들의 감사

이 노래는 매우 어린 시기의 소녀를 묘사하고 있다. "아직도 유방이 없구나" 그녀는 너무 어리기 때문에 오라버니들은 그녀를 어떤 사람에게 이용 당하거나 속지 않도록 보호해야 한다. 나중에 그녀가 점차로 성장했을 때 오라버니들은 언제가 누군가가 그녀와 결혼하기를 바란다면 오라버니들이 그녀에게 무엇을 해야할까 생각한다. 그들은 "그녀가 성벽이라면" 그들은 그 위에 은망대를 세워서 그녀를 축복할 것이라고 결국 결정한다. "성벽" 은 여기서 그녀가 자신의 순결을 보호할 줄 알게 되는 소녀의 나이를 의미 한다. "은 망대" 라는 표현은 "돌 망대" 대신에 사용되고 있다는 것을 주목 하라. 그것은 그들이 그녀의 노력을 지원하고 이 성벽에 위엄을 더할 것이 라는 것을 의미하는 것 같다.

오라버니들은 더 나아간다. 그녀가 문이라면 그들은 그녀를 백향목 판자 로 두를 것이다. 폭스 (fox) 는 백향목 판자는 다윗의 궁전과 솔로몬의 성전에 서 사용되었던 특별한 지출이라는 것을 시사하고 있다. 그래서 그것은 방어 시설이라기보다는 장식품을 의미한다. 폭스 (fox) 는 히브리어로 "두르다" 라 는 단어는 "붙잡다" 혹은 "둘러싸다" 를 의미하지 않는다. 왜냐하면 견고한 판으로 하지 않을 것이다 (심지어 비유적으로도) 라고 지적한다. 성벽과 문은 소녀 의 정절과 성품의 힘을 가리치는 것 같다. 그녀가 정말 성숙해서 자신을 돌 볼 줄 안다면 완전한 자유를 허락받을 것이다.

여성성에 대한 소녀자신의 자각

소녀는 "나는 성벽이요 내 유방은 망대 같으니" (10a,b) 라고 대답하고 있 다. 그녀는 정말 육체적으로 감정적으로 성인이 되었다. "그러므로 나는 그 가 보기에 화평을 얻은 자 같구나" (8:10c,d). 히브리어로 "화평" 은 샬롬, 즉 삶의 완전함이나 풍성함을 나타낸다. 그래서 소녀가 말하고자 하는 것은 이 것이다. 그녀는 이제 육체적으로뿐만 아니라 감정적으로도 성숙하다. 그녀는 정숙하고 순결하다. 그녀와 결혼하는 사람이 누구든지 축복을 받을 수밖에 없는 이유는 그가 삶의 평화와 충만함을 얻을것이기 때문이다. 이것 때문에 오라버니들은 그녀가 자신의 미래에 제일 좋은 것을 결정하게 할 것이다. 그래서 그들은 그녀가 자신의 포도밭 (비유적으로 말하는데) 을 지키도록 할 것이다. 이것은 자연스럽게 다음 노래인 포도밭의 노래로 인도한다.

고찰

이 성장의 노래는 아가서가 성인뿐만 아니라 나이가 되어가는 사람들을 위한 것이기도 하다는 것을 암시하고 있다. 이 노래는 여인이라면 통과하는 시기인 사춘기를 반영한다. 그것은 걱정할 만큼 흥분되는 시기이다. 소녀가 성인기의 일들을 경험하기 시작하기 때문에 흥분된 시기이다. 그녀는 자신의 여성적 특징을 인지하기 시작한다. 그 노래의 언어를 빌리자면 그녀는 이제 자신의 "포도밭" 을 지킬 수 있다.

그러나 십대가 유혹에 빠지기 쉽다는 것을 의미하기 때문에 구절은 그녀의 부모나 오라버니들에게 염려가 되고 있다. 그래서 십대는 자랑스럽게 "나는 성벽이고 내 가슴은 망대와 같다" 말하지만 그녀의 오라버니들은 " 우리가 우리 누이를 위해서 무엇을 할까" 라고 묻고 있다. 이것은 세상의 있는 모든 부모들이 하는 질문이다. 싱가폴에서는 십대들이 세븐일레븐에서 팝 (pop) 이 필요하다고 말하면 그들은 필요한 것을 정확하게 얻을 수 있다라고 부모들에게 알려준다. 일부 십대에게 그것은 성관계를 하기 전에 콘돔을 얻기 위한 암호이다. 싱가폴 가족계획협회 (Planned Parenthood Association) 는 십대 청소년이 미성년 소녀와 성관계를 하는 것은 불법이라는 것을 알고 있지만 그들은 관계에 빠져서 강렬한 호르몬이 시키는 대로 할 수밖에 없다는 것을 지적하고 있다.

많은 사람들은 그런 유혹을 피하는 길은 성교육이라고 제안했다. 그러나 성교육의 장단점은 논의되어 왔다. 그럼에도 불구하고 부모들은 이 사실에 직면해야 한다. 우리가 성교육을 하건 안 하건 간에 그들은 어쨌든 그 지식을 얻을 것이다. 우리가 그것에 대해 침묵한다면 많은 잡지와 소설과 영화들이 그런 역할을 할 것이다. 그것들은 왜곡되어 있거나 성경적 가치를 담고 있지 않다는 것을 우리는 알고 있다. 부모들은 소녀의 오라버니가 아가서에서 하는 것을 따를 필요가 있다. 그녀를 어린 아이로 다루기보다는 십대의 성을 지지하라. 이것을 하기 위해서는 그리스도인의 성교육은 간편하고 유용해야 한다.

포도원의 노래 (8:11-12)

8:11 a 솔로몬이 바알하몬에 포도원이 있어

b 지키는 자들에게 맡겨 두고

c 그들로 각기 그 열매로 말미암아

d 은 천을 바치게 하였구나

12 a 솔로몬 너는 천을 얻겠고

b 열매를 지키는 자도 이백을 얻으려니와

c 내게 속한 내 포도원은 내 앞에 있구나

주석

사랑의 노래 (8:6-7) 에서 참된 사랑의 최신 묘사는 부에 관한 것이다. "사람이 그의 온 가산을 다 주고 사랑과 바꾸려 할지라도 오히려 멸시를 받으리라" (8:7) 참된 사랑은 가치를 매길 수 없어서 부와 바꿀 수 없다. 소녀는 이제 자신의 선택의 자유를 연습해보고 있다. 돈인가, 참된 사랑인가? 두 종류의 포도밭이 있다. 하나는 물리적이고 다른 하나는 은유적이다. 그녀가 물리적인 것을 선택한다면 그녀는 참된 사랑과 부를 교환하고 있는 것이다. 그녀가 참된 사랑을 선택한다면 그녀는 부없이 지내는것이다. 후자의 선택은 그녀의 미래 운명을 그녀가 감당한다는 것을 의미한다. 그녀는 그녀가 선택한 사람과 함께 영원히 살 수 있을것이다. 그래서 비유적인 의미에서 그녀는 자신의 포도밭을 지키고 있다. 주제로 보면 이것은 소녀가 비유적인 포도밭을 지키는 것을 허락되지 않았던 I절의 주제와는 실제로 대조적이다.

솔로몬은 바알하몬에 문자적인 포도밭이 있다. 그것은 문자적으로 "군중의 주" 혹은 "부의 주" 를 의미한다. 포도밭이란 이름은 솔로몬이 물질적인 부의 주라는 것을 의미한다. 솔로몬은 포도밭을 소작인에게 빌려주고 있다. 각 소자인은 그들이 거둔 열매에서 천 세겔을 그에게 내야한다. (8:12b) 포도밭에는 돈이 있다. 반대로 소녀는 그녀가 자신의 선택으로 남자를 발견할 때까지 자신의 "포도밭" 을 지키고 있다. 그러고 나서 그녀는 그것을 무료로 그에게 줄 것이다. 그녀의 포도밭은 판매를 위해서가 아니라 참된 사랑을 위해서이다. 그래서 솔로몬은 그가 원하는 일천 세겔을 모을 수 있고 열매를 돌보는 사람들은 그들의 일로 이백 개를 모을 수 있다. (8:12c) 그러나 그는 여인의 참된 사랑을 결코 받을 수 없다.

노래의 구조는 교차적 의미가 있다. 그것은 솔로몬이 포도밭에서 원하는 것으로 시작해서 그가 그것에서 얻는 것으로 끝이 나고 있다. 사이에 끼어있는 콜론인 12a절은 소녀가 자신의 비유적인 포도밭에서 원하는 것이다. 그녀는 돈이 아니라 참된 사랑을 위해서 "포도밭" 을 지켜준다. 여기서 각 사람은 그의/그녀의 포도밭의 주이다. 각 사람은 그/그녀가 원하는 것을 얻는다. 솔로몬은 그가 원하는 부를 얻고 있고 소녀는 그녀가 바라는 꿈의 사람을 발견한다. 그녀는 자신의 남자와 모든 것을 기꺼이 공유하려고 하고 있다. " 내게 속한 포도원은 내 앞에 있구나"(8:12a) 그녀의 것은 그의 것이다. 이것은 어떤 형태와 어떤 양의 금전적 수익을 대신하는 가장 부유한 보상이다. 그래서 다음 노래는 그녀의 선택한 남자의 간청의 노래이다.

고찰

오늘날 아마도 빵보다 사랑을 선택하기라는 오래된 이상주의를 여전히 붙들고 있는 사람은 아무도 없다. 사실 많은 사람들이 그때나 지금이나 사랑을 위한 에드워드 8세의 포기를 높이 평가하지는 않을 것이다. 대부분은 오늘날의 사회에 유행하는 실용주의와 물질주의 때문에 사람들은 사랑과 빵 둘 다를 원한다. 과거에 아시아인들은 가난과 싸웠을 때 많은 여자들이 부유한 남편을 얻기 위해서 좋은 외모에 투자했다. 오늘날에도 많은 아시아 여자들이 경제적으로 독립할 수 있지만, 부자와 결혼하는 것이 여전히 많은 사람들의 목적이다. 싱가폴에서 많은 여자들은 5C (직업, 차, 아파트, 신용카드, 클럽회원권) 이 있는 남자를 찾고 있다는 것은 잘 알려져 있다.

그러나 돈의 문제는 실용주의보다는 더 현실적이다. 돕슨 (J.Dobson) 은 설문을 통해 미국 여자들의 어려움 중에 돈이 5위라는 것을 발견했다. 설문은 미국이 낮은 인플레이션을 즐기고 있을 때 이루어졌다. 오늘날 1998년의 경제 위기 이후에 아시아의 많은 사람들은 아직도 사태를 수습하는 중이고 돈과 관련된 우울증이 아시아인 가운데 더 깊어질 것이다.

그러면 그리스도인들은 어떻게 돈과 사랑을 보아야 하는가? 이 포도밭의 노래에서 소녀는 돈 대신 사랑을 선택하고 있다는 것이 명백하다. 그녀는 부유하고 능력있는 솔로몬에게 "내게 속한 내 포도원은 내 앞에 있구나" (8:12)라고 말하고 있다. 좀전에 그녀는 "사람이 그의 온 가산을 다 주고 사랑과 바꾸려 할지라도 오히려 멸시를 받으리라" (8:7) 라고 말한다. 그럼에도 불구하고 소녀는 돈이 중요하지 않다고 말하고 있는 것이 아니라는 것을 주목하라. 그녀는 선택해야 한다면 단순히 돈 대신에 관계를 선택한다고 말하고 있는 것이다. 그녀의 사랑은 솔로몬 왕만큼 부유하지는 않지만 그렇다고 그가 직업이 없다는 것은 아니다. 그는 양을 지켜서 상당한 수입을 얻고 있다. 오랜 이상주의가 가진 문제점은 사랑에 미친 젊은 사람들은 자신들이 돈보다 사랑을 선택한다고 말할때 돈이 애정생활에 중요하지 않다라고 하는데 있는 것이다. 이것은 비성경적이기 때문에 무책임한 것이다. 성경은 우리에게 돈을 미워하라고 말하는 것이 아니라 돈을 사랑하지 말라고 이야기 한다. 성경은 우리가 생계를 위해서 일하며 (예를 들어서 창 2:15; 살후 3:6-10) 자기 가족을 돌보지 아니하면 불신자보다 더 악한자니라 (딤전 5:8) 라고 가르친다. 이런 명령들을 고려해볼 대 그리스도인들은 돈 대신 사랑을 선택해야 하지만 안정된 결혼생활을 위해서는 경제적으로 책임있는 배우자를 얻는 것도 필요하다.

간청의 노래 (8:13-14)

8:13 a 너 동산에 거주하는 자야

b 친구들이 네 소리에 귀를 기울이니

c 내가 듣게 하려무나

14 a 내 사랑하는 자야 너는 빨리 달리라

b 향기로운 산 위에 있는

c 노루와도 같고

d 어린 사슴과도 같아라

소녀는 정원에 친구들과 수다를 떨고 있다. 간절히 그녀를 보고 싶어 하고 그녀의 달콤한 목소리를 간절히 듣고 싶어하는 그녀의 남자는 그녀에게 간청한다. "내가 듣게 하려무나"(8:13c) 자신의 "포도밭"을 지키는 소녀는 오랫동안 이 귀중한 순간을 기다려왔다. 그녀는 "내 사랑하는 자야 너는 빨리 달리라 향기로운 산 위에 있는 노루와도 같고 어린 사슴과도 같아라"(8:14)로 빠르게 반응한다. 히브리어로 "달리다"는 sub이다. 이 문맥에서 그것은 "도망가다"라는 의미보다는 "돌아서다"라는 의미이다. 그러므로 소녀는 산에서 뛰고 있는 노루와 어린 사슴처럼 연인이 돌아서서 가능한 한

빨리 그녀에게 오기를 요청하고 있다.

그때 그들은 향기로운 산에서 만나서 친밀하게 놀 것이다. 얼마나 아름답고 행복한 결말인가!

고찰

그 노래는 서로를 보고 들으려는 연인의 소망으로 끝이난다. 시간과 공간으로 분리되었기 때문에 그들은 서로를 애타게 그리워한다. 그들의 그리움은 연인이 "내가 듣게 하려무나!" 와 소녀의 " 내 사랑하는 자야 너는 빨리 달리라" 에서 감지되고 있다. 아마도 이것은 많은 연애하는 연인들의 감정을 나타낸다. 이것은 아시아가 세계화와 지역화 될 때 특히 그렇다. 남자와 여자들은 일 때문에 자주 여행해야 한다. 이것은 일부사람들이 소위 "장 거리" 관계라고 부르는 것을 유지하는 큰 도전을 주고 있다.

의심할것도 없이 기술은 현대 생활에서 큰 축복이 되었다. 그러나 그것은 사람을 연결시켜주려는 의도였지만 현실적으로 서로에게서 멀게 했다. 비인격적인 컴퓨터와 기계들은 과거에 많은 인격적인 서비스들을 대체했다. 우리는 기계에게 말하고 기계를 통해 거래한다. 그라함 벨이 전화를 발명하기전에 사람들은 대화하기 위해 다른 사람의 얼굴을 보아야 했다. 그들이 서로의 얼굴을 보지 못하더라도 전화로 사람들은 여전히 최소한 서로의 목소리를 들을것이다. 이제 이메일과 온라인 채팅으로 우리는 얼굴을 보지 않고 목소리 없이도 사람과 소통한다.

이것은 사업계에서는 불가피한 것이지만 그것은 연인의 관계에서 인간적인 접촉을 제거한다. 이 메일은 아무리 강력하다고 하더라도 사람의 언어를 단순히 나타내지, 그의 전 생각과 그의 전 감정과 목소리와 얼굴과 그의 접촉과 그의 전체 사람을 나타내지는 못한다. 사랑은 존재 전체를 의미한다. 연인들은 서로의 목소리를 들을 필요가 있고 서로를 볼 필요가 있고 서로를 접촉할 필요가 있다. 그에 미치지 못하는 것으로는 불완전하다. 그 노래의 연인은 "내가 듣게 하려므나"를 열망하고 소녀는 "내 사랑하는 자야 너는 빨리 달리라…"고 애타게 그리워한다. 이것이 모든 그리스도인 연인들의 노래가 되게 하소서.